编译
文库

马克思恩格斯经典细读丛书

鲍　金　主编
张　静　著

《社会主义从空想到科学的发展》细读

Detailed Reading of The Development of Socialism from Utopia to Science

中央编译出版社
Central Compilation & Translation Press

图书在版编目（CIP）数据

《社会主义从空想到科学的发展》细读／张静著. —
北京：中央编译出版社，2023.9
　　ISBN 978-7-5117-4510-1

　　Ⅰ. ①社… Ⅱ. ①张… Ⅲ. ①社会主义从空想到
科学的发展》–恩格斯著作研究 Ⅳ. ①A811.24

　　中国国家版本馆 CIP 数据核字（2023）第 168964 号

《社会主义从空想到科学的发展》细读

责任编辑	周孟颖
责任印制	李　颖
出版发行	中央编译出版社
地　　址	北京市海淀区北四环西路 69 号（100080）
电　　话	（010）55627391（总编室）　（010）55627318（编辑室）
	（010）55627320（发行部）　（010）55627377（新技术部）
经　　销	全国新华书店
印　　刷	北京文昌阁彩色印刷有限责任公司
开　　本	850 毫米 ×1168 毫米　1/32
字　　数	196 千字
印　　张	10.625
版　　次	2023 年 9 月第 1 版
印　　次	2023 年 9 月第 1 次印刷
定　　价	98.00 元

新浪微博:@中央编译出版社　**微　　信:**中央编译出版社（ID: cctphome）
淘宝店铺:中央编译出版社直销店（http://shop108367160.taobao.com）
　　　　　（010）55627331

本社常年法律顾问:北京市吴栾赵阎律师事务所律师　闫军　梁勤
凡有印装质量问题，本社负责调换，电话:（010）55626985

目 录

CONTENTS

第一部分　导言

恩格斯的《社会主义从空想到科学的发展》一书在马克思主义发展史和社会主义发展史上占有重要位置，被马克思称为"理论部分中最重要的部分"和"科学社会主义的入门"①之作。该书是恩格斯对其在1878年出版的《反杜林论》中的三个章节的改编。1880年该书首次出版，书名为《空想社会主义和科学社会主义》，马克思为此写了一篇前言，即《1880年法文版前言》。之后，恩格斯为该书的德文版和英文版分别写了三篇序言，即《1882年德文第一版序言》《1891年德文第四版序言》《1892年英文版序言》。该书的正文包括三个章节，第一部分是科学社会主义的思想来源，即空想社会主义的思想贡献与理论局限；第二部分是科学社会主义的理论基础，即唯物辩证法的产生，以

① 《马克思恩格斯文集》第3卷，北京：人民出版社2009年版，第493页。

及唯物史观和剩余价值的创立；第三部分是科学社会主义的现实基础，即资本主义的基本矛盾、无产阶级的历史使命和未来社会主义的设想。该书还有一篇附录，即德文第一版至第四版和英文版增加的附录《马尔克》。

一、写作背景与主要内容

如前所述，《社会主义从空想到科学的发展》一书是恩格斯对《反杜林论》的改编。《反杜林论》是恩格斯对德国哲学家欧根·杜林①的批判，该书的原名为《欧根·杜林先生在科学中实行的变革》。19 世纪 60 年代，杜林出版了多部著作，即《自然的辩证法：科学的和哲学的新的逻辑基础》（1865）、《凯里在国民经济学说和社会科学中实行的变革》（1865）、《国民经济学批判基础》（1866）、《贬低凯里的人和国民经济学的危机》（1867）、《哲学批判史》（1869）等。1867 年，《资本论》第 1 卷第 1 版在汉堡出版后，杜林在《现代知识补充材料》杂志上发表了一篇关于

①　欧根·杜林（1833—1921），德国折中主义哲学家和庸俗经济学家，小资产阶级社会主义者，形而上学者；在哲学上把唯心主义、庸俗唯物主义和实证论结合在一起，在自然科学和文学方面也有所著述。1863—1877 年为柏林大学讲师；70 年代他的思想曾对德国社会民主党党员产生过较大影响。——参阅《马克思恩格斯文集》第 10 卷，北京：人民出版社 2009 年版，第 853 页。

《资本论》的评论文章①，并引起马克思恩格斯的关注。
1868 年 1 月，马克思在致恩格斯的信中曾说杜林几乎完全
接受了《资本论》第 1 卷第 1 版第六章《所谓原始积累》
这一节，并说杜林的评论有一处引起了他的注意，"当劳动
时间决定价值这一点像在李嘉图本人的书里那样还'不明
确'的时候，它并没有引起这些人的不安。但是，一旦把
它同工作日和工作日的变化准确地联系起来时，他们就感
觉到这是一种令人十分难堪的新见解"②。同时，马克思也
指明杜林没有发现《资本论》的三个崭新因素，即忽视了
《资本论》对剩余价值的一般形式的研究，对商品二重性的
研究，以及对隐藏在工资背后的不合理制度的研究。1868
年 3 月，马克思在致恩格斯的信中提到了杜林在 1867 年出
版的著作《贬低凯里的人和国民经济学的危机》，批评杜林
对美国庸俗经济学家亨利·查理·凯里③的错误推崇，认为
凯里的所谓伟大发现就是"在农业中人类是从较坏的土地
向越来越好的土地转移的"④。

---

① 杜林对《资本论》第 1 卷的书评，载于 1867 年在希尔德堡豪森出版的
《现代知识补充材料》杂志第 3 卷第 3 期第 182—186 页。——参阅《马克
思恩格斯文集》第 10 卷，北京：人民出版社 2009 年版，第 245 页。
② 《马克思恩格斯文集》第 10 卷，北京：人民出版社 2009 年版，第 275 页。
③ 亨利·查理·凯里（1793—1879），美国资产阶级庸俗经济学家，阶级调
和论的创始人。——参阅《马克思恩格斯文集》第 10 卷，人民出版社
2009 年版，第 870 页。
④ 《马克思恩格斯文集》第 10 卷，北京：人民出版社 2009 年版，第 282 页。

　　19 世纪 70 年代，欧根·杜林先后出版三部著作，即《国民经济学和社会主义批判史》（1871 年第 1 版，1875 年第 2 版）、《国民经济学和社会经济学教程，兼论财政政策的基本问题》（1873 年第 1 版，1876 年第 2 版）、《哲学教程——严格科学的世界观和生命形成》（1875 年第 1 版）。杜林自称为社会主义的信徒，提出新的哲学体系和所谓的新社会主义理论，对马克思进行了极其猛烈的攻击，给刚刚合并的德国社会工人党造成了思想的混乱。杜林的思想在德国社会民主党人中间的影响逐渐增大，尤其是 70 年代他的三部著作的出版助长了这一势头。1875 年，德国社会民主党领袖威·李卜克内西在致恩格斯的两封信中请求恩格斯在《人民国家报》上发表反击杜林的文章。

　　1876 年，恩格斯在《人民国家报》第 23、24 和 25 号上首次发表批判杜林的文章《德意志帝国国会中的普鲁士烧酒》，论证普鲁士的酿酒业是使欧洲当代劳动居民失去葡萄酒的工具。恩格斯称杜林是"社会主义最时髦的信徒以及复兴者"①，批评杜林在《国民经济学和社会经济学教程，兼论财政政策的基本问题》（1873 年柏林版）一书中关于酿酒业和工业、农业活动的自然联系的观点以及赞成当时德国的酿酒业的论断。1876 年 5 月 24 日，恩格斯在致马克思的信中决定反击杜林，"难道不是认真考虑我们对待这些

① 《马克思恩格斯全集》第 19 卷，北京：人民出版社 1963 年版，第 51 页。

先生的态度的时候了吗"①。马克思在 5 月 25 日的回信中表示支持,"我的意见是这样的:'我们对待这些先生的态度'只能通过对杜林的彻底批判表现出来"②。三天后,恩格斯在 5 月 28 日致马克思的信中对杜林的《哲学教程》一书做出初步的批判,这本书"在许多关键问题上更明显地暴露了《经济学》中所提出的论据的弱点和基础"。"该书根本没有谈到真正的哲学——形式逻辑、辩证法、形而上学等等,……这本书暴露出的庸俗性比他的经济著作更直截了当,把这两本书放在一起看,就能同时从这一方面来揭露这个家伙。"③ 恩格斯中断了《自然辩证法》的写作,从 1876 年 5 月底开始写作《反杜林论》,到 1878 年 6 月完成。

1877 年至 1878 年,恩格斯在《前进报》及其附刊上分别发表《欧根·杜林先生在哲学中实行的变革》《欧根·杜林先生在政治经济学中实行的变革》《欧根·杜林先生在社会主义中实行的变革》。1878 年,恩格斯在莱比锡结集出版单行本,书名为《欧根·杜林先生在科学中实行的变革:哲学·政治经济学·社会主义》④,该书包括引论、第一编哲学、第二编政治经济学、第三编社会主义。恩格斯在这

---

① 《马克思恩格斯全集》第 34 卷,北京:人民出版社 1972 年版,第 14 页。
② 《马克思恩格斯全集》第 34 卷,北京:人民出版社 1972 年版,第 15 页。
③ 《马克思恩格斯全集》第 34 卷,北京:人民出版社 1972 年版,第 18—19 页。
④ 1886 年在苏黎世出版第二版,1894 年在斯图加特出版第三版,标题为《欧根·杜林先生在科学中实行的变革》。

里讽刺性地套用了杜林在 1865 年出版的著作《凯里在国民经济学和社会科学中实行的变革》的书名。作为凯里的信徒，杜林在这本著作中吹捧凯里是他在政治经济学方面的导师。1879 年 11 月 14 日，恩格斯在给奥·倍倍尔①的信中写道，"他们最近十六年来经常不断地请求我为党的机关刊物撰稿，而我也满足了这些要求，按照李卜克内西的特定要求写了一系列的文章和小册子，例如《住宅问题》和《反杜林论》"②。恩格斯在这里第一次把刚刚出版的《欧根·杜林先生在科学中实行的变革》一书称为《反杜林论》。后来这部著作以《反杜林论》这一书名广为流传，载入史册。列宁在 1895 年悼念恩格斯逝世的文章《弗里德里希·恩格斯》中指出，反对杜林的论战性著作"分析了哲学、自然科学和社会科学中最重大的问题"③。1913 年，列宁在《马克思主义的三个来源和三个组成部分》一文中称赞《反杜林论》"同《共产党宣言》一样，都是每个觉悟工人必读的书籍"④。

　　1880 年，恩格斯应保尔·拉法格⑤的请求，对《反杜

---

① 奥·倍倍尔（1840—1913），德国工人运动和国际工人运动的活动家，德国工人协会联合会创始人之一。

② 《马克思恩格斯全集》第 34 卷，北京：人民出版社 1972 年版，第 397—398 页。

③ 《列宁全集》第 2 卷，北京：人民出版社 1983 年版，第 9 页。

④ 《列宁全集》第 23 卷，北京：人民出版社 1983 年版，第 42 页。

⑤ 保尔·拉法格（1842—1911），法国医生和政论家，法国工人运动和国际工人运动的活动家。马克思的女儿劳拉的丈夫。

林论》的三章（《引论》的第一章"概论"、第三编的第一章"历史"和第二章"理论"）进行补充和修改[①]，将其改编成一本独立的通俗著作，由保尔·拉法格译成法文，并增加了若干比较详细的说明，经恩格斯审定，最初发表在法国刊物《社会主义评论》[②] 1880 年第 3—5 期上。1880 年在巴黎首次出版法文单行本，书名为《空想社会主义和科学社会主义》。1883 年出版德文单行本时书名改为《社会主义从空想到科学的发展》。这本书除正文以外有一篇前言，两篇序言，一篇导言，即 1880 年出版法文版时马克思写的前言，1883 年在莱比锡出版德文第 1 版时恩格斯写的《1882 年德文版第一版序言》，1891 年出版德文第四版时恩格斯写的《1892 年德文第四版序言》，1892 年出版英文版时恩格斯写的《1892 年英文版导言》。

马克思在《1880 年法文版前言》中主要回顾了恩格斯为社会主义运动所做出的贡献，他称赞恩格斯是"当代社会主义最杰出的代表人物之一"。在科学社会主义理论方面，恩格斯的主要贡献有《国民经济学批判大纲》（1844）、

---

① 恩格斯在《社会主义从空想到科学的发展》中对《反杜林论》正文所作的补充和修改。——参阅《马克思恩格斯文集》第 9 卷，北京：人民出版社 2009 年版，第 382—398 页。

② 《社会主义评论》是法国小资产阶级社会主义者贝·马隆创办的月刊。起初是共和社会主义的刊物，后来是工团主义和合作社会主义的刊物。1880 年起在里昂和巴黎两地出版，1885—1914 在巴黎出版。19 世纪 80 年代马克思恩格斯曾为该杂志撰稿。

《英国工人阶级状况》（1845）、《共产党宣言》（1848）、《德国农民战争》（1850）、《论住宅问题》（1872—1873）、《行动中的巴枯宁主义者》（1873）、《论俄国的社会问题》（1875）、《德意志帝国国会中的普鲁士烧酒》（1876）等。在社会主义报刊方面，恩格斯在40年代是社会主义运动正式机关报《北极星报》和罗伯特·欧文的《新道德世界》报的撰稿人，参与创办《德意志-布鲁塞尔报》，1848年二月革命后是《新莱茵报》的编辑，1850年在伦敦为《新莱茵报·政治经济评论》撰稿，在70年代成为《人民国家报》《前进报》的撰稿人。在社会主义运动方面，恩格斯与马克思建立德意志共产主义工人协会、布鲁塞尔民主协会，把正义者同盟改组成国际性的共产主义者同盟，恩格斯还参加了埃尔伯费尔德起义和反对普鲁士人的巴登起义，1870年参加了国际总委员会，被委托负责同西班牙、葡萄牙和意大利的通信联系。最后，马克思肯定了《反杜林论》在德国社会主义者中间获得的巨大成功，恩格斯的这本著作《社会主义从空想到科学的发展》是摘录了《反杜林论》中最重要的理论部分，因此它是"科学社会主义的入门"。

恩格斯在《1882年德文第一版序言》中首先阐明了这本著作与《反杜林论》的关系，以及法文本最初的发表和出版。由于拉法格法文译本在法语国家，特别是法国，获得了意外的成功，恩格斯萌生出版德文单行本的想法。恰

好这时苏黎世的《社会民主党人报》编辑部请求恩格斯允
许出版德文单行本，因为德国社会民主党内迫切需要出版
新的宣传小册子。恩格斯从形式和内容两个方面分析了这
本著作对于宣传的益处：从形式上看，这本著作虽然有一
些外来语，但是德国工人经常阅读报纸，已经比较熟悉外
来语了，因此只需要删去那些不必要的外来语；在内容方
面，这本著作对于德国工人而言比较容易理解，虽然第三
部分稍有难度，但是工人比资产者更容易理解这部分内容，
因为它概括了工人的一般生活条件。最后，恩格斯对在社
会主义发展史的简述中提到现代自然科学和德国古典哲学
的原因作了说明：援引现代自然科学是为了证明辩证法在
现实中已经得到证实，援引德国古典哲学是因为科学社会
主义本质上是德国的产物，而且唯物主义历史观只有通过
辩证法才能认识到现代无产阶级与资产阶级之间的阶级
斗争。

　　恩格斯在《1891年德文第四版序言》中简要地说明了
这本著作的传播情况。首先是德文第一版自从1883年3月
问世以来已经印行了三版，总数达1万册，即使德国颁布了
《反社会党人非常法》①，但现代无产阶级运动仍然蓬勃发
展。在德文第一版印行之后还出版了5种外文译本：1883

---

① 1878年，德意志帝国通过《反社会党人非常法》，规定一切旨在推翻"现
　存国家制度和社会制度"而从事社会民主主义、社会主义、共产主义的活
　动均被禁止。

年意大利文本、1884 年俄文本、1885 年丹麦文本、1886 年西班牙文本、1886 年荷兰文本。恩格斯在德文第四版做了两处比较重要的补充：一是在第一章关于圣西门的补充；二是在第三章关于新的生产形式"托拉斯"的补充。

恩格斯的《1892 年英文版导言》总字数将近 2 万字，相当于这本书正文字数的三分之一。这篇导言可以说是恩格斯在逝世前对这本书的全面补充。恩格斯在英文版导言中再次强调这本书的写作背景和出版情况。《社会主义从空想到科学的发展》是《反杜林论》的一部分。恩格斯之所以写《反杜林论》，是因为柏林大学讲师欧根·杜林 1875 年对马克思社会主义理论的攻击，以及他提出的"详尽的但却错误的"社会主义理论。杜林的思想在德国社会民主党人中间的影响逐渐增强，甚至德国社会民主党领导人爱·伯恩施坦、奥·倍倍尔、约·莫斯特也备受其影响。对于德国工人运动而言，这一时期最重要的就是德国社会党的两派——爱森纳赫派和拉萨尔派的合并。虽然马克思批判爱森纳赫派的无原则妥协，以及纲领草案中暴露出来的拉萨尔主义错误观点，但是毫无疑问，德国社会党的联合不仅使德国工人运动的力量迅速增大，而且能够全力以赴地对付敌人。杜林的思想使德国社会民主党内再次出现分歧，甚至形成新的宗派，为了使刚刚形成的统一不受危害，恩格斯以《反杜林论》一书作为回击。在保尔·拉法格的建议下，1880 年，恩格斯把《反杜林论》中的三章编成一本小册子，书名为《空想社会主义和科学社会主义》，之后出版波兰文版和西班牙文版。1883 年出版德文第一版时，不仅增加了附录《马尔克》，而且书名改为《社会主义从空想到科学的发展》，之后的德文第二版到第四版都保留了这篇附录。1892 年的英文版也收入了《马尔克》作为附录。恩格斯的《马尔克》写于 1882 年 9 月至 12 月，当时德国社会民主党即将完成团结城市工人的工作，正准备着手进行农业工人和农民的工作，这篇附录正是为了在德国社会民主党内普及关于德国土地所有制的历史和发展的基本知识，以便顺利完成团结农业工人和农民的工作。

恩格斯在英文版导言中详细阐述了历史唯物主义与现代唯物主义的关系。英国读者不能容忍"唯物主义"这个名词，但是全部现代唯物主义的发祥地恰恰是英国。培根是英国唯物主义的真正始祖，他把自然哲学作为真正的哲学，把以感性经验为基础的物理学作为自然哲学的最重要部分。霍布斯把培根的唯物主义系统化，他把以感觉为基础的知识变成抽象的经验，把几何学作为最高的科学，但是他的唯物主义漠视人，把唯物主义从感性之物变成理智之物。霍布斯虽然消除了培根唯物主义中的有神论偏见，但是没有论证培根关于人类的全部知识起源于感性世界的基本原理，这个任务由洛克在《人类理智论》中完成。培根、霍布斯、洛克等英国哲学家是法国唯物主义者学派的前辈，也正是法国的唯物主义者使 18 世纪成为一个以法国为主角的世纪。英国读者对"不可知论"有所了解，实际上不可知论者的自然观完全是唯物主义的，而且不可知论者也承认全部知识是以感官为基础的。恩格斯向英国读者明确说明"历史唯物主义"是一种关于历史过程的观点，这种观点认为，一切重要历史事件的终极原因和伟大动力是社会的经济发展，也就是生产方式和交换方式的改变，以及由此产生的不同阶级和这些阶级彼此之间的斗争。

恩格斯在导言中还详细论述了欧洲资产阶级斗争的历史和工人运动的发展趋势。当欧洲脱离中世纪时，新兴的城市中等阶级成为欧洲的革命因素。资产阶级在反对封建制度的长期斗争中有三次大决战：第一次是路德的宗教改革，第二次是英国自耕农的起义，第三次是法国大革命。路德的宗教改革唤起了两次政治起义：一是1523年弗兰茨·冯·济金根领导的下层贵族起义，二是1525年德国伟大的农民战争。第二次起义是英国人在加尔文教派中找到了战斗的理论，在城市中等阶级的发动下，农村地区的自耕农和城市平民进行斗争，把查理一世送上断头台。第三次是完全抛开宗教的外衣并且把斗争进行到底的法国大革命，在这场革命中贵族被彻底消灭，资产阶级取得完全胜利。与此同时，英国的工人运动也开始了，虽然有时踌躇不定，有时效果微小，但是逐渐吸收社会主义的实质。欧洲工人运动正在加速前进，但是它的胜利至少需要英法德三国工人的共同努力。

　　《社会主义从空想到科学的发展》的正文包括三个部
分，第一部分和第二部分字数偏少，第三部分是重点，占
到全书一半以上的字数。第一部分是科学社会主义的思想
来源。恩格斯详细阐述了空想社会主义的产生与发展，以
圣西门、傅立叶和欧文为代表的三个主要思想家的贡献与
思想局限，以及空想社会主义被科学社会主义代替的历史
必然性。第二部分是科学社会主义的理论基础。恩格斯科
学地阐释了唯物辩证法的产生过程、唯物史观的创立过程，
以及剩余价值理论的创立。第三部分是科学社会主义的现
实基础。恩格斯科学地分析资本主义的基本矛盾、无产阶
级的历史使命和未来社会主义的设想。

　　《社会主义从空想到科学的发展》的中文译本先后有四
个译本，分别是施仁荣译本、朱镜我译本、吴黎平译本、
博古译本。1912 年，施仁荣选译了该书的第一部分、第二
部分和第三部分的片段，以《理想社会主义和实行社会主
义》为题发表在上海《新世界》杂志 1912 年第 1、3、5、
6、8 期。1928 年，上海创造社出版了朱镜我①的中译本，
这是最早的完整的中译文单行本。1938 年延安解放社出版

---

① 　朱镜我（1901—1941），浙江省鄞县人，原名朱德安，笔名雪纯。1918 年
　　7 月随哥哥前往日本学习，1927 年 10 月回到上海，加入上海创造社，主
　　编《文化批判》月刊，翻译了恩格斯的《社会主义从空想到科学的发
　　展》。1928 年 5 月，加入中国共产党。1941 年 1 月，在皖南事变中壮烈
　　牺牲。

了吴黎平①的中译本，1943年延安解放社出版了博古②校译的中译本。

最近十年，国内学界出版了多本解读恩格斯《社会主义从空想到科学的发展》的著作，主要有张娅著的《〈社会主义从空想到科学的发展〉导读》（中国民主法制出版社2000年版，艾四林主编丛书），薛俊强的《恩格斯的〈社会主义从空想到科学的发展〉研究读本》（中央编译出版社2013年版），陈培永的《社会主义的哲思——恩格斯〈社会主义从空想到科学的发展〉如是读》（广东人民出版社2014年版），曹毅哲的《解读〈社会主义从空想到科学的发展〉》（吉林出版集团股份有限公司2014年版，韩喜平主编丛书），李海青编著的《〈社会主义从空想到科学的发展〉导读》（中共中央党校出版社2018年版），徐蓉的《科学社会主义的入门——〈社会主义从空想到科学的发展〉新读》（红旗出版社2020年版），等等。

本书与这些解读著作不同的地方在于，一是逐句逐段地细读；二是将历史背景融入每一句每一段的细读中，也就是在社会主义思想史、唯物主义史和工人运动史中理解；

---

① 吴亮平（1908—1986），曾用名吴黎平。中国著名的无产阶级政治活动家、马克思主义理论家和翻译家。1930年首次将《反杜林论》全书译成中文。著有《社会主义史》《辩证唯物论与唯物史观》《小资产阶级民主革命到社会主义革命》。

② 秦邦宪（1907—1946），中国共产党早期领导人，又名博古。博古翻译的《社会主义从空想到科学的发展》1946年由东北书店出版。

三是将理论逻辑融入每一句每一段的细读中，不仅告诉读者这段话的观点是什么，而且向读者阐释作者如何得出这个观点的。这种细读方式的特点是最大限度地贴近文本，尽量做到零距离地理解文本。

二、细读视角

本书对《社会主义从空想到科学的发展》的细读旨在从三个方面深入理解恩格斯的科学社会主义思想：一是从历史的视角中理解社会主义从空想发展到科学的过程，二是从对话的视角中理解历史唯物主义和科学社会主义的理论来源，三是从理论的视角中理解社会主义从空想发展到科学的逻辑进程。

从历史的视角来看，社会主义从空想发展到科学既是在社会主义思想史的背景下社会主义理论的发展，也是在社会主义运动史的背景下国际工人运动的高涨。《社会主义从空想到科学的发展》的法文版前言，德文版序言和英文版导言，都是马克思恩格斯依据当时的历史条件、资本主义国家的发展现状和工人运动的实际情况而写的。正如雷娜特·默克尔所说，"19世纪80年代和90年代初，鉴于有组织的工人运动的发展，实现他和马克思所追求的目标的新的可能性产生了。下述状况尤其增强了他的信心：德国社会民主党在反对反社会党人法的斗争中和在国会选举中取得的成果、1889 年巴黎国际工人代表大会后工人党的巩固、在新工联主义和工人运动在英国出现分化的情况下社会主义意识形成的征兆、美国的罢工运动和组织工人运动的努力以及俄国社会民主运动的萌芽。1875 年和 1879 年，社会主义政党已分别在德国和法国成立。1876 年，丹麦'社会民主工党'召开第一次代表大会。英国、比利时、挪威、西班牙、瑞士、奥地利和瑞典在 19 世纪 80 年代以及匈牙利、意大利和荷兰在 90 年代上半叶纷纷建立社会主义政党。恩格斯认为，从这种发展中也滋生出了危险，由此产生了捍卫马克思思想的必要性"。①

从对话的视角来看，恩格斯的社会主义理论既是对空想社会主义者的继承和批判，也是与 17 世纪、18 世纪和 19 世纪社会主义者的对话。恩格斯在该书第一部分描写了 17 世纪德国宗教改革时期的再洗礼派和托马斯·闵采尔，英国大革命时期的平等派，法国大革命时期的巴贝夫，分析了这一时期的革命暴动的特点。恩格斯在该书第一部分描写了 18 世纪的共产主义者摩莱里和马布利，认为这种"斯巴达式的共产主义"是新学说的第一个表现形式。恩格斯在该书中多次分析以卢梭、孟德斯鸠等为代表的 18 世纪法国哲学家们的思想，认为他们的思想为革命做出了准备，

---

① ［德］雷娜特·默克尔-梅利斯：《论 MEGA2 中恩格斯晚期著作的编辑》，李莉娜译，载《马克思与现实》，2012 年第 3 期。

恩格斯在该书中多次描述 19 世纪初期的空想社会主义者圣西门、傅立叶和欧文，辩证地分析他们的思想，既肯定他们的思想贡献，又揭示他们的思想局限。

从理论的视角来看，恩格斯的社会主义理论既具有历史唯物主义的哲学基础，也有对资本主义的政治经济学批判，这是科学社会主义理论诞生的逻辑基础。"《社会主义从空想到科学的发展》是恩格斯第一部以在德国工人运动中大量散发为目的而写的论述科学社会主义的基础和特征的著作。他说明，社会主义的发展取决于历史和经济条件以及工人阶级的成熟程度，社会主义由于马克思的功绩而变成了科学。恩格斯以此将科学社会主义与空想社会主义、容克资产阶级的'国家社会主义'以及小资产阶级社会主义观念等所有其他非科学的'社会主义'概念区别开来，并促进了只有马克思主义是工人阶级革命解放斗争的科学理论这样一种认识。这部著作的传播使'科学社会主义'的概念成为社会民主党人共有的精神财富。"①

三、补充说明

本书是逐字逐句地对《社会主义从空想到科学的发

---

① 中共中央编译局马恩室编：《马克思恩格斯研究》，朱霞译，1995 年第 23 期。（原载《马克思恩格斯全集》（历史考证版）第 1 部分第 27 卷，第 1307 页）

展》一书的细读，但是在细读之前需要做出三点补充说明：一是在对中文译本细读的同时仍然需要说明法文版、德文版、英文版的细微差异，这不仅体现着恩格斯对各个版本的修改和补充，而且说明恩格斯思想是不断发展的；二是说明恩格斯的这本著作在世界上的广泛传播；三是恩格斯的这本著作对国际工人运动和社会主义思想史的重要影响。

　　本书在细读《社会主义从空想到科学的发展》中文译本的同时说明其他译本之间的细微差异。《社会主义从空想到科学的发展》的中文译本收录在《马克思恩格斯文集》第3卷第487—567页。中文译本根据《马克思恩格斯全集》（历史考证版）第1部分第27卷并参考《马克思恩格斯全集》德文版第19卷翻译。本书的第二部分是对该译本的句读，但是仍然需要说明法文版、德文版和英文版之间的细微差异，从而使读者了解恩格斯思想的动态发展过程。经本书作者的比对，恩格斯对法文版、德文版和英文版主要有以下补充和修改：（1）在德文版和英文版中去掉了法文版中专门为法国读者所作的解释。1880年，保尔·拉法格在出版法文版时对马克思写的法文版前言有两处补充，参见本书第25页脚注①，第31页脚注②。但是在德文版和英文版中删除了这两处补充。（2）四个德文版之间的细微差异。《1882年德文第一版序言》中的篇末注在《1891年德文第四版序言》中改为脚注（参见本书第45页脚注①）。

在正文中，德文第一版与其他版本也有几处差异。(3) 英文版与德文版之间的细微差异。恩格斯把英文版导言译成德文，以题为《论历史唯物主义》发表在《新时代》杂志上。这篇导言的德译文对英文版导言有多处修改，其中两处参见本书第 90 页脚注①，第 91 页脚注①。

恩格斯的这本著作自 1880 年法文版问世以来，就迅速出现各种译本，在国际上广泛传播。1881 年在日内瓦出版的社会主义杂志《黎明》开始发表波兰语译文，1882 年在日内瓦发表了完整的波兰文译本。1882 年在俄文《大学生》杂志上发表节选的俄译文。1882 年，在伯恩施坦的请求下，恩格斯完成德文本，1883 年以标题《社会主义从空想到科学的发展》在苏黎世出版。之后，德文本成为其他语言的基础。1883 年，意大利译本在贝内万托出版，1886 年西班牙译本在马德里出版，1890 年罗马尼亚译本在布加勒斯特出版。正如恩格斯在该书中所说，"据我所知，其他任何社会主义著作，甚至我们的 1848 年出版的《共产党宣言》和马克思的《资本论》，也没有这么多的译本"。① 俄文版最早由查苏利奇翻译，1884 年出版第一版，1892 年出版第二版，1902 年查苏利奇翻译出版了第三版。1905 年革命期间，又先后出版了七版。1917 年苏联成立之后，这本著作被多次收入在俄文版《马克思恩格斯全集》中，并用苏联各族人

---

① 《马克思恩格斯文集》第 3 卷，北京：人民出版社 2009 年版，第 500 页。

民的各种语言出版了近 100 种版本，包括印地文、泰米尔文、古吉拉特文、马拉蒂文和斯瓦希利文等。① 中文版最早由施仁荣译出，1912 年《社会主义从空想到科学的发展》一书第一、二章和第三章的一部分刊载在中国社会党刊物《新世界》第一期至第七期上，译文题目为《理想社会主义与实行社会主义》。1920 年，上海群益书社和伊文思图书公司联合出版了郑次川译的小册子《科学社会主义》，其内容就是《社会主义从空想到科学的发展》一书的第三章。1928 年，上海创造社出版了朱镜我译的《社会主义从空想到科学的发展》，这是第一个中文全译本，译名为《社会主义的发展》。1925 年，上海泰东书局出版了黄思越根据日文本译的中译本，译名为《社会主义发展史纲》。1929 年 10 月，上海沪滨书局出版了林超真根据法文本译的《宗教、哲学、社会主义》文集，其中收录了《社会主义从空想到科学的发展》全文及英文版导言。1929 年 12 月，林超真根据俄文版重新校订了译文，并补译了德文第一版和第四版序言，上海亚东图书馆发行林超真译本的第二版。1938 年，延安解放社出版了吴黎平译的《社会主义从空想到科学的发展》，包括正文和德文第一版、德文第四版和英文版的 3 篇序言。1943 年，延安解放社出版了博古重新校译的中译

---

① 参阅薛俊强：《恩格斯〈社会主义从空想到科学的发展〉研究读本》，北京：中央编译出版社 2013 年版，第 27 页。

本，成为解放战争时期的流行版本。[①] 1949 年新中国成立
后，人民出版社多次出版《社会主义从空想到科学的发展》
中译文单行本。1974 年民族出版社出版了朝鲜文和蒙文，
之后中央民族语文翻译局分别用蒙、藏、维、哈、朝五种
文字出版《马克思恩格斯选集》。1995 年和 2012 年，人民
出版社出版了 4 卷本的《马克思恩格斯选集》第二版和第三
版，《社会主义从空想到科学的发展》一书收录在第 3 卷中。
2009 年，人民出版社出版了 10 卷本的《马克思恩格斯文
集》，《社会主义从空想到科学的发展》一书收录在第 3 卷中。

　　这本著作不仅是马克思恩格斯第一部专门论述科学社
会主义理论的著作，也是第一部以在国际工人运动中宣传
社会主义为目的而出版的著作。这本书在马克思主义发展
史上具有重要的地位。马克思称其为"科学社会主义的入
门"，恩格斯称其"在许多优秀的法国人的头脑中引起了真
正的革命"，列宁称其为"概述社会主义发展史"的书、
"科学社会主义的基本经典著作"，称其和《共产党宣言》
一样，是"每个觉悟工人必读的书籍"。马克思恩格斯的遗
嘱执行人伯恩施坦把这本书称为"值得你们所有的人都熟
悉的一本著作"[②]。考茨基总结了马克思主义的社会主义的

---

① 　参阅薛俊强：《恩格斯〈社会主义从空想到科学的发展〉研究读本》，北
　　京：中央编译出版社 2013 年版，第 51—53 页。
② 　殷叙彝：《伯恩施坦读本》，北京：中央编译出版社 2008 年版，第 377 页。

伟大功绩："它克服了早期社会主义的空想的方面。只有伟大的思想家才能完成这一功绩，但是在马克思和恩格斯的时代以前，连最伟大的思想家也不能完成它，因为只有在马克思和恩格斯的时代，社会主义运动才成为一种群众性现象并且从而能接受科学的研究。"① 德国学者雷纳特·梅尔克耳称这部著作直到今天仍然保留着意义、影响和生命力："这部著作反映了整个马克思主义的生命力，而马克思主义被列宁根据帝国主义时代的要求创造性地加以作用并进一步加以发展，并且为各国共产党和工人党——其中也包括德国统一社会党——的经验所进一步加以丰富"②。苏联学者戈尔曼曾说，"在马克思主义科学思想的全部成果中，恩格斯特别重视使社会主义由空想变为科学这方面的两大发现：唯物主义历史观与剩余价值理论。恩格斯在研究社会主义学说史方面的著作，的确是非常全面和丰富的。总的说来，与马克思主义的发展对照起来，可分为两个时期：即它的形成阶段和它在无产阶级运动中进一步发展并为确立其原则而进行斗争的阶段。在第一阶段，恩格斯和马克思在一起共同建立了社会主义思想史的科学论点。他们在《共产党宣言》中对此作了经典表述。在第二阶段，

---

① 王学东：《考茨基文选》，北京：人民出版社2008年版，第80页。
② 转引薛俊强：《恩格斯〈社会主义从空想到科学的发展〉研究读本》，北京：中央编译出版社2013年版，第278页。

依据马克思的著作，在马克思的紧密合作下，恩格斯发展、加深并具体化了这些观点。恩格斯胜利完成了他力求实现的关于社会主义思想史的总结性著作——《社会主义从空想到科学的发展》"。①我国学者冯深也指出，"《社会主义从空想到科学的发展》一书，是世界工人运动传播最广、影响最大、最富启迪性的马克思主义著作之一。该书的一个重要特点就是坚持用唯物辩证法揭示资本主义社会内在的矛盾，论证资本主义必然灭亡的规律，从而使社会主义真正成为科学"。②我国学者薛俊强指出，"恩格斯恰恰在他的著作《社会主义从空想到科学的发展》中准确地证明了，科学社会主义在多大程度上是以伟大的空想社会主义者们的思想为基础，它同空想社会主义有什么质的区别。在这里，恩格斯遵循的是马克思和他认为能说明马克思主义同它的理论来源的关系的一般特点的观点。他的这篇著作是在理论史研究和意识形态批判中运用马克思主义方法的典范"。③

---

① ［苏］戈尔曼：《恩格斯和科学社会主义的历史发展》，载《国外社会科学》，1980 年第 11 期。
② 冯深：《社会主义是人类历史发展的大趋势——恩格斯〈社会主义从空想到科学的发展〉一书的不朽思想》，载《国际共运史研究》，1991 年第 1 期。
③ 薛俊强：《恩格斯〈社会主义从空想到科学的发展〉研究读本》，北京：中央编译出版社 2013 年版，第 287 页。

第二部分 文本细读

本书对《社会主义从空想到科学的发展》的文本细读包括五部分：第一是对《马克思写的 1880 年法文版前言》的细读，第二是对《1882 年德文第一版序言》的细读，第三是对《1891 年德文第四版序言》的细读，第四是对《1892 年英文版导言》的细读，第五是对《社会主义从空想到科学的发展》正文的细读。

马克思写的 1880 年法文版前言[1]

这本小册子中所包含的内容是早先刊登在《社会主义

---

[1] 1880 年，恩格斯在巴黎出版《空想社会主义和科学社会主义》法文单行本（法文版由保尔·拉法格译）。1880 年 5 月 4 日—5 日前后马克思为法文版写了这篇前言。

评论》上的三篇文章，它们译自恩格斯最近的著作《科学中的变革》①。

【论断】《社会主义从空想到科学的发展》一书的内容最先发表在《社会主义评论》上，是根据《欧根·杜林先生在科学中实行的变革》中的一部分内容改编而成。

恩格斯最近的著作《科学中的变革》，即恩格斯在1878年出版的《反杜林论：欧根·杜林先生在科学中实行的变革》。保尔·拉法格把《反杜林论》中的三篇文章（《引论》的第一章、第三编的第一章和第二章）译成法文，以题为《空想社会主义和科学社会主义》发表在法国社会主义杂志《社会主义评论》②1880年第3—5期上。1880年出版法文版单行本，书名为《空想社会主义和科学社会主义》，马克思为单行本写了这篇前言。

弗里德里希·恩格斯是当代社会主义最杰出的代表人物之一，他在1844年就以他最初发表在马克思和卢格在巴

---

① 在保尔·拉法格1880年以《空想社会主义和科学社会主义》为标题出版的版本中，此处有如下补充："文章经作者校阅过，而且作者为了使资本主义生产的经济力量的辩证运动更容易为法国读者所理解，还在第三部分作了一些补充。"——参阅《马克思恩格斯文集》第3卷，北京：人民出版社2009年版，第491页。

② 《社会主义评论》是法国的一家共和社会主义刊物，由贝·马隆创办，后为工团主义和合作社机关刊物。1880年1—4月为月刊，5—9月在巴黎和里昂两地出版半月刊，1885—1914年改为在巴黎出版。1880年马克思和恩格斯曾为杂志撰稿。

黎出版的《德法年鉴》上的《国民经济学批判大纲》引起了注意。《大纲》中已经表述了科学社会主义的某些一般原则。

【论断】恩格斯对科学社会主义理论的开创性贡献。

1843年9月底或10月初—1844年3月中旬，恩格斯为马克思和卢格创办的《德法年鉴》① 撰稿，其中《国民经济学批判大纲》一文发表在1844年2月的《德法年鉴》上。恩格斯在《大纲》中表述了科学社会主义的某些一般原则，如反对私有制，特别肯定英国社会主义者约·弗·布雷、威·汤普森、约·瓦茨以及空想社会主义者傅立叶的著作和观点，"正如英国社会主义者早就在实践和理论中证明的那样，反对私有制的人能够从经济的观点比较正确地解决经济问题"②。

在曼彻斯特（当时恩格斯住在那里），他用德文写了《英国工人阶级状况》（1845年），这是一部重要的著作，

---

① 《德法年鉴》是马克思和阿·卢格在巴黎创办的德文刊物，恩格斯称之为德国第一家社会主义刊物。该刊只在1844年2月出版了一期合刊（第1期和第2期），其中发表了马克思的两篇文章（即《〈黑格尔法哲学批判〉导言》和《论犹太人问题》）、恩格斯的两篇文章（即《国民经济学批判大纲》和《英国状况》），以及马克思的三封书信、卢格的创刊计划等。

② 参阅《马克思恩格斯文集》第1卷，北京：人民出版社2009年版，第60页。

其意义由马克思在《资本论》中作了充分的估价。

【论断】恩格斯 1845 年出版《英国工人阶级状况》。

1842 年 11 月至 1844 年 8 月恩格斯在英国居住期间深入工人住宅区进行实地调查，亲自了解英国工人阶级的劳动和生活状况，同时广泛搜集和仔细研究他所能看到的各种官方文件和资料。1844 年 9 月至 1845 年 3 月在德国巴门撰写了《英国工人阶级状况》一书。1845 年在德国莱比锡出版德文第一版，1892 年出版德文第二版。

马克思在《资本论》第 1 卷第三篇"绝对剩余价值的生产"中高度赞扬恩格斯对英国工人的描写："英国从大工业产生到 1845 年这段时期，我只在某些地方提到，有关情况，请读者阅读弗里德里希·恩格斯的《英国工人阶级状况》（1845 年莱比锡版）。1845 年以后发表的工厂视察员报告、矿山视察员报告等等，都说明了恩格斯对资本主义生产方式的精神了解得多么深刻，把他的著作和过了 20 年左右以后才发表的童工调查委员会（1863—1867 年）的官方报告稍加比较就可以看出，他对工人阶级状况的详细入微的描写是多么令人惊叹。童工调查委员会的报告所谈的恰好是 1862 年以前尚未实施工厂法的那些工业部门的情形，其中有些部门直到现在还没有实施工厂法。因此，恩格斯所描写的状况在这些部门内并没有受外部影响而发生多大变化。我所举的例子主要属于 1848 年以后的自由贸易时期，也就是不学无术而又像孚赫那样吹牛的自由贸易论贩子们神话般地向德国人大吹特吹的那个极乐时期。——这里所以把英国摆在首要地位，只是因为英国是资本主义生产的典型代表，而且对于我们所研究的对象来说，只有英国才有不断公布的官方统计材料。"①

在他第一次旅居英国以及后来旅居布鲁塞尔的时候，他是社会主义运动的正式机关报《北极星报》和罗伯特·欧文的《新道德世界》报的撰稿人。

【论断】 1843 年至 1845 年恩格斯为《北极星报》和《新道德世界》报撰稿。

《北极星报·全国工联的报纸》是英国的一家周报，宪章派的机关报。1837 年由菲·奥康瑙尔在科兹创刊，名称为《北极星报·利兹总汇报》，1843 年 9 月，乔·朱·哈尼参加报纸编辑部，1844 年 11 月起用现在这个名称在伦敦出版。1843—1849 年报纸曾刊登巴黎的文章、短评和通讯；哈尼离开编辑部后报纸逐步转向宪章派右翼的观点，1852 年停刊。②

《新道德世界·合理社会的报纸》是英国的一家周报，空想社会主义者的机关报，由罗伯特·欧文创办，1836 年曾几度更换副标题，起初在利兹出版，1841 年 10 月起在伦

---

① 《马克思恩格斯文集》第 5 卷，北京：人民出版社 2009 年版，第 278 页。
② 参阅《马克思恩格斯文集》第 3 卷，北京：人民出版社 2009 年版，第 785 页。

敦出版。①

在他旅居布鲁塞尔时，他和马克思建立了德意志共产主义工人协会，这个协会同佛兰德和瓦隆的工人俱乐部保持了联系。他们两人和伯恩施太德一起创办了《德意志-布鲁塞尔报》。

【论断】马克思恩格斯在 1847 年创立德意志工人协会，弗兰德、瓦隆和伯恩施太德创办《德意志-布鲁塞尔报》，之后马克思恩格斯成为《德意志-布鲁塞尔报》的撰稿人。

1847 年 8 月底，马克思和恩格斯在布鲁塞尔建立德国工人团体——德意志工人协会，全称是布鲁塞尔德意志工人教育协会，旨在对侨居比利时的德国工人进行政治教育并向他们宣传科学共产主义思想。协会成为团结侨居比利时的德国革命无产者的合法中心，并同佛兰德和瓦隆的工人俱乐部保持着直接的联系。协会中的优秀分子加入了共产主义者同盟的布鲁塞尔支部。1848 年法国资产阶级二月革命之后不久，由于协会成员被比利时警察当局逮捕或驱逐出境，协会在布鲁塞尔的活动即告停止。

1847 年 1 月至 1848 年 2 月，阿·冯·伯恩施太德主编和出版布鲁塞尔和德国流亡者的报纸《德意志-布鲁塞尔报》，该报起初具有小资产阶级民主主义倾向，后来在马克

---

① 《马克思恩格斯文集》第 3 卷，北京：人民出版社 2009 年版，第 794 页。

思恩格斯的影响下，成为革命民主主义思想和共产主义思想的传播者。马克思恩格斯从 1847 年 9 月起成为报纸的经常撰稿人，并实际领导编辑部的工作。①

　　应正义者同盟②设在伦敦的德国委员会的邀请，他们参加了这个最初由卡尔·沙佩尔在 1839 年因参加布朗基的密谋而从法国逃亡以后所创立的团体。从那时起，同盟就放弃了秘密团体惯用的形式，变成国际性的共产主义者同盟了。但是在当时的情况下，该团体还必须对各国政府保持秘密。

　　【论断】马克思恩格斯将正义者同盟从流亡者的秘密组织改组为国际性的共产主义者同盟。

　　正义者同盟是 1836—1838 年间由于小资产阶级民主主义的流亡者联盟分裂而产生的德国工人和手工业者的秘密组织。1839 年，卡尔·沙佩尔③因参加法国革命者布朗基的密谋而从法国逃亡以后加入正义者同盟。1847 年 6 月，在马克思恩格斯的直接指导下，正义者同盟在伦敦举行第一

---

① 《马克思恩格斯文集》第 3 卷，北京：人民出版社 2009 年版，第 786 页。

② 正义者同盟是 1836—1838 年间由于小资产阶级民主主义的流亡者联盟分裂而产生的德国工人和手工业者的秘密组织。后来这个组织逐渐具有了国际性。该同盟成员的观点反映了当时德国无产阶级的半手工业性质，受威魏特林粗陋的平均共产主义的影响，后来又受"真正的社会主义"和蒲鲁东小资产阶级社会主义的影响。

③ ［德］卡尔·沙佩尔（1812—1870）：德国工人运动和国际工人运动的活动家，正义者同盟的领导人之一，伦敦德意志工人共产主义教育协会创建人之一，共产主义者同盟中央委员会委员。

次代表大会，根据恩格斯的倡议把同盟的名称改为共产主义者同盟。

1847 年，在同盟在伦敦召开的国际代表大会上，马克思和恩格斯被委托起草《共产党宣言》，《宣言》在二月革命①前不久出版，并且几乎立即被翻译成欧洲的各种语言②。

【论断】共产主义者同盟是历史上第一个建立在科学社会主义基础上的无产阶级政党。《共产党宣言》成为同盟的纲领。

1847 年 6 月，在共产主义者同盟第一次代表大会上，大会批准了以无产阶级政党组织原则为基础的章程草案，并用"全世界无产者，联合起来"的战斗口号取代了正义者同盟原来的"人人皆兄弟！"的口号。恩格斯在第一次代表大会上为同盟起草了纲领草案《共产主义信条》。9 月 27 日以前和 10 月 3 日，恩格斯撰写《共产主义者和卡尔·海

① 二月革命指 1848 年 2 月爆发的法国资产阶级民主革命。1848 年 2 月 22—24 日巴黎爆发革命，推翻了"七月王朝"，建立了资产阶级共和国的临时政府，宣布成立法兰西第二共和国。二月革命为欧洲 1848—1849 年革命拉开了序幕。

② 在保尔·拉法格 1880 年出版的法文版中作了如下补充："《共产党宣言》是现代社会主义最有价值的文件之一，它现在仍然是描述资产阶级社会的发展和必将结束资本主义社会的无产阶级的形成的最有力和最鲜明的著作之一，在这一著作中，正像在早一年出版的马克思的《哲学的贫困》中一样，第一次清楚地表达了阶级斗争的理论。"——参阅《马克思恩格斯文集》第 3 卷，人民出版社 2009 年版，第 492 页。

因岑》。10月底—11月，恩格斯为共产主义者同盟起草纲领草案《共产主义原理》。

1847年11月29日—12月8日马克思恩格斯出席共产主义者同盟第二次代表大会，大会委托马克思和恩格斯起草同盟的纲领，这就是1848年2月问世的《共产党宣言》。

同年，马克思和恩格斯致力于建立布鲁塞尔民主协会的工作，这是一个公开的和国际性的团体，参加这个团体的有资产阶级激进派的代表和无产阶级工人的代表。

【论断】马克思恩格斯建立并领导布鲁塞尔民主协会，使该协会成为国际民主主义运动的中心之一。

1847年11月7日，布鲁塞尔民主协会成立。协会的成员大多数是比利时的激进的、温和的民主主义者。马克思恩格斯以及他们所领导的布鲁塞尔德意志工人教育协会对民主协会的成立起了积极的作用。1847年11月15日，马克思当选为该协会的副主席，比利时的民主主义者吕·若特兰被推选为主席。在马克思的影响下，布鲁塞尔民主协会成为国际民主主义运动的中心之一。法国资产阶级二月革命时期，民主协会的无产阶级革命势力曾设法武装比利时工人，开展争取建立民主共和国的斗争。但在1848年3月初，马克思被驱逐出布鲁塞尔以及比利时当局镇压了协会中最革命的分子以后，比利时的资产阶级民主主义者就没有能力领导劳动群众反对君主政体的运动了，民主协会的活动就成了纯地方性的活动，到了 1849 年协会的活动实际上已告停止了。

　　二月革命后，恩格斯成了《新莱茵报》的编辑，这家报纸是由马克思 1848 年在科隆创办的，由于普鲁士发生政变，于 1849 年 6 月被查禁。恩格斯参加埃尔伯费尔德起义以后，作为志愿军团指挥官维利希的副官参加了反对普鲁士人的巴登起义（1849 年 6—7 月）。

　　【论断】1849 年恩格斯担任《新莱茵报》的编辑，参加德国工人的起义。

　　1848 年 4 月，马克思恩格斯在科隆重办《新莱茵报·民主派机关报》，1848 年 6 月 1 日，《新莱茵报》创刊号在科隆出版，成为第一家独立的无产阶级日报。马克思担任主编，恩格斯、威·沃尔弗、斐·沃尔弗、格·维尔特、恩·德朗克、斐·弗莱里格拉特等担任编辑。《新莱茵报》成为无产阶级的领导核心，实际履行了共产主义者同盟中央委员会的职责。1848 年 9 月 26 日，科隆实行戒严，报纸暂时停刊，此后在经济和组织方面遇到了巨大困难，马克思不得不在经济上对报纸的出版负责，为此，他把自己的全部现金贡献出来，报纸终于获得了新生。1849 年 5 月，马克思、恩格斯和其他编辑被驱逐或遭破坏，报纸被迫停刊，终刊号为第 301 号。

　　1849 年 5 月中，恩格斯参加埃尔伯费尔德起义。6 月

13 日—7 月 12 日，恩格斯作为奥·维利希的副官参加巴登—普法尔茨起义军的多次战斗。起义失败后，恩格斯于 7 月 12 日随同最后一批起义军越过边界退入瑞士境内。

1850 年，他在伦敦为《新莱茵报·政治经济评论》撰稿，这个刊物是由马克思出版并在汉堡刊印的。恩格斯在上面首次发表《德国农民战争》，该文 19 年后在莱比锡印成小册子重新出版并出了三版。

【论断】恩格斯为《新莱茵报·政治经济评论》撰稿，并在《新莱茵报》上首次发表《德国农民战争》。

1849 年 11 月，马克思恩格斯在伦敦筹办《新莱茵报·政治经济评论》，后来参加德意志工人教育协会的工作。1850 年 3 月至 11 月，马克思恩格斯创办的《新莱茵报·政治经济评论》出版了六期（其中第 5—6 期是合刊）。恩格斯在《新莱茵报》1850 年第 5—6 期合刊上首次发表《德国农民战争》。该文在恩格斯生前曾多次再版。1870 年 2 月，恩格斯为德文第二版撰写了序言，1870 年 4 月 2 日—10 月 15 日，德文第二版在《人民国家报》第 27—83 号上连载，并在莱比锡出版单行本。1874 年 7 月，恩格斯对第二版序言作了一些补充，全文载入第三版单行本，1875 年在莱比锡出版德文第三版。

在德国的社会主义运动重新活跃起来以后，恩格斯成为《人民国家报》和《前进报》的撰稿人；这两家报纸所发表的最重要的论文都是他写的，其中大部分都印成了小册子：《论俄国的社会问题》、《德意志帝国国会中的普鲁士烧酒》、《论住宅问题》、《行动中的巴枯宁主义者》等等。

【论断】恩格斯为《人民国家报》《前进报》撰稿，并发表了论述俄国问题的重要文章。

1869年10月，德国报纸《人民国家报》在莱比锡出版，起初每周出版两次，1870年7月起改名为《社会民主工党和国际工会联合会机关报》。1873年7月起每周出版三次，1875年6月起又改名为《德国社会主义工人党机关报》。1876年9月停刊。报纸编辑部领导人是威·李卜克内西，出版社社长是奥·倍倍尔。马克思恩格斯从《人民国家报》创刊之日起就为之撰稿，他们认为报纸的活动具有重人意义，并密切关注它的工作，及时批评它的疏忽和某些错误，纠正它的路线，使它成为19世纪70年代最优秀的工人报纸之一。

恩格斯在《人民国家报》上发表的最重要的著作有四篇：

（1）1873年10月至11月，恩格斯在《人民国家报》第105、106和107号上发表《行动中的巴枯宁主义者》，1874年在莱比锡出版单行本。

（2）恩格斯的著作《论住宅问题》共分三篇。1872年2月至3月，在《人民国家报》第10—13、15和19号发表

《论住宅问题》第一篇；1872 年 12 月在《人民国家报》第 103 和 104 号，1873 年 1 月 4 日在《人民国家报》第 2 和 3 号上发表《论住宅问题》第二篇；1873 年 2 月在《人民国家报》第 12—13、15—16 号上发表《论住宅问题》第三篇。恩格斯这三篇著作全部在《人民国家报》上发表以后，就由人民国家报出版社在莱比锡出版了单行本，前两篇——《论住宅问题》和《论住宅问题（第二册）：资产阶级怎样解决住宅问题》于 1872 年出版，第三篇《论住宅问题（第三册）：再论蒲鲁东和住宅问题》于 1873 年出版。1887 年在霍廷根-苏黎世校订出版第 2 版，恩格斯为再版作了一些修改和补充，并写了一篇序言。

（3）1875 年 4 月，恩格斯在《人民国家报》第 43、44、45 号上发表《论俄国的社会问题》，1875 年 6 月底或 7 月初在莱比锡出版单行本。1875 年 5 月下半月，恩格斯为它写了一篇导言，即《〈论俄国的社会问题〉一书的导言》。1894 年，恩格斯在把这篇文章收入《〈人民国家报〉国际问题论文集（1871—1875）》时写了一篇跋，即《〈论俄国的社会问题〉跋》。

（4）1876 年 2 月至 3 月，恩格斯在《人民国家报》第 23—25 号上发表《德意志帝国国会中的普鲁士烧酒》。正是因为这篇揭露普鲁士容克的文章引起了俾斯麦政府的狂怒，恩格斯的著作被禁止在德国发行。

1876 年，德国报纸《前进报·德国社会民主党中央机关报》在莱比锡出版，每周出版三次，同时出版学术附刊和附刊。反社会党人法颁布以后，1878 年 10 月被迫停刊。威·哈森克莱维尔和威·李卜克内西担任编辑。马克思和恩格斯经常帮助报纸编辑部。1877—1878 年，恩格斯的《欧根·杜林先生在科学中实行的变革》（即《反杜林论》）最初以一系列论文的形式刊载在德国社会民主党中央机关报《前进报》及其附刊上，1878 年出版单行本。

1870 年恩格斯从曼彻斯特迁居伦敦以后，参加了国际总委员会；他被委托负责同西班牙、葡萄牙和意大利的通信联系。

【论断】恩格斯担任第一国际总委员会委员。

1870 年 9 月，恩格斯迁居到伦敦，住在马克思家附近，此后一直在伦敦居住直到逝世。

1870 年 10 月 4 日，经马克思提名，恩格斯当选为国际工人协会（即第一国际）总委员会委员，并先后担任总委员会比利时、意大利、西班牙、葡萄牙和丹麦的通讯书记。

他为《前进报》撰写并讽刺地题为《欧根·杜林先生在科学中实行的变革》的最近的一组论文，是对欧根·杜林先生关于一般科学，特别是关于社会主义的所谓新理论的回答。这些论文已经集印成书并且在德国社会主义者中间获得了巨大的成功。在这本小册子中我们摘录了这本书的理论部分中最重要的部分；这一部分可以说是科学社会主义的入门。

【论断】马克思高度评价恩格斯的这本小册子，认为它是关于社会主义新理论的回答，称它是"科学社会主义的入门"。

1877—1878 年《前进报》连载刊登恩格斯的著作《反杜林论》，这本著作分为三编，第一编是哲学，第二编是政治经济学，第三编是社会主义。因此，它不仅是对欧根·杜林的理论的批判，也是对科学社会主义理论的阐释。

1880 年，恩格斯将《反杜林论》中的最重要的理论内容改编成这本小册子，即《社会主义从空想到科学的发展》，在法国和德国社会主义者中间获得巨大成功，成为科学社会主义的入门之作。

1882 年德文第一版序言

后面这篇论文是由 1878 年在莱比锡出版的我的著作《欧根·杜林先生在科学中实行的变革》中的三章集合而成的。我为我的朋友保尔·拉法格把这三章汇集在一起交给他译成法文，并增加了若干比较详细的说明。经我校阅过的法译文最初发表在《社会主义评论》上，后来于 1880 年在巴黎印成单行本出版，书名为《空想社会主义和科学社会主义》。根据法译文翻译的波兰文本于 1882 年刚刚在日内瓦由黎明印刷所出版，书名为《空想的和科学的社会主义》。

【论断】《社会主义从空想到科学的发展》一书的发表和出版过程。

1876 年 5 月，马克思和恩格斯鉴于德国小资产阶级社会主义者欧根·杜林的思想对德国社会主义工人党的危害日益严重，商讨开展对杜林思想的批判。1876 年 9 月至 1878 年 4 月，恩格斯撰写《欧根·杜林先生在科学中实行的变革》（即《反杜林论》），并于 1878 年在莱比锡出版。

1880 年，应保尔·拉法格的请求，恩格斯将《反杜林论》中的三章内容（《引论》的第一章、第三编的第一章和第二章）改编为三篇论文，并由拉法格译成法文，最初以题为《空想社会主义和科学社会主义》发表在法国杂志《社会主义评论》1880 年第 3—5 期。

1880 年在巴黎出版的法文单行本书名为《空想社会主义和科学社会主义》。马克思为法文版写了前言，即《马克思写的 1880 年法文版前言》。

1882 年，日内瓦黎明印刷所出版了根据法文版翻译的波兰文本，书名为《空想的和科学的社会主义》。

拉法格的译本在说法语的国家，特别是在法国，获得了意外的成功，这给我提出了一个问题：这三章如果按德文印成单行本出版，是否同样有好处。这时，苏黎世的《社会民主党人报》编辑部告诉我，在德国社会民主党内普遍感到迫切需要出版新的宣传小册子，问我是否愿意把这三章用于这一目的。我当然同意这样做，并把我的著作交给他们处理。

【论断】法文本获得巨大成功，促使恩格斯决定出版德文本。

1882 年 9 月 21 日，恩格斯在伦敦为德文版写了序言，即《1882 年德文第一版序言》。

1883 年 3 月，《社会民主党人报》①在霍廷根-苏黎世出版了完整的德文第一版，书名正式更名为《社会主义从空想到科学的发展》（扉页上标注的出版时间是 1882 年），同年又在该地出版了德文第二版和第三版。

可是，这一著作原来根本不是为了直接在群众中进行宣传而写的。这样一种首先是纯学术性的著作怎样才能适用于直接的宣传呢？在形式和内容上需要作些什么修改呢？

---

① 《社会民主党人报·德语区社会民主党的机关报》：瑞士的一家德文周报，1879 年 9 月—1888 年 9 月在苏黎世出版，1888 年 10 月—1890 年 9 月在伦敦出版；1879—1880 年编辑是格·福尔马尔，1881—1890 年编辑是爱·伯恩施坦；马克思、恩格斯、奥·倍倍尔和威·李卜克内西为之撰稿，在他们的影响下报纸成为国际工人运动最主要的革命报纸，为德国社会民主党战胜反社会党人法做出了重大贡献。——参见《马克思恩格斯文集》第 3 卷，人民出版社 2009 年版，第 792 页。

【论断】为了适合宣传，恩格斯对《反杜林论》的这三章内容进行了修改。

《反杜林论》是纯学术性的著作，原本不是为了宣传而写的。现在为了直接在群众中进行宣传，恩格斯对《反杜林论》进行了修改，把其中的三章编写成新的小册子《社会主义从空想到科学的发展》。

说到形式，只有出现许多外来语这一点可能引起疑虑。但是拉萨尔在他的演说和宣传性文章中已经根本不避讳使用外来语，而据我所知，大家并没有因此提出抱怨。从那时以来，我们的工人已经更多地和更经常地阅读报纸，因此也更多地熟悉外来语。我只限于删去一切不必要的外来语。那些必不可少的外来语，我没有加上所谓解释性的翻译。这些必不可少的外来语大部分是通用的科学技术用语，如果能翻译出来，那就不是必不可少的了。这就是说，翻译只能歪曲这些用语的含义；这样做解释不清楚，反而会造成混乱。在这里，口头的解释会有更大的帮助。

【论断】这本小册子使用了一些必不可少的外来语。

恩格斯对这本小册子使用外来语情况做了介绍。恩格斯之所以没有避讳外来语，是因为当时的工人已经经常阅读报纸，已经熟悉外来语。另外，这些外来语大部分是科学技术用语，如果直接翻译，就会歪曲这些用语的含义。

相反，在内容方面，我可以肯定地说，对德国工人来说困难是不多的。总的说来，只有第三部分是困难的，但是对工人，比对"有教养的"资产者，困难要少得多，因为这一部分正是概括了工人的一般生活条件。

【论断】这本小册子的内容对德国工人来说是完全可以理解的。

这本小册子有三部分的内容：第一部分和第二部分字数较小，第三部分篇幅较长。在这三部分内容当中，最难的是第三部分，但是德国工人比德国资产阶级读者更容易理解这些内容。

至于说到我在这里加上的许多说明，那么实际上我与其说是考虑到工人，不如说是考虑到"有教养的"读者，如议员冯·艾内恩先生、枢密顾问亨利希·冯·济贝耳先生以及特赖奇克之流的人物，他们为不可遏制的欲望所驱使，总是一再确凿无误地表明他们的惊人的无知以及因而可以理解的对社会主义的巨大的误解。堂吉诃德手执长矛同风车搏斗，这是合乎他的身份和所扮演的角色的；但是，我们不能容许桑乔·潘萨①去做这类事情。

【论断】恩格斯为这本小册子增加了许多说明。

---

① 桑乔·潘萨，塞万提斯的小说《堂吉诃德》一书中的人物，堂吉诃德的侍从。

恩格斯为这个小册子所增加的许多说明，主要是为了考虑德国的资产阶级读者，如德国议员艾内恩①、济贝耳②、特赖奇克③等人。他们知识浅薄，错误地理解社会主义。恩格斯用《堂吉诃德》中堂吉诃德和桑乔·潘萨的区别来说明德国工人读者与德国资产阶级读者的区别。

这样的读者也会觉得奇怪，为什么在社会主义发展史的简述中提到康德-拉普拉斯的天体演化学，提到现代自然科学和达尔文，提到德国的古典哲学和黑格尔。

【论断】现代自然科学的成就和德国古典哲学在社会主义发展史中的作用。

现代自然科学的成就和德国古典哲学是科学社会主义的理论来源之一。因此恩格斯在这本书中提到康德④-拉普

---

① 艾内恩·恩斯特（1838—1906），德国政治活动家和商人，1879年起为普鲁士第二议院议员，民族自由党人。——参见《马克思恩格斯文集》第3卷，人民出版社2009年版，第711页。

② 亨利希·冯·济贝耳（1817—1895），德国资产阶级历史学家和政治活动家，1867年起为民族自由党人，主张在普鲁士霸权下"自上"统一德国；普鲁士国家档案馆馆长；所谓小德意志历史学派的代表人物。——参见《马克思恩格斯文集》第3卷，人民出版社2009年版，第727页。

③ 海因里希·冯·特赖奇克（1834—1896），德国历史学家和政论家，1886年起为普鲁士国家的历史编纂学家，德意志帝国国会议员（1871—1888）；普鲁士主义、沙文主义、种族主义和德国对外扩张政策的思想家和鼓吹者。——参见《马克思恩格斯文集》第3卷，人民出版社2009年版，第748页。

④ 伊曼努尔·康德（1724—1804），德国古典哲学的创始人，唯心主义者，也以自然科学方面的著作闻名。——参见《马克思恩格斯文集》第3卷，人民出版社2009年版，第729页。

拉斯①的天体演化学，达尔文②和现代自然科学，黑格尔③
和德国古典哲学。

　　但是，科学社会主义本质上就是德国的产物，而且也
只能产生在古典哲学还生气勃勃地保存着自觉的辩证法传
统的国家，即在德国。

　　【论断】德国古典哲学是科学社会主义的理论来源
之一。

　　恩格斯在德文第一版和德文第四版中对这段话增加了
注释，强调德国的古典哲学，英国的发达的经济关系和法
国的发达的政治关系都是科学社会主义的理论来源。恩格
斯在德文第一版中为这段话增加了篇末注，题为"对序言
作的注"，1891 年德文第四版时将篇末注改为脚注：

　　"'在德国'是笔误，应当说'在德国人中间'，因为科
学社会主义的产生，一方面必须有德国的辩证法，同样也
必须有英国和法国的发达的经济关系和政治关系。德国的
落后的——40 年代初比现在还落后得多——经济和政治的
发展阶段，最多只能产生社会主义的讽刺画［参看《共产

---

① 　拉普拉斯（1749—1827），法国天文学家、数学家和物理学家。
② 　查尔斯·罗伯特·达尔文（1809—1882），英国生物学家、进化论的奠
　　基人。
③ 　黑格尔（1770—1831），德国 19 世纪唯心论哲学的代表人物之一。主要著
　　作包括《精神现象学》《逻辑学》《哲学全书》《法哲学原理》《美学讲演
　　录》《哲学史讲演录》《历史哲学讲演录》等。

党宣言》第三章（丙）《德国的或'真正的'社会主义》]。只有在英国和法国所产生的经济和政治状态受到德国辩证法的批判以后，才能得出确实的结论。因而，从这方面来看，科学社会主义并不完全是德国的产物，而同样是国际的产物。"这条脚注在 1883 年德文第一版中是篇末注，题为"对序言作的注"，原注开头引述了"但是，科学社会主义……即在德国"这一段话。①

唯物主义历史观及其在现代的无产阶级和资产阶级之间的阶级斗争上的特别应用，只有借助于辩证法才有可能。

【论断】唯物辩证法是唯物主义历史观的哲学基础。

恩格斯在这里所说的辩证法，并不是黑格尔的辩证法，而是马克思创立的唯物辩证法。马克思恩格斯是在唯物辩证法的基础上创立唯物主义历史观。

德国资产阶级的学究们已经把关于德国伟大的哲学家及其创立的辩证法的记忆淹没在一种无聊的折中主义的泥沼里，这甚至使我们不得不援引现代自然科学来证明辩证法在现实中已得到证实，而我们德国社会主义者却以我们不仅继承了圣西门、傅立叶和欧文，而且继承了康德、费

---

① 参阅《马克思恩格斯文集》第 3 卷，北京：人民出版社 2009 年版，第 495—496 页。

希特和黑格尔而感到骄傲。

【论断】德国资产阶级学究们的错误思想。

德国资产阶级学究们把德国伟大哲学家创立的辩证法变成折中主义，恩格斯援引现代自然科学来证明辩证法，不仅继承了圣西门、傅立叶和欧文的空想社会主义，也继承了康德、费希特和黑格尔的德国古典哲学，德国社会主义者为此感到骄傲。

弗里德里希·恩格斯

1882 年 9 月 21 日于伦敦

1891 年德文第四版序言^①

我曾经预料，这篇论文的内容对我们的德国工人来说困难是不多的，现在这个预料已被证实。至少从 1883 年 3 月第一版问世以来已经印行了三版，总数达 1 万册，而且这是在现今已寿终正寝的反社会党人法的统治下发生的事情。同时，这也是一个新的例证，说明警察的禁令在像现代无产阶级的运动这样的运动面前是多么软弱无力。

———————————

① 1891 年在柏林由《前进报》社出版德文第四版，恩格斯为德文第四版写了这篇序言，这是恩格斯生前以德文印刷的最后一版。

【论断】《社会主义从空想到科学的发展》在 1883 年分别出版德文第一版、第二版和第三版。1891 年，德国《前进报》在柏林出版德文第四版。恩格斯为第四版写了这篇序言。这本著作的广泛传播，足以说明现代无产阶级运动的蓬勃发展。

从第一版印行以来，又出版了几种外文译本：帕斯夸勒·马尔提涅蒂翻译的意大利文本《空想社会主义和科学社会主义》1883 年贝内文托版；俄文本《科学社会主义的发展》1884 年日内瓦版；丹麦文本《社会主义从空想到科学的发展》，载于《社会主义丛书》第一卷，1885 年哥本哈根版；西班牙文本《空想社会主义和科学社会主义》1886 年马德里版；以及荷兰文本《社会主义从空想到科学的发展》1886 年海牙版。

【论断】《社会主义从空想到科学的发展》的外文译本出版情况，先后出版意大利译本、俄译本、丹麦译本、西班牙译本和荷兰译本。

1883 年，帕斯夸勒·马尔提涅蒂根据法文本和参考德文本的基础上译成意大利文，1883 年在贝内文托出版，1884 年在那不勒斯重印。

1882 年 12 月，俄文版本以题为《科学社会主义的发展》在秘密杂志《大学生》第 1 期发表。1884 年，劳动解放社在日内瓦出版了维拉·查苏利奇翻译的单行本，书名为《科学社会主义的发展》。

1885 年，丹麦版本在哥本哈根出版，题为《社会主义从空想到科学的发展》。

1886 年，西班牙版本在马德里出版，题为《空想社会主义和科学社会主义》。

1886 年，荷兰版本在海牙出版，题为《社会主义从空想到科学的发展》。

本版作了一些小的修改，比较重要的补充只有两处：在第一章中关于圣西门的补充，同傅立叶和欧文相比，关于圣西门过去谈得有点过于简略；其次是在第三章接近末尾处关于在这期间已经变得很重要的新的生产形式"托拉斯"的补充。

【论断】对德文第四版的修改和补充。

与德文第一版、第二版和第三版相比，德文第四版有两处补充：一是第一章关于圣西门的补充；二是第三章关于新的生产形式"托拉斯"的补充。这部分的中文资料刊载在《马克思恩格斯文集》第 9 卷《〈反杜林论〉准备材料》部分。

弗里德里希·恩格斯

1891 年 5 月 12 日于伦敦

1892 年英文版导言

　　这本小册子本来是一本大书的一部分。大约在 1875 年，柏林大学非公聘讲师欧·杜林博士突然大叫大嚷地宣布他改信社会主义，不仅向德国公众提出一套详尽的社会主义理论，而且还提出一个改造社会的完备的实际计划。当然，他竭力攻击他的前辈，首先选中了马克思，把满腔怒火发泄在他的身上。

　　【论断】恩格斯在英文版导言中再次强调这本书的写作背景。

　　1892 年在伦敦出版《社会主义从空想到科学的发展》的英文版本，译者是爱·艾威林，书名为《空想社会主义和科学社会主义》。恩格斯为英文版写了这篇导言。1892 年恩格斯把这篇英文版导言译成德文，发表在《新时代》杂志 1892—1893 年第 11 年卷第 1 册第 1 期和第 2 期，标题为《论历史唯物主义》。但是在发表时编辑部删去了前面的七段。这篇导言的个别部分曾以《资产阶级对封建主义的三次会战》《工人政党》为标题用法文发表在《社会主义者报》第 115 号（1892 年 12 月 4 日）、第 116 号（1892 年 12 月 11 日）、第 118 号（1892 年 12 月 25 日）、第 119 号（1893 年 1 月 1 日）、第 120 号（1893 年 1 月 9 日）上。

　　恩格斯在英文版导言中再次强调这本书的写作背景。1892 年英文版导言是恩格斯在马克思逝世后根据资本主义的发展和工人运动的发展状况而写的。正如国际 MEGA 专家雷娜特·默克尔所指出："19 世纪 80 年代和 90 年代初，鉴于有组织的工人运动的发展，实现他和马克思所追求的目标的新的可能性产生了。下述状况尤其增强了他的信心：德国社会民主党在反对反社会党人法的斗争中和在国会选举中取得的成果、1889 年巴黎国际工人代表大会后工人党的巩固、在新工联主义和工人运动在英国出现分化的情况下社会主义意识形成的征兆、美国的罢工运动和组织工人运动的努力以及俄国社会民主运动的萌芽。1875 年和 1879 年，社会主义政党已分别在德国和法国成立；1876 年，丹麦'社会民主工党'召开第一次代表大会；英国、比利时、挪威、西班牙、瑞士、奥地利和瑞典在 19 世纪 80 年代以及匈牙利、意大利和荷兰在 90 年代上半叶纷纷建立社会主义政党。恩格斯认为，从这种发展中也滋生出了危险，由此产生了捍卫马克思思想的必要性。"①

　　这件事发生时，德国社会党的两派——爱森纳赫派和拉萨尔派——刚刚合并，因而不仅力量大增，而且更重要

---

① ［德］雷娜特·默克尔-梅利斯：《论 MEGA2 中恩格斯晚期著作的编辑》，李莉娜译，载《马克思主义与现实》，2012 年第 3 期。

的是能够全力以赴地对付共同的敌人。德国社会党正在迅速成为一股力量。但是，要使它成为一股力量，首先必须使这个刚刚赢得的统一不受危害。可是，杜林博士却公然准备在他周围建立一个宗派，作为未来的独立政党的核心。因此，不管我们是否愿意，我们必须应战，把斗争进行到底。

【论断】为使德国社会党的统一不受危害，必须与杜林斗争到底。

1863 年，德国 11 个城市的工人代表在莱比锡建立全德工人联合会，拉萨尔①直接参加了筹建工作并当选为第一任主席，联合会章程也由拉萨尔修订，因此被称为拉萨尔派。拉萨尔的主要观点是通过国家帮助建立合作社和普遍的、直接的选举权实现工人的解放。1864 年拉萨尔逝世后，约·施韦泽和哈森克莱维尔等人先后领导全德工人联合会，仍然执行拉萨尔主义。1869 年，威·李卜克内西和奥·倍倍尔在爱森纳赫成立德国社会民主工党，故称为爱森纳赫派。1875 年 5 月 22—27 日，爱森纳赫派和拉萨尔派在德国的哥达城召开合并代表大会，选举了党的中央领导机构，决定把党的名称改为德国社会主义工人党，1890 年哈雷代表大会改称为德国社会民主党。

_____

① 拉萨尔（1825—1864），德国早期工人运动活动家，机会主义代表人物之一，全德工人联合会创始人，联合会主席。

虽然马克思对两派共同起草的纲领进行了批判，即著名的《哥达纲领批判》，但是两派的合并增强了德国社会党的力量，对于德国工人运动而言是有利的。

可是，这件事虽然不太困难，显然也很麻烦。大家知道，我们德国人有一种非常严肃的 Gründlichkeit，即彻底的深思精神或深思的彻底精神，随你怎么说都行。

【论断】德国人的哲学精神。

恩格斯把德国人的哲学精神概括为彻底的深思精神，或者说是深思的彻底精神。

当我们每个人在阐述他认为是新学说的那种东西的时候，他首先要把它提炼为一个包罗万象的体系。他一定要证明，逻辑的主要原则和宇宙的基本规律之所以存在，历来就是为了最后引到这个新发现的绝妙理论上来。

【论断】杜林的思想是一个包罗万象的体系。

杜林在哲学上鼓吹唯心主义先验论，认为先有模式、原则和范畴，然后把它们应用于自然界和人类社会，构成现实世界。在政治经济学方面，杜林攻击马克思的剩余价值学说，反对废除私有制，把暴力看作是产生剥削的根源，否认暴力革命在历史上的作用。在社会主义理论方面，杜林反对改变资本主义生产方式，实行平均主义的小资产阶级社会主义。

在这方面，杜林博士已经完全达到这种民族标准了。整套的"哲学体系"，精神的、道德的、自然的和历史的，一应俱全；全套"政治经济学的和社会主义的体系"；最后还有"政治经济学批判史"。

【论断】杜林的思想体系。

杜林认为，世界是"包罗万象的存在"，这个存在具有统一性，它不是由神或思想创造的，除了它自身之外没有其他前提：它是唯一的，在它之上或之外没有其他的东西。在"自然哲学"中，他还曾讲到，宇宙起源于物质与机械力的统一，机械力是物质的一种状态，"存在同物质的存在和力的存在是一致的"①。杜林承认规律的存在和规律的客观性。他说："事物——作为整体来说——有一个系统的排列和内在的逻辑上的统一性。自然界和历史都有自己的体系和发展。……事物的内在一致性和体系，是任何地方都否认不了的。问题仅仅在于，给世界的这个特性找到一个正确的表述。"② 杜林在论证世界的统一性时，否认世界是神或精神的创造物，承认世界的规律性和规律的客观性，承认时间、空间的客观性。但是他的观点是混乱的、形而上学的，而且往往"采用唯心主义让步和转到唯物主义立

① ［德］杜林:《哲学教程》，郭官义、李黎译，北京：商务印书馆1991年版，第17页。
② ［德］杜林:《哲学教程》，郭官义、李黎译，北京：商务印书馆1991年版，第30页。

场上去的论断方法"。

　　杜林所说的物质同辩证唯物主义所讲的物质也不相同。马克思主义认为，"物质是标志客观实在的哲学范畴，这种客观实在是人通过感觉感知的，它不依赖于我们的感觉而存在，为我们的感觉所复写、摄影、反映"。而杜林却认为物质世界最初是一种没有变化、没有运动的"自身等同状态"，后来才有运动和发展，才形成万事万物。因此杜林假定存在着一个唯一能帮助这种状态进入运动的、超越现实世界的、人格化的上帝。

　　杜林所讲的规律同辩证唯物主义所讲的规律也是完全不同的。马克思主义认为，规律是事物的本质联系，对立统一规律是宇宙间最根本的规律。杜林根本否认矛盾规律即对立统一规律的客观存在，公开宣称"关于存在的基本逻辑特性的第一个命题，而且是最重要的命题就是矛盾的排除"。杜林也否认质量互相转化规律和否定之否定的规律，称前者是"混乱的模糊观念"，称后者是"黑格尔的辩证法的拐杖"。杜林认为宇宙间最基本的规律是"按相反方向互相抗衡的力的对抗"，它"是世界及其生物的存在中的一切活动的基本形式"。杜林所强调的另一个基本规律就是事物的系统排列和内在逻辑统一性。这就是承认世界上有最简单的、不变的要素，这些要素的不同组合形成一系列简繁不同的事物，这种组合有其内在的逻辑序列和确定的必然性。可见，杜林对规律的看法完全是形而上学的，它不能说明事物发展的内在原因和动力，必然导致外因论，导致唯心主义。

杜林的哲学思想就是把唯心论的先验论和形而上学唯物论两种观点凑合在一起的折中主义杂烩。他认为物质可以脱离运动而存在，把物质与时间、空间割裂开来，否认时间的客观性、实在性，否认空间是物质存在的基本形式，割裂空间与物质的关系。杜林完全抹杀实践在认识中的作用，否认认识发展的辩证法，片面夸大观念的力量，并由此陷入唯心主义先验论。

这三部八开本的巨著，在外观上和内容上都很有分量，这三支论证大军被调来攻击所有前辈哲学家和经济学家，特别是马克思，其实，就是企图"在科学中"实行一次完全的"变革"——我所要应付的就是这些。

【论断】杜林在19世纪70年代出版的三部著作。

恩格斯所说的欧根·杜林的三部八开本的巨著，是指《国民经济学和社会主义批判史》（1871年第1版，1875年第2版）、《国民经济学和社会经济学教程，兼论财政政策的基本问题》（1873年第1版，1876年第2版）、《哲学教程——严格科学的世界观和生命形成》（1875年第1版）。杜林企图从哲学、政治经济学和社会主义三个方面批判以前的哲学家和经济学家，以及批判马克思的历史唯物主义和科学社会主义理论，企图在哲学、经济学和社会主义中实行完全的"变革"。

　　我不得不涉及所有各种各样的问题：从时间和空间的概念到复本位制①，从物质和运动的永恒性到道德观念的易逝性，从达尔文的自然选择到未来社会中的青年教育。

　　【论断】恩格斯从哲学、政治经济学和社会主义上对杜林进行全面批判。

　　恩格斯批判了杜林在哲学上的先验主义，阐述了"世界的真正的统一性在于它的物质性"，"一切存在的基本形式是时间和空间"，"运动是物质的存在方式"等辩证唯物主义的基本原理；恩格斯批判了杜林的庸俗经济学，概述了马克思的经济学理论，特别是剩余价值理论；恩格斯批判了杜林的社会主义理论。

　　无论如何，我的对手的包罗万象的体系，使我有机会在同他争论时用一种比以往更连贯的形式，阐明马克思和我对这些形形色色的问题的见解。这就是我承担这个通常是吃力不讨好的任务的主要原因。

　　【论断】恩格斯对杜林的批判。

　　杜林的思想是包罗万象的，因此恩格斯用更加连贯的形式批判杜林，在批判杜林思想体系的基础上阐述历史唯

———————

① 复本位制是金银两种金属同时作为货币的币制。

物主义和科学社会主义理论。

我的答复，最初曾作为一系列论文发表在社会党的中央机关报莱比锡的《前进报》上，后来汇集成书，题为"Herrn Eugen Dühring's Umwälzung der Wissenschaft"（《欧根·杜林先生在科学中实行的变革》），这本书的第二版于1886年在苏黎世出版。

【论断】恩格斯的《反杜林论》的写作过程。

恩格斯对杜林的答复最初是发表在《前进报》上的系列论文，即《欧根·杜林先生在哲学中实行的变革》（《前进报》1877年1—5月）、《欧根·杜林先生在政治经济学中实行的变革》（《前进报》1877年7—12月）、《欧根·杜林先生在社会主义中实行的变革》（《前进报》1878年5—7月）。1878年这三篇论文被汇集成书，在莱比锡出版第一版，书名为《欧根·杜林先生在科学中实行的变革》，1886年在苏黎世出版第二版。

根据我的朋友保尔·拉法格（现在是法国众议院里尔市的议员）的要求，我曾把这本书中的三章编成一本小册子，由他译成法文，于1880年出版，书名为《空想社会主义和科学社会主义》。波兰文版和西班牙文版就是根据这个法文本译出的。

【论断】恩格斯的《社会主义从空想到科学的发展》的

写作和出版过程。

在保尔·拉法格的建议下，恩格斯把《反杜林论》中的三章编成一本小册子，由拉法格译成法文，1880 年出版，书名为《空想社会主义和科学社会主义》。波兰文和西班牙文版是根据法文本译出的。

1883 年，我们的德国朋友用原文出版了这本小册子。此后，根据这个德文本又出版了意大利文、俄文、丹麦文、荷兰文和罗马尼亚文的译本。这样，连同现在这个英文版在内，这本小书已经用 10 种文字流传开了。据我所知，其他任何社会主义著作，甚至我们的 1848 年出版的《共产主义宣言》①和马克思的《资本论》，也没有这么多的译本。在德国，这本小册子已经印了四版共约两万册。

【论断】《社会主义从空想到科学的发展》的各种文本和传播情况。

《社会主义从空想到科学的发展》一书从 1880 年到 1892 年出版了 7 种语言的单行本：法文本（1880）、波兰文本（1882）、意大利文本（1883）、德文本（1883）、俄文本（1884）、丹麦文本（1885）、英文本（1892）。其中，德文本已经印了四版，即 1882 年第一版至第三版，1891 年第四

① 即《共产党宣言》。——参见《马克思恩格斯文集》第 3 卷，北京：人民出版社 2009 年版，第 500 页。

版，共约 2 万册。

　　附录《马尔克》是为了在德国社会党内传播关于德国土地所有制的历史和发展的一些基本知识而写的。这是非常必要的，因为当时党在团结城市工人的工作方面已经完成在望，又要着手进行农业工人和农民的工作。这篇附录收入这个译本，是因为人们对所有条顿部落都同样有过的原始的土地占有形式及其衰亡的历史，在英国比在德国知道得更少。

　　【论断】这篇附录载于《社会主义从空想到科学的发展》（1882 年哥丁根–苏黎世版），即德文第一版至第四版，以及 1892 年的英文版。

　　《马尔克》一文是恩格斯于 1882 年 9 月中到 12 月上半月写的。1883 年该文转载于《社会民主党人报》，并印成单行本。德文版最大篇幅的补充就是附录《马尔克》。恩格斯通过这篇附录向德国工人阐明土地公有制的历史，以此来支持党争取农民为同盟者的努力。1892 年，《马克尔》由爱·艾威林译成英文，作为《社会主义从空想到科学的发展》英译本的附录。马克思在阅读这篇文章的手稿时曾对该文作了很高的评价。中译文收录在《马克思恩格斯全集》第 19 卷。

　　我让这篇附录仍保持原状，就是说没有涉及马克西姆·柯瓦列夫斯基最近提出的假说，按照这个假说，在马尔克的成员分割耕地和草地之前，土地是由几代人共同生活的庞大的家长制家庭公社（现在还存在的南方斯拉夫人的扎德鲁加①可以作为例证）共同耕种的；后来，公社范围扩大，共同经营已日益不便，就出现了公社土地的分割。柯瓦列夫斯基也许是完全对的，不过问题还在讨论中。

【论断】恩格斯在《马尔克》这篇文章中没有提及柯瓦列夫斯基的假说。

这里是指俄国学者马克西姆·柯瓦列夫斯基②的著作《家庭及所有制的起源和发展概论》（1890年斯德哥尔摩版）和《原始的法·第一分册：氏族》（1886年莫斯科版）。

本书中所用的经济学名词，凡是新的，都同马克思的《资本论》英文版中所用的一致。

【论断】这里是指《资本论》第1卷第2版的英译本。

这里所说的《资本论》英文版，即《资本论》第1卷第2版的第一个英译本，它是由赛·穆尔和爱·艾威林翻译，由恩格斯校订的，于1887年出版。

---

① 扎德鲁加（Zadruga）是古代南方斯拉夫人、凯尔特人的家长制家庭公社，这种公社包括几个或十几个在血缘、经济、土地上有联系的家庭。——参见《马克思恩格斯文集》第3卷，北京：人民出版社2009年版，第501页。

② 马克西姆·柯瓦列夫斯基（1851—1916），俄国社会学家、政治活动家、历史学家、民族学家和法学家，资产阶级自由主义者。1879年出版《公社土地占有制，其解体的原因、进程和结果》，马克思为这本书写了摘要。

　　我们所说的"商品生产"，是指这样一个经济发展阶段，在这个阶段，物品的生产不仅是为了供生产者使用，也是为了交换；也就是说，物品是作为商品，而不是作为使用价值而生产的。这个阶段从开始为交换而生产的时候起，一直延续到现在；这个阶段只是在资本主义生产下，也就是说，只有在占有生产资料的资本家用工资雇用除劳动力以外别无任何生产资料的工人，并把产品的卖价超过其支出的盈余部分纳入腰包的条件下，才获得充分的发展。

　　【论断】商品生产的特点和商品的二重性。

　　商品是用来交换的劳动产品，具有使用价值和价值二因素。

　　商品生产是在资本主义制度下，指以资本剥削雇佣劳动为特征的商品生产。它是私有制基础上的最发达的商品生产。在社会生产的一定阶段上出现的、以交换为直接目的的物质资料生产。商品生产者生产某种产品，并不是为了得到它的使用价值，而是为了得到它的价值。使用价值是价值的物质承担者，为了得到价值，商品生产者必须生产使用价值，即对社会有用的物。商品生产是社会生产的一种形式，但不是唯一形式。

　　我们把中世纪以来的工业生产的历史分为三个时期：(1) 手工业，小手工业师傅带着少数帮工和学徒，每个工人都生产整件物品；(2) 工场手工业，较大数量的工人聚集在一个大工场中，按照分工的原则生产整件物品，每个工人只完成一部分工序，所以产品只有依次经过所有工人的手以后才能制成；（3）现代工业，产品是用动力推动的机器生产的，工人的工作只限于监督和调整机器的运转。

【论断】资本主义工业的发展阶段。

马克思在《资本论》第 1 卷第四篇中也详尽考察了资本主义提高社会劳动生产力的三种基本历史形式：简单协作、工场手工业、机器大工业，把机器大工业作为资本主义生产方式最合适的技术基础。资本主义工业在其发展过程中所经历的简单协作、工场手工业和机器大工业三个阶段，既是社会生产力不断发展和劳动生产率不断提高的过程，又是资本主义生产关系不断发展，资本对雇佣劳动的剥削和统治不断加强，相对剩余价值生产不断扩大的过程。

我很清楚，本书的内容将遭到颇大一部分英国公众的反对。但是，如果我们大陆上的人稍微顾及英国"体面人物"①的偏见，那么我们的处境也许更加糟糕。本书所捍卫的是我们称之为"历史唯物主义"的东西，而唯物主义这个名词是使大多数英国读者感到刺耳的。"不可知论"也许还可以容忍，但是唯物主义就完全不能容许了。

---

① 1892 年发表在《新时代》杂志上的德译文中，"体面人物"的后面加有"即英国庸人"。——参阅《马克思恩格斯文集》第 3 卷，北京：人民出版社 2009 年版，第 502 页。

【论断】恩格斯的这本书是对历史唯物主义的捍卫。

恩格斯清楚地认识到这本书将遭到一部分英国公众的反对，但是如果顾及英国资产阶级知识分子的偏见，社会主义者的处境将会更加糟糕。大多数英国读者对唯物主义抱有敌意，他们可以容忍不可知论，却不能容忍唯物主义。因此，这本书是对历史唯物主义的捍卫，

然而，从17世纪以来，全部现代唯物主义的发祥地正是英国。

唯物主义是大不列颠本土的产儿，大不列颠的经院哲学家邓斯·司各脱就曾经问过自己："物质是否不能思维？"

为了使这种奇迹能够实现，他求助于上帝的万能，即迫使神学来宣讲唯物主义。此外，他还是一个唯名论者。唯名论是唯物主义的最初形式，主要存在于英国经院哲学家中间。

【论断】英国是现代唯物主义的发祥地。

1845年，马克思恩格斯首次在《神圣家族》中提出唯物主义是英国本土的产儿这一观点，并强调"唯名论是英国唯物主义理论的主要成分之一，而且一般说来它是唯物主义的最初表现"①。

中世纪经院哲学围绕概念与存在、个别与共相的关系

① 《马克思恩格斯全集》第2卷，北京：人民出版社1957年版，第163页。

产生了长期的争论，即唯名论与唯实论之争。唯名论者的观点是，一般的概念诸如理念、共相不是实在的（唯实论持相反的观点），只有物体是真实的存在，人对物体的命名就是概念。因此，物体在概念出现之前就已经存在，而非概念在事物之先。①

苏格兰哲学家邓斯·司各脱②是中世纪晚期唯名论的代表人物。他强调个体化原则，把事物的形式区分为一般形式和个体形式，认为个体形式更为重要。个体是独立的、完善的存在，真正的知识是个体的知识。

英国唯物主义的真正始祖是培根。在他看来，自然哲学才是真正的哲学，而以感性经验为基础的物理学则是自然哲学的最重要的部分。

【论断】培根的唯物主义经验论。

马克思恩格斯在《神圣家族》中称培根是"英国唯物主义和整个现代实验科学的真正始祖"③。弗朗西斯·培根④

---

① 参阅徐蓉：《科学社会主义的入门：〈社会主义从空想到科学的发展〉新读》，北京：红旗出版社2020年版，第23页。

② 邓斯·司各脱（1265—1308），苏格兰经院哲学家和神学家；唯名论（唯物主义在中世纪的最初表现）的代表人物，著有《牛津文集》。——参见《马克思恩格斯文集》第3卷，北京：人民出版社2009年版，第719页。

③ 《马克思恩格斯文集》第2卷，北京：人民出版社2009年版，第163页。

④ 弗朗西斯·培根（1561—1626），英国唯物主义哲学家、政治活动家和法学家、自然科学家和历史学家；英国启蒙运动的倡导者。——参见《马克思恩格斯文集》第3卷，北京：人民出版社2009年版，第741页。

继承了古代唯物主义传统，认为自然界是物质的，构成一切事物的最小单位是真正的分子，即事物的简单性质。他提出唯物主义经验论的基本原则，认为感觉是认识的开端，它是完全可靠的，是一切知识的源泉，但是他重视科学实验在认识中的作用。强调归纳法的意义。培根在近代哲学史上具有划时代的意义，被公认是古代唯物论转向近代唯物论的先驱。

提出种子说的阿那克萨哥拉和提出原子论的德谟克利特，都常常被他当作权威来引证。

【论断】培根用种子说和原子论来论证自然哲学。

根据古希腊哲学家阿那克萨哥拉①的学说的观点，种子是可以无限分割的、具有质的规定性的极小的物质粒子；种子是万物的本源，它们的结合构成各种不同的物体。阿那克萨哥拉深受伊奥尼亚学派唯物主义思想的影响，但又不完全赞同用某一种具体物质或元素作为万物本原的主张，认为这不能解决"一和多"的关系问题，因此他提出了"种子说"，认为种子有各种不同的性质，数目无限多，体积无限小，是构成世界万物的最初元素，种子的结合构成了世界上千差万别的事物。他在此基础上提出"努斯说"，

---

① 阿那克萨哥拉（约公元前500—前428），古希腊唯物主义哲学家。——参见《马克思恩格斯文集》第3卷，北京：人民出版社2009年版，第710页。

认为种子本身是不动的，推动种子的结合和分离的力量在于种子之外的一种东西，即"努斯"。

古希腊哲学家德谟克利特①最早提出万物由原子构成的原子论，认为原子和虚空是万物的本原，原子是不可再分的物质微粒，虚空是原子运动的场所，人的认识是从事物中流射出来的原子形成的"影像"作用于人的感官与心灵而产生的。

按照他的学说，感觉是确实可靠的，是一切知识的源泉。科学都是以经验为基础的，科学就在于把理性的研究方法运用于感官所提供的材料。归纳、分析、比较、观察和实验是理性方法的主要形式。在物质固有的特性中，第一个特性而且是最重要的特性是运动，它不仅表现为物质的机械的和数学的运动，而且主要表现为物质的冲动、活力、张力，或者用雅科布·伯麦的话来说，是物质的"痛苦"（Qual）②。

---

① 德谟克利特（公元前460—前370），古希腊伟大的唯物主义哲学家，原子唯物论学说的创始人之一。

② 恩格斯在这里加了一个注，而发表在《新时代》杂志上的德译文中此注被删去："'Qual'是哲学上的双关语。'Qual'按字面的意思是苦闷，是一种促使人采取某种行动的痛苦，同时，神秘主义者伯麦把拉丁语'qualitas'（质）的某些意义加到这个德国词上，他的'Qual'和外来的痛苦相反，是能动的本原，这种本原从受'Qual'支配的事物、关系或个人的自我发展中产生出来，而反过来又推进这种发展。"——参见《马克思恩格斯文集》第3卷，北京：人民出版社2009年版，第503页。

【论断】培根学说的主要内容。

根据培根的学说，感觉是一切知识的源泉。科学是以经验为基础的，就是把理性的研究方法运用于感官所提供的材料。理性方法的主要形式是归纳、分析、比较、观察和实验。运动是物质的第一个特性，也是最重要的特性，包括机械运动和数学运动，主要表现为物质的冲力、活力和张力。用德国哲学家雅科布·伯麦①的话来说，运动就是物质的"痛苦"。伯麦曾阐述一系列世界辩证发展的思想，多次被新教路德宗判为异端，禁止其写作。

唯物主义在它的第一个创始人培根那里，还包含着全面发展的萌芽。一方面，物质带着诗意的感性光辉对整个人发出微笑。另一方面，那种格言警句式的学说却还充满了神学的不彻底性。

【论断】培根对唯物主义的贡献。

培根提出唯物主义经验论的基本原则，认为感觉是认识的开端，它是完全可靠的，是一切知识的泉源。他重视科学实验在认识中的作用，认为必须借助于实验，才能弥补感官的不足，深入揭露自然的奥秘。他重视归纳法，强调它的作用和意义，认为它是唯一正确的方法，但他否定

---

① 雅科布·伯麦（1575—1624），德国哲学家，神秘主义和泛神论的代表。——参见《马克思恩格斯文集》第3卷，北京：人民出版社2009年版，第716页。

了演绎法的作用是片面的。他把自然科学中孤立静止的研究方法移植到哲学上来，造成了欧洲近代哲学所特有的局限性。他的哲学具有神学的不彻底性，他主张双重真理，承认上帝存在和灵魂不死等宗教教条。他的唯物主义哲学对近代哲学的发展有很大影响，被誉为"英国唯物主义和整个现代实验科学的真正始祖"。

　　唯物主义在以后的发展中变得片面了。霍布斯把培根的唯物主义系统化了。以感觉为基础的知识失去了诗情画意，变成数学家的抽象经验；几何学被宣布为科学的女王。唯物主义变得漠视人了。为了能够在对手，即漠视人的、毫无血肉的唯灵论的领域制服这种唯灵论，唯物主义就不得不扼杀自己的肉欲，成为禁欲主义者。这样，它就从感性之物变成理智之物；可是，它因此也就发展了理智所特有的无所顾忌的全部彻底性。

　　【论断】霍布斯对唯物主义的贡献和缺陷。

　　霍布斯①是近代唯物主义的杰出代表之一。就他的整个哲学体系论，他是一个形而上学的机械唯物主义者。他占有继往开来、不可否认的重要地位。霍布斯继承了培根的唯物主义并把它系统化，但是同时也把培根唯物主义的机

────────────

① 托马斯·霍布斯（1588—1679），英国哲学家，机械唯物主义的代表人物，早期资产阶级天赋人权理论的代表。——参见《马克思恩格斯文集》第3卷，北京：人民出版社2009年版，第727页。

械论倾向发展到极点。霍布斯创立了机械唯物主义的完整体系，认为宇宙是所有机械地运动着的广延物体的总和。他虽然把物质视为第一性的，但他认为一切物质都是孤立的、互不联系的，他的机械论则突出地表现在他企图用普遍的机械运动来解释世界的一切现象，而且一切运动都是物体在空间的位置移动。他的自然观虽然是唯物主义的，但他的机械论方法却是形而上学的。他把一切物质的运动归结为机械运动或数学运动，甚至用数学（几何学）方法解释一切，包括解释社会政治现象，终于使他的社会观成为唯心主义的。

作为培根的继承者，霍布斯声称，既然感性给人提供一切知识，那么我们的概念和观念就无非是摆脱了感性形式的现实世界的幻影。哲学只能为这些幻影命名。一个名称可以用于若干个幻影，甚至还可以有名称的名称。但是，一方面认为一切观念都起源于感性世界，另一方面又硬说一个词的意义不只是一个词，除了我们通过感官而知道的存在物，即全都是个别的存在物之外，还有一般的、非个别的存在物，这就是一个矛盾。

【论断】霍布斯的机械唯物主义中所包含的辩证法思想。

霍布斯的哲学具有明显的唯物主义性质，他认为哲学应当以物质体为研究对象，并强调了人的一切知识都来源于对外部对象的感觉，他把广延作为物体的根本性质，主张绝对静止，崇尚还原论，排斥偶然性，把世界和人都看作是机器，因此他的哲学被称为机械唯物主义。但是他的哲学中仍然有许多丰富而深刻的辩证法思想：他对物体、现象和影像的区分，关于必然性质、客观性和主观性的关系的论述，关于感觉器官内外的努力与对象向内的努力相统一而产生感觉的理论，以及关于主观空间、时间影像和物体性质与运动方式之间关系的论述，都体现深刻的辩证法思想。

无形体的实体和无实体的形体同样是荒唐的。形体、存在、实体只是同一种实在的不同名称。不能把思想同思维着的物质分开。物质是世界上发生的一切变化的基础。

【论断】霍布斯的唯物主义思想。

根据霍布斯的观点，物体不依赖于人的思想客观存在；它占有空间，为人们的感官所感知，被人的理性所理解。世界统一于物质，除了物质实体，世界上不存在任何非物质的实体。"不能想象没有思想者的思想。因此，看来从事于思想的东西是具体的，因为一切活动的主体只能从具体的或物质的形态去了解，……我们不能把思想同思想的物质分开。"霍布斯的物质概念克服了培根物质定义的朴素性，是欧洲哲学史上第一个明确的、完整的机械唯物主义的物质概念。

如果"无限的"这个词不表示我们的精神具有无限增添补充的能力，这个词就毫无意义。因为只有物质的东西才是可以被我们感知的，所以我们对神的存在就一无所知了。只有我自己的存在才是确实可信的。人的一切激情都是有始有终的机械运动。欲求的对象是所谓的善。人和自然都服从于同样的规律。强力和自由是同一的。

【论断】霍布斯的无神论思想和机械运动的观点。

霍布斯强调世界上一切东西都是物质实体，否定非物质的精神实体的存在，从机械唯物主义出发得出了无神论的观点。他对笛卡儿的物质和精神的二元论进行了批判。霍布斯把机械运动看作是唯一的普遍的运动形式，认为一切事物和现象都可以用机械运动来解释。在他看来，整个世界是一部由因果链组成的大机器，人也是机器，是一架像钟表那样的自动机，心脏是发条，神经是游丝，关节是齿轮。人的社会生活被人的一切情欲所推动，是"正在结束或正在开始的机械运动"。机械运动是普遍的、绝对的，除此以外，再不可能有其它任何运动形式。

霍布斯把培根的学说系统化了，但他没有论证培根关于人类的全部知识起源于感性世界的基本原理。洛克在他的《人类理智论》中对此作了论证。

【论断】霍布斯对培根思想的继承，洛克对培根思想的继承。

　　霍布斯的唯物主义思想是对培根的继承，但是他没有论证培根关于知识起源于感性世界的基本原理，而是由约翰·洛克①在《人类理智论》中对此作了论证。

　　洛克从 1671 年开始写《人类理智论》，1687 年完成，直到 1690 年才出版。这一著作在西方哲学史上起着承前启后的作用，洛克作为唯物主义路线上的一个哲学家是西方唯物主义发展史上的一个重要环节。洛克在这部著作中提出并要解决的中心问题是关于人类知识的起源、可靠性和范围。他首先批判笛卡儿关于天赋知识的观念和莱布尼茨的"天赋实践原则"的唯心主义观点，并在此基础上提出了白板论，即认识的唯一来源是经验，这是一个具有重大意义的唯物主义观点。"我们根据自身的经验，得到存在、绵延、知识、能力、快乐、幸福等等观念，此外还观念到有别的有胜于无的一些性质和能力。在我们企图对于崇高的主宰，形成最恰当的观念时，我们便以无限观念把这些观念各个都加以放大，因此，把它们加在一块以后，就成了我们的复杂的上帝观念。我们所有的各种实体观念，只是一些简单观念的集合体；我们还假设有一种东西是这些观念所依属、所寄托的。不过对于这种假设的东西，我们

---

① 约翰·洛克（1632—1704），英国唯物主义经验论哲学家和经济学家，启蒙思想家，早期资产阶级天赋人权理论的代表。——参见《马克思恩格斯文集》第 3 卷，北京：人民出版社 2009 年版，第 735 页。

是不能有明白而清晰的观念的。"①

霍布斯消除了培根唯物主义中的有神论的偏见；柯林斯、多德威尔、考尔德、哈特莱、普利斯特列也同样消除了洛克感觉论的最后的神学藩篱。无论如何，自然神论对实际的唯物主义者来说不过是"一种摆脱宗教的简便易行的方法罢了"②。

【论断】近代形而上学唯物主义的发展。

霍布斯消除了培根的唯物主义的缺陷。柯林斯③、多德威尔④、考尔德⑤、哈特莱⑥、普利斯特列⑦消除了洛克的感觉论的缺陷。

---

① ［英］约翰·洛克：《人类理解论》，北京：商务印书馆1959年版，第297页。

② 马克思，恩格斯：《神圣家族》，1845年美因河畔法兰克福版，第201—204页。——参见《马克思恩格斯文集》第3卷，北京：人民出版社2009年版，第504页。

③ 安东尼·柯林斯（1676—1729），英国唯物主义哲学家。——参见《马克思恩格斯文集》第3卷，北京：人民出版社2009年版，第729页。

④ 亨利·多德威尔（死于1784年），英国唯物主义哲学家。——参见《马克思恩格斯文集》第3卷，北京：人民出版社2009年版，第720页。

⑤ 威廉·考尔德（1656前后—1725），英国医生，哲学家，唯物主义者。——参见《马克思恩格斯文集》第3卷，北京：人民出版社2009年版，第729页。

⑥ 大卫·哈特莱（1705—1757），英国医生，唯物主义哲学家。——参见《马克思恩格斯文集》第3卷，北京：人民出版社2009年，第725页。

⑦ 约瑟夫·普利斯特列（1733—1804），英国化学家和唯物主义哲学家，英国资产阶级激进派的思想家，1774年发现氧气；1794年因拥护法国大革命而流亡美国。——参见《马克思恩格斯文集》第3卷，北京：人民出版社2009年版，第743页。

在西方近代思想史上，自然神论是连接中世纪基督教
文化与近代理性主义的重要桥梁。[①] 自然神论是一种推崇理
性原则，把上帝解释为非人格的始因的宗教哲学理论，曾
是资产阶级反对封建制度和正统宗教的一种理论武器，也
是无神论在当时的一种隐蔽形式。这种理论反对蒙昧主义
和神秘主义，认为上帝不过是"世界理性"或"有智慧的
意志"，上帝在创世之后就不再干预世界事务，而让世界按
它本身的规律存在和发展下去。在封建教会世界观统治的
条件下，自然神论者往往站在理性主义的立场上批判中世
纪的神学世界观，揭露僧侣们的寄生生活和招摇撞骗的
行为。

关于现代唯物主义起源于英国，卡尔·马克思就是这
样写的。如果现在英国人对他这样赞许他们的祖先并不十
分高兴，那真是太遗憾了。可是不能否认，培根、霍布斯
和洛克都是杰出的法国唯物主义者学派的前辈，法国人在
陆上和海上的历次战争中尽管败于德国人和英国人，但这
些法国唯物主义者却使 18 世纪成为一个以法国为主角的世

[①] 要对自然神论有一个全景式的了解，可以参考约翰·奥尔在 1934 年出版
的《英国自然神论：起源和结果》，中文译本由周玄毅翻译，武汉大学
2008 年出版。该书对自然神论的起源及影响进行了详尽的阐述，并且按照
兴起、繁盛和衰落这三个阶段，对 17—18 世纪英国自然神论的主要代表
人物及其思想做出了细致的分析。这部著作不仅表示出自然神论在整个西
方思想史上的位置，更是勾勒出这一思潮的主要脉络和发展方向。

纪,这甚至比圆满结束那个世纪的法国革命还要早;这次革命的成果,我们这些身在英国和德国的局外人还总想移植哩。

【论断】法国唯物主义者的贡献。

马克思恩格斯最早是在《神圣家族》中提出英国是现代唯物主义发源地的观点。[①] 现代唯物主义起源于英国,但是英国自然神学否认唯物主义。17 世纪英国思想家培根、霍布斯和洛克等为唯物主义的发展做出了重要贡献,成为法国唯物主义者学派的前辈。虽然法国在 18 世纪的战争中屡次战败,但是法国唯物主义者使 18 世纪成为法国的世纪。

这是无可否认的。在本世纪中叶,移居英国的有教养的外国人最惊奇的,是他必然会视为英国体面的中等阶级的宗教执迷和头脑愚蠢的那种现象。那时,我们都是唯物主义者,或者至少是很激进的自由思想者,我们不能理解,为什么英国几乎所有有教养的人都相信各种各样不可思议的奇迹,甚至一些地质学家,例如巴克兰和曼特尔也歪曲他们的科学上的事实,唯恐过分有悖于创世记的神话;要想找到敢于凭自己的智力思考宗教问题的人,就必须去寻访那些没有受过教育的人,当时所谓的"无知群氓"即工

---

① 参阅《马克思恩格斯全集》第 2 卷,北京:人民出版社 1957 年版,第 163—164 页。

人，特别是去寻访那些欧文派的社会主义者。

【论断】英国贵族阶层和中等阶级对宗教的执迷。

19 世纪中期，英国的中等阶级和贵族阶层非常执迷于宗教，甚至一些科学家也歪曲科学事实，企图把科学材料同圣经传说调和起来。英国地质学家巴克兰①在研究化石的遗物的过程中发现各种各样动植物的构造有着相同的基本原则，从而得出万物是出于全知全能的上帝的计划。英国地质学家和古生物学家曼特尔②长期研究中生代的古生物学，并在白垩纪的地层中首次发现了著名的恐龙类爬行动物。

但是从那时以来，英国已经"开化"了。1851 年的博览会③给英国这个岛国的闭塞状态敲响了丧钟。英国在饮食、风尚和观念方面逐渐变得国际化了；这种变化之大，使我也希望英国的某些风尚和习惯能在大陆上传播，就像大陆上的其他习惯在英国传播那样。

---

① 威廉·巴克兰（1784—1856），英国地质学家和传教士，在自己的著作中企图把地质学材料同圣经传说调和起来。——参见《马克思恩格斯文集》第 3 卷，北京：人民出版社 2009 年版，第 713 页。

② 吉迪恩·曼特尔（1790—1852），英国地质学家和古生物学家，在自己的著作中企图把地质学材料同圣经传说调和起来。——参见《马克思恩格斯文集》第 3 卷，北京：人民出版社 2009 年版，第 737 页。

③ 指 1851 年 5—10 月在伦敦举行的第一届世界工商业博览会。——参见《马克思恩格斯文集》第 3 卷，北京：人民出版社 2009 年版，第 505 页。

【论断】工业文明对英国的积极影响。

1851 年 5 月至 10 月，第一届世界工商业博览会在伦敦举行。这次博览会成为英国展出最新工业成果的盛会，也打开了英国的闭塞状态。作者希望英国的某些风尚和习惯在西欧大陆上传播，就像西欧大陆的其他习惯在英国传播。

总之，随着色拉油（1851 年以前只有贵族才知道）的传入，大陆上对宗教问题的怀疑论也必然传了进来，以致发展到这种地步：不可知论虽然还尚未像英国国教会那样被当作"头等货色"，但是就受人尊敬的程度而言，几乎和浸礼会是同等的，而且肯定超过了"救世军"。

【论断】不可知论的发展。

救世军是基督教新教的一个社会活动组织，1865 年由传教士威·蒲斯在伦敦创立。1878 年该组织模仿军队编制，教徒称"军兵"，教士称"军官"；1880 年正式定名为"救世军"。这个组织着重在下层群众中开展慈善活动，并吸收教徒。在资产阶级的大力支持下，救世军开展广泛的宗教活动，并建立一整套慈善机构。[①]

我时常这样想：许多人对这种越来越不信仰宗教的现

---

① 参见《马克思恩格斯文集》第 3 卷，北京：人民出版社 2009 年版，第 694 页。

象痛心疾首，咒骂谴责，可是他们如果知道这些"新奇的思想"并不是舶来品，不像其他许多日用品那样带有"德国制造"的商标，而无疑是老牌的英国货，而且他们的不列颠祖先在200年前已经走得比今天的后代子孙所敢于走的要远得多，那他们将会感到安慰吧。

【论断】17世纪英国唯物主义经验论是现代唯物主义的起源地。

17世纪的英国，由于资本主义迅速发展，实验科学顺利发展，科学家和哲学家在实验科学的基础上反对封建神学和唯心主义，促进了科学和哲学的发展。英国唯物主义经验论把实验科学的精神、原则和资料作为自己哲学理论活动的依据，依靠实验科学阐发自己的哲学思想。英国唯物主义经验论是近代实验科学的升华，它把实验科学作为理论活动的依据，从世界观和方法论上指导自然科学的研究。因此，马克思恩格斯认为英国是现代唯物主义的起源地。

真的，不可知论如果不是（用兰开夏郡的一个富于表现力的字眼来说）唯物主义，不可知论者的自然观"羞羞答答的"又是什么呢？完全是唯物主义的。整个自然界是受规律支配的，绝对排除任何外来的干涉。

【论断】不可知论与唯物主义的关系。

它与可知论相对，是一种哲学的认识论，认为除了感觉或现象之外，世界本身是无法认识的。不可知论断言人的认识能力不能超出感觉经验或现象的范围，不能认识事物的本质及发展规律。在现代西方哲学中，许多流派从不可知论出发来否定科学真理的客观性。

可是，不可知论者又说，我们无法肯定或否定已知世界之外的某个最高存在物的存在。这种说法在拿破仑那个时代也许还有点价值，那时拿破仑曾问拉普拉斯这位伟大的天文学家，为何他的《论天体力学》①只字不提造物主，对此，拉普拉斯曾骄傲地回答："我不需要这个假说。"

【论断】不可知论否认彻底认识世界的可能性。

不可知论认为除了感觉或现象之外，世界本身是无法认识的，断言人的认识能力不能超出感觉经验或现象的范围，不能认识事物的本质及发展规律，否认认识世界的可能性或者否认彻底认识世界的可能性。休谟和康德是近代不可知论的重要代表。

恩格斯这里所提到的"假说"就是康德的星云假说。康德提出了近代第一个有科学根据的宇宙发展的学说，也就是太阳系从原始星云发展而来的学说，即关于太阳系起源的"星云假说"。1775年，康德在柯尼斯堡和莱比锡出版

---

① 指皮·拉普拉斯的《论天体力学》1799—1825年巴黎版第1—5卷。——参见《马克思恩格斯文集》第3卷，北京：人民出版社2009年版，第506页。

的著作《自然通史和天体论，或根据牛顿原理试论宇宙的结构和机械起源》中阐述了这一假说。1796 年，法国天文学家拉普拉斯在巴黎出版的《宇宙体系论》中从数学上论证了关于太阳系起源于星云的假说。1864 年，英国天文学家威·哈金斯用光谱学方法证实了宇宙空间存在着类似康德–拉普拉斯星云假说所设想的原始星云的炽热气团。

可是如今，在我们不断发展的关于宇宙的概念中绝对没有造物主或主宰者的位置；如果说，在整个现存世界之外还有一个最高存在物，这本身就是一种矛盾，而且我以为，这对信教者的情感也是一种不应有的侮辱。

【论断】世界没有造物主。

根据唯物主义的观点，世界是不断发展的，不断变化的，因此宇宙是不断发展的。世界没有造物主，没有主宰者，没有最高的存在物。

我们的不可知论者也承认，我们的全部知识是以我们的感官向我们提供的报告为基础的。可是他又说：我们怎么知道我们的感官所给予我们的是感官所感知的事物的正确反映呢？然后他告诉我们：当他讲到事物或事物的特性时，他实际上所指的并不是这些他也不能确实知道的事物及其特性，而是它们对他的感官所产生的印象而已。这种论点，看来的确很难只凭论证予以驳倒。

【论断】不可知论的基本观点。

不可知论者认为人类的认识能力是有限的，除了感觉或现象之外，世界本身或事物的本质是不可知的。它不承认通过社会实践，可以将尚未认识之物，不断转化为已被认识之物。

但是人们在论证之前，已经先有了行动。"起初是行动"①。在人类的才智虚构出这个难题以前，人类的行动早就解决了这个难题。布丁的滋味一尝便知。

【论断】人的主观意识产生于人的实践行为中。

实践包括三方面基本内容：生产实践、处理社会关系的实践和科学实践。恩格斯的自然哲学中揭示了人的思想产生于劳动中，人的主观意识产生于人的实践行为中，同时人的主观意识反作用于客观存在。

当我们按照我们所感知的事物的特性来利用这些事物的时候，我们的感性知觉是否正确便受到准确无误的检验。如果这些知觉是错误的，我们关于能否利用这个事物的判断必然也是错误的，要想利用也决不会成功。

【论断】感性认识需要上升到理性认识。

---

① 歌德《浮士德》第1部第3场《书斋》。——参见《马克思恩格斯文集》第3卷，北京：人民出版社2009年版，第506页。

根据马克思主义认识论，感性认识是认识的低级阶段，是对事物外部形态的直接的、具体的反映，感性认识包括感觉、知觉和表象三种形式。理性认识依赖于感性认识，感性认识也有待于上升到理性认识。

可是，如果我们达到了我们的目的，发现事物符合我们关于该事物的观念，并产生我们所预期的效果，这就肯定地证明，在这一范围内，我们对事物及其特性的知觉符合存在于我们之外的现实。

【论断】知觉是对客观物体的整体认识。

知觉是直接作用于感觉器官的事物的整体在脑中的反应，是人对感觉信息的组织和解释的过程。知觉是各种感觉的结合，来自于感觉，但不同于感觉。感觉是反映事物的个别属性，是单一感觉器官的活动的结果，不依赖于个人的知识和经验。知觉是认识事物的整体，是各种感觉协同活动的整体，受个人知识经验的影响。

我们一旦发现失误，总是不需要很久就能找出失误的原因；我们会发现，我们的行动所依据的知觉，或者本身就是不完全的、肤浅的，或者是与其他知觉的结果不合理地混在一起——我们把这叫做有缺陷的推理。

【论断】感性认识的缺陷。

感性认识是客观事物直接作用于人的感觉器官在大脑

中产生的反映形式。它是认识的初级阶段，包括感觉、知觉和表象等，其特点是直接性、生动性和具体性。要获得感性认识，必须亲自参加社会实践，直接接触客观事物。感性认识只认识到事物的表面现象，如颜色、形状、声音、冷热和气味等，尚未达到对事物的内部联系和本质的认识，因此有待于发展提高到理性认识阶段。

只要我们正确地训练和运用我们的感官，使我们的行动只限于正确地形成的和正确地运用的知觉所规定的范围，我们就会发现，我们行动的结果证明我们的知觉符合所感知的事物的客观本性。

【论断】感性认识必须上升到理性认识。

感性认识和理性认识是认识过程中两个不可缺少的阶段，二者相互联系，相互贯通。感性认识对事物的认识仅仅局限于感官，我们的行动也局限于知觉的范围。理性因素使人的感性认识具有能动性，促进人的感知能力的发展，也是从感性认识发展到理性认识的必要条件。

到目前为止，还没有一个例子迫使我们作出这样的结论：我们的经过科学检验的感性知觉，会在我们的头脑中造成一些在本性上违背现实的关于外部世界的观念；或者，在外部世界和我们关于外部世界的感性知觉之间，存在着天生的不一致。

【论断】感性认识是理性认识的基础。

在感性认识的基础上，通过去粗取精、去伪存真、由此及彼、由表及里的整理和改造，形成概念、判断、推理。感性认识是理性认识的基础，理性认识是感性认识的飞跃，它反映事物的全体、本质和内部联系。

但是，新康德主义的不可知论者这时就说：我们可能正确地感知事物的特性，但是我们不能通过感觉过程或思维过程掌握自在之物。这个"自在之物"处于我们认识的彼岸。

【论断】新康德主义的不可知论的观点。

康德在《纯粹理性批判》中把对象区分为现象和物自体。现象是已经通过大脑加工过的意识表象；物自体是没有加工过的，是一种存在于人们感觉和认识之外的客观实体，是人们认识的最后界限。现象的存在是以物自体为根据的，现象可以认识，但是物自体却是不可认识的。

对于这一点，黑格尔早就回答了：如果你知道了某一事物的一切性质，你也就知道了这一事物本身；这时剩下来的便只是上述事物存在于我们之外这样一个事实；只要你的感官使你明白这一事实，你也就完全掌握这一事物，掌握康德的那个著名的不可认识的"自在之物"了。

【论断】黑格尔关于思维和存在同一性的认识论思想。

黑格尔在认识论上坚持思维与存在的同一，他把思维与存在同一看作是一个永恒的矛盾运动过程，结束了人的认识具有最终性质的看法，这些认识论思想充满了辩证法的因素。

还可以补充一句：在康德的那个时代，我们对自然界事物的知识确实残缺不全，所以他可以去猜想在我们对于各个事物的少许知识背后还有一个神秘的"自在之物"。

【论断】康德哲学中的"自在之物"。

"自在之物"是德国古典哲学家康德的一个基本概念，也译为"物自体"或"物自身"。它是认识之外的，又绝对不可认识的存在之物。康德在《纯粹理性批判》第二版序中指出，"我们不得不做出这个结论：即我们永远不能超出可能经验的限度……知识只和出现有关，至于事物本身则—亻其本身作为实在的事物，可是却为我们所不能认知。因为那必然迫使我们超过经验之限度和一切出现之限度的东西乃是不受条件限制的东西，这东西是理性所必然而且有权在'物之在其本身'中所要求的……"但是"如果假定我们经验性的知识符合作为'物之在其本身'的对象，那我们就会发现，去思考这种不受条件限制的东西就不可能没有矛盾。"①

---

① 康德：《纯粹理性批判》，韦卓民译，武汉：华中师范大学出版社2000年版，第19页。

但是这些不可理解的事物，由于科学的长足进步，已经接二连三地被理解、分析，甚至重新制造出来了；我们当然不能把我们能够制造的东西当作是不可认识的。

【论断】科学对自然界的认识。

随着自然科学的进步，自然界事物和自然界现象越来越多地被理解和被认识。即使那些还没有制造出来的东西，也不能把它们当作不可认识的。

对于本世纪上半叶的化学来说，有机物正是这样的神秘的东西；现在我们不必借助有机过程，就能按照有机物的化学成分把它们一个一个地制造出来。近代化学家宣称：只要知道不管何种物体的化学结构，就可以按它的成分把它制造出来。我们现在还远没有准确地认识最高有机物即蛋白体的结构；但是没有理由说几个世纪以后我们仍不会有这种认识，并根据这种认识来制造人造蛋白。

【论断】19世纪上半叶的化学革命。

19世纪上半叶的化学革命是指通过无机过程合成有机物的方法。德国化学家弗里德里希·维勒自1824年起研究氰酸铵的合成，他发现在氰酸中加入氨水后蒸干得到的白色晶体并不是铵盐，1828年他终于证明这个实验的产物是尿素。维勒从无机物合成有机物的方法，被认为是有机化学研究的先锋。在此之前，人们普遍认为有机物只能依靠一种生命力在动物或植物体内产生，人工只能合成无机物而不能合成有机物。随后，乙酸、酒石酸等有机物相继被合成出来，支持了维勒的观点，人们认识到有机物是可以在实验室由人工合成的。因此。近代化学家宣称只要知道物体的化学结构，就可以按它的成分把它制造出来。

在恩格斯撰写《反杜林论》《社会主义从空想到科学的发展》的年代，人们只发现了四种氨基酸，所以说当时还不知道蛋白质由氨基酸组成这一科学事实，更谈不上蛋白质的结构，最早提出蛋白质多肽结构学说是在 1902 年。[1]

我们一旦能做到这一点，我们同时也就制造了有机生命，因为生命，从它的最低形式直到最高形式，只是蛋白体的正常的存在方式。

【论断】蛋白体是生命的存在方式。

恩格斯在《反杜林论》和《自然辩证法》中多次使用"蛋白""蛋白质""蛋白体"这些术语，他在《反杜林论》中明确指出："生命是蛋白体的存在方式，这种存在方式本质上就在于这些蛋白体的化学成分的不断的自我更新。在这里，蛋白体是按照现代化学的意义来理解的，现代化学把所有在构成上类似普通蛋白或者也称为蛋白质的东西都包括在蛋白体这一名称之内。这个名称是不恰当的，因为

---

[1]　参阅傅杰青：《恩格斯著作中"蛋白体"的原意》，载《自然辩证法通讯》，1987 年第 1 期。

普通蛋白在一切和它相近的物质中，是起着最没有生命的、最被动的作用，它和蛋黄一起仅仅是胚胎发育的养料。但是，当人们对蛋白体的化学构造还知之甚少的时候，这个名称总比一切其他名称好些，因为它更有概括性。"①

然而，我们的不可知论者只要作出这些形式上的思想上的保留，他的言行就像十足的唯物主义者了，实际上他也是唯物主义者。他或许会说：就我们所知，物质和运动，或者如今所谓的能，是既不能创造也不能消灭的，但是我们无法证明它们不是在某一个时候创造出来的。

【论断】不可知论与唯物主义的联系。

不可知论在形式上与唯物主义之间存在着联系，只要不可知论者在形式和思想上有所保留，他们就与唯物主义有一定的联系。他们可能说，物质和运动是既不能创造的，也不能消灭的，但是也无法证明物质和运动不是在某一个时候创造出来的。

可是，你要是想在某一特定场合下利用这种承认去反驳他，他立刻就会让你闭上嘴巴。他抽象地承认可能有唯灵论，但是他不想具体地知道是否有唯灵论。他会对你说：

---

① 《马克思恩格斯文集》第9卷，北京：人民出版社2009年版，第86—87页。

就我们所知道或所能知道的，并没有什么宇宙的造物主和主宰者；对我们来说，物质和能是既不能创造也不能消灭的；在我们看来，思维是能的一种形式，是脑的一种功能；我们只知道：支配物质世界的是一些不变的规律，等等。所以，当他是一个科学家的时候，当他还知道一些事情的时候，他是一个唯物主义者；可是，在他的科学以外，在他一无所知的领域中，他就把他的无知翻译成为希腊文，称之为不可知论。

【论断】不可知论者的基本观点。

不可知论者无法确定是否有唯灵论，也不想确定是否有唯灵论。不可知论者只知道宇宙没有造物主，也没有主宰者。在他们看来，物质是既不能创造的，也不能消灭的；思维是人脑的功能。不可知论只知道物质世界有一些不变的规律。当不可知论者是一名科学家时，他是一个唯物主义者。但是在他的科学之外，在他一无所知的领域中，他是不可知论者。

无论如何，这一点是清楚的：即使我是一个不可知论者，显然我也不能把这本小书所概述的历史观称为"历史不可知论"。信教的人将会嘲笑我，不可知论者也将厉声质问我是否在嘲弄他们。

【论断】这本书概括的历史观是唯物主义历史观。

恩格斯这本书所概括的历史观不是"历史不可知论"，

而是唯物主义历史观。

　　因此，我在英语中如果也像在其他许多语言中那样用"历史唯物主义"这个名词来表达一种关于历史过程的观点，我希望英国的体面人物①不至于过分感到吃惊。这种观点认为，一切重要历史事件的终极原因和伟大动力是社会的经济发展，是生产方式和交换方式的改变，是由此产生的社会之划分为不同的阶级，是这些阶级彼此之间的斗争。

　　【论断】恩格斯对历史唯物主义的总结。

　　社会的经济发展、生产方式和交换方式的变化，以及由此产生的阶级和阶级斗争，是社会发展的终极原因和伟大动力。

　　如果我证明历史唯物主义甚至对英国的体面人物也是有益的，人们对我或许还会更宽容一些。我已经说过：大约在四五十年以前，移居英国的有教养的外国人最惊奇的，是他必然会视为英国体面的中等阶级的宗教执迷和头脑愚蠢的那种现象。现在我就要证明，那时候的体面的英国中等阶级，并不像有知识的外国人所认为的那样愚蠢。这个阶级的宗教倾向是有其缘由的。

---

① 在德译文中，"体面人物"后面加有"用德语来说叫做庸人"。——参见《马克思恩格斯文集》第3卷，北京：人民出版社2009年版，第509页。

【论断】历史唯物主义对英国的益处。

恩格斯证明历史唯物主义对英国中等阶级是有益的。大约在四五十年前，移居英国的外国人惊奇地发现英国中等阶级对宗教的执迷。恩格斯在这里要证明，英国中等阶级对宗教执迷是有原因的。

当欧洲脱离中世纪的时候，新兴的城市中等阶级①是欧洲的革命因素。这个阶级在中世纪的封建体制内已经赢得公认的地位，但是这个地位对它的扩张能力来说，也已经变得太狭小了。中等阶级即资产阶级的发展，已经不能同封建制度并存，因此，封建制度必定要覆灭。

【论断】欧洲的革命因素。

新兴的城市中等阶级在文艺复兴时期逐渐成为欧洲的革命因素。这个阶级在中世纪的封建体制内已经赢得公认的地位，但是这个地位已经无法满足它的不断扩张。资产阶级的发展已经不能同封建制度并存，推翻封建制度建立资本主义制度成为必然的趋势。

---

① 在德译文中，从这里开始，直至以"新的起点是……的妥协"一句起首的那一段，恩格斯将英文用语"middle class"（"中等阶级"）、"bourgeoisie（"资产阶级"）都译为"Burgerthum"；后面，恩格斯又把这些用语译为"Bourgeoisie"，后两个德文用语都指的是资产阶级。——参见《马克思恩格斯文集》第 3 卷，北京：人民出版社 2009 年版，第 509 页。

但是封建制度的巨大的国际中心是罗马天主教会。它尽管发生了各种内部战争，还是把整个封建的西欧联合为一个大的政治体系，同闹分裂的希腊正教徒和伊斯兰教的国家相对抗。它给封建制度绕上一圈神圣的灵光。它按照封建的方式建立了自己的教阶制，最后，它本身就是最有势力的封建领主，拥有天主教世界的地产的整整三分之一。要想把每个国家的世俗的封建制度成功地各个击败，就必须先摧毁它的这个神圣的中心组织。

【论断】罗马天主教会是封建制度的中心组织。

罗马天主教会是封建制度的国际中心。尽管它内部发生了各种战争，还是把西欧封建国家联合成为一个大的政治体系，与希腊正教和伊斯兰教相对抗。罗马天主教会使封建制度具有神圣性，并且按照封建的方式建立天主教教阶制度。最初的天主教教阶制度是规定天主教神职人员的等级和教务管理的制度，包括教阶和教权两个阶级。罗马天主教会是最有势力的封建领主，拥有天主教在整个世界的三分之一地产。因此，要想击败各个国家的世俗的封建制度，就必须首先摧毁封建制度的中心组织——罗马天主教会。

此外，随着中等阶级的兴起，科学也大大振兴了；天文学、力学、物理学、解剖学和生理学的研究又活跃起来。资产阶级为了发展工业生产，需要科学来查明自然物体的物理特性，弄清自然力的作用方式。在此以前，科学只是教会的恭顺的婢女，不得超越宗教信仰所规定的界限，因此根本就不是科学。现在，科学反叛教会了；资产阶级没有科学是不行的，所以也不得不参加反叛。

【论断】资本主义社会对科学的发展以及科学的作用。

随着资本主义的发展，科学也迅速发展：天文学、力学、物理学、解剖学和生理学的研究又活跃起来。资产阶级为了发展工业生产，需要科学来解释自然物理的物理特性和自然力的作用方式。在此以前，科学只是神学的婢女，科学不得超越宗教信仰所规定的界限，因此根本就不是科学。现在科学逐渐脱离教会，科学在资本主义社会是必要的。

以上只谈到新兴的中等阶级必然要同现存的教会发生冲突的两点原因，但足以证明：第一，在反对罗马教会权利的斗争中，最有直接利害关系的阶级是资产阶级；第二，当时反对封建制度的历次斗争，都要披上宗教的外衣，把矛头首先指向教会。可是，如果说率先振臂一呼的是一些大学和城市商人，那么热烈响应的必然是而且确实是广大的乡村居民即农民，他们为了活命不得不到处同他们的精神的和尘世的封建主搏斗。

【论断】资产阶级在反对罗马教会和封建制度中的进步作用。

资产阶级与教会发生冲突的主要原因是，第一，在反对罗马教会权利的斗争中，资产阶级是最有直接利害关系的阶级；第二，每次反对封建制度的斗争都要披上宗教的外衣，都要把斗争的矛头首先指向教会。资产阶级虽然是反对封建制度斗争的领导阶级，但是农民和工人才是反对封建制度斗争的主要力量，因为他们反对封建制度的斗争实际上是争取生存的斗争。

资产阶级反对封建制度的长期斗争，在三次大决战中达到了顶点。

【论断】资产阶级反对封建制度的斗争。

在资产阶级反对封建制度的斗争中最重要的是三次大决战：第一次是路德的宗教改革；第二次是英国城市中等阶级和自耕农发动的起义，也就是英国的光荣革命，这次斗争的成果就是英国建立君主立宪制；第三次是法国大革命。

第一次是德国的所谓宗教改革。路德提出的反对教会的战斗号召，唤起了两次政治性的起义：首先是弗兰茨·冯·济金根领导的下层贵族的起义（1523年），然后是1525年伟大的农民战争。这两次起义都失败了，主要是由于最有利害关系的集团即城市市民不坚决，——至于不坚决的原因，我们就不详述了。

【论断】路德的宗教改革的政治意义。

公元 1517—1546 年，马丁·路德发起并领导的宗教改革运动席卷整个欧洲，结束了罗马天主教会对西欧的封建神权统治，为新兴资产阶级提供了革命的思想武器。路德的宗教改革唤起了两次政治起义：一次是 1523 年弗兰茨·冯·济金根①领导的下层贵族起义，另一次是 1525 年的德国农民战争。德国农民战争最初是 1524 年在德国局部地区爆发的农民起义，后来扩展到德国南部、奥地利和瑞士大部分地区。1525 年起义在施瓦本、弗兰肯、阿尔萨斯和图林根被镇压。1526 年起义在萨克森和蒂罗尔被扑灭。

从那时起，斗争就蜕化为各地诸侯和中央政权之间的战斗，结果，德国在 200 年中被排除于欧洲在政治上起积极作用的民族之列。路德的宗教改革确实创立了一种新的信条，一种适合专制君主制需要的宗教。德国东北部的农民刚刚改信路德教派，就从自由人降为农奴了。

【论断】德国宗教改革的不彻底性。

德国反对天主教的斗争没有成为反对封建制度的斗争，

① 弗兰茨·冯·济金根（1481—1523），德国骑士，曾参加宗教改革运动，1522—1523 年反对特里尔大主教的骑士起义的领袖；在兰茨胡特的城堡遭攻击时丧生；拉萨尔的剧本《弗兰茨·冯·济金根》中的济金根的原型。——参见《马克思恩格斯文集》第 3 卷，北京：人民出版社 2009 年版，第 727 页。

而是成为各地诸侯和中央政权之间的战斗，因此德国在16—18世纪这两百年中没有成为在欧洲政治上起过积极作用的民族。路德的宗教改革创立了一种新的信条，但是成为专制君主制需要的宗教。德国东北部的农民因为改信路德教派就从自由人降为农奴了。德国的宗教改革不仅没有改变德国的封建专制制度，反而加强了封建专制制度在德国的统治。

但是，在路德失败的地方，加尔文却获得了胜利。加尔文的信条正适合当时资产阶级中最果敢大胆的分子的要求。

【论断】加尔文教代表当时资产阶级的要求。

著名宗教改革活动家让·加尔文①在16世纪欧洲宗教改革运动时期创立了加尔文教，属于基督教新教流派之一。该教派的教义是"绝对先定"和人的福祸神定的学说。根据这种学说，一部分人是由上帝先定为可以得救的选民，另一部分人则是永定为受罚的弃民。加尔文教严格奉行的宗教信条完全符合当时资产阶级的要求。

他的宿命论的学说，从宗教的角度反映了这样一件事

---

① 让·加尔文（1509—1564），法国神学家和宗教改革运动的活动家，新教宗派之一加尔文宗的创始人。——参见《马克思恩格斯文集》第3卷，北京：人民出版社2009年版，第727—728页。

实：在竞争的商业世界，成功或失败并不取决于一个人的活动或才智，而取决于他不能控制的各种情况。决定成败的并不是一个人的意志或行动，而是全凭未知的至高的经济力量的恩赐；在经济变革时期尤其是如此，因为这时旧的商路和中心全被新的所代替，印度和美洲已被打开大门，甚至最神圣的经济信条即金银的价值也开始动摇和崩溃了。

【论断】加尔文的"预定论"。

加尔文在教义上主张"预定论"，这是他宗教改革思想的核心。加尔文主张上帝预定了人会获救还是会沉沦，即所谓的选民或弃民。上帝预定的旨意，不因人的行为而改变。选民受上帝赐予的救恩和生命，弃民却必定沉沦。因此，恩格斯把加尔文的"预定论"称为宿命论。在资本主义社会，商业的成功或失败并不取决于人的才智或活动，也不取决于人的意志或行动，而是取决于至高的经济权力。英国资产阶级在印度和美洲的奴隶贸易，对世界经济产生了重要影响。

加尔文的教会体制是完全民主的、共和的；既然上帝的王国已经共和化了，人间的王国难道还能仍然听命于君王、主教和领主吗？当德国的路德教派已变成诸侯手中的驯服工具时，加尔文教派却在荷兰创立了一个共和国，并且在英国，特别是在苏格兰，创立了一些活跃的共和主义政党。

【论断】加尔文的教会体制和政治活动。

加尔文废除天主教的主教制，建立长老制。教会圣职包括牧师、长老和执事，长老一般由有威信的平信徒担任。教会设立由长老会议和6名牧师组成的宗教法庭，长老会议由各教区民主选举的代表组成，归市议会直辖。教会的领导机构是市和地方教区两级牧师团体，市级牧师团体由各教区首脑组成，负责统辖各教区牧师团体。

资产阶级的第二次大起义，在加尔文教派中给自己找到了现成的战斗理论。这次起义是在英国发生的。发动者是城市中等阶级，完成者是农村地区的自耕农。

【论断】资产阶级第二次大起义的战斗理论。

加尔文教派的理论成为资产阶级第二次大起义的战斗理论。这次起义是由英国的城市中等阶级发起，由农村地区的自耕农完成。自耕农是以小块土地私有制为基础，以单个家庭为经济单位，从事耕织相结合的个体农业劳动的农户。

很奇怪的是：在资产阶级的这三次大起义中，农民提供了战斗大军，而农民恰恰成为在胜利后由于胜利带来的经济后果而必然破产的阶级。

【论断】农民在资产阶级革命中的作用。

农民在资产阶级的三次大起义中发挥了重要作用，是战争的主要力量。但是农民在战争胜利后又面临破产，沦为一无所有的雇佣阶级。

克伦威尔之后 100 年，英国的自耕农几乎绝迹了。如果没有这些自耕农和城市平民，资产阶级决不会单独把斗争进行到底，决不会把查理一世送上断头台。哪怕只是为了获得那些当时已经成熟而只待采摘的资产阶级的胜利之果，也必须使革命远远超越这一目的，就像法国在 1793 年和德国在 1848 年那样。显然，这就是资产阶级社会发展的规律之一。

【论断】资产阶级革命的胜利。

1642—1648 年，克伦威尔①两次率领铁骑军和新模范军，战胜了王党的军队。1649 年，在城市平民和自耕农的压力下，处死国王查理一世，宣布成立共和国。这是英国资产阶级革命的胜利成果。一百年后，法国大革命和德国革命的胜利，使法国和德国确立资本主义制度。

在这种极端的革命活动之后，接踵而至的是不可避免的反动，这个反动也同样超出它可能继续存在下去的

---

① 奥利弗·克伦威尔（1599—1658），英国国务活动家，17 世纪英国资产阶级革命时期资产阶级和资产阶级化贵族的领袖，1649 年起为爱尔兰军总司令和爱尔兰总督，1653 年起为英格兰、苏格兰和爱尔兰的护国公。——参见《马克思恩格斯文集》第 3 卷，北京：人民出版社 2009 年版，第 730 页。

限度①。经过多次动荡以后，新的重心终于确立了，并且成了今后发展的新起点。英国历史上被体面人物②称为"大叛乱"的这段辉煌时期，以及随后的斗争，以自由党历史学家誉为"光荣革命"的较为不足道的事件而告结束。

【论断】英国的光荣革命。

光荣革命指 1688 年的英国政变，这次政变推翻了英国斯图亚特王朝的詹姆斯二世，宣布荷兰共和国的执政者奥伦治的威廉三世为英国国王。从 1689 年起，英国确立了以土地贵族和大资产阶级的妥协为基础的君主立宪制。这次没有人民群众参加的政变被资产阶级史学家称作"光荣革命"。

新的起点是新兴的中等阶级③和以前的封建地主之间的妥协。后者在当时和现在均被称为贵族，其实早已开始向法国的路易-菲力浦在很久之后才变成的"王国第一流资产者"转变了。

【论断】资产阶级和封建贵族的妥协。

---

① 在德译文中，不是"超出它可能继续存在下去的限度"，而是"超出自己的目的"。——参见《马克思恩格斯文集》第 3 卷，北京：人民出版社 2009 年版，第 512 页。

② 在德译文中，不是"体面人物"，而是"庸人"。——参见《马克思恩格斯文集》第 3 卷，北京：人民出版社 2009 年版，第 512 页。

③ 在德译文中，这里以及后面几处，恩格斯将英文用语"middle class"（"中等阶级"）和"bourgeoisie"（"资产阶级"），都译为"Bourgeoisie"（"资产阶级"）。——参见《马克思恩格斯文集》第 3 卷，北京：人民出版社 2009 年版，第 512 页。

英国光荣革命后，新兴的资产阶级和封建贵族达成妥协，在英国建立君主立宪制。1830 年路易-菲力浦在法国建立法兰西第一共和国，封建贵族在这之后逐渐变成官僚资产阶级。

对英国幸运的是，旧的封建诸侯已经在蔷薇战争中自相残杀殆尽。他们的继承人虽然大部分是这些旧家族的后裔，但是离开嫡系已经很远，甚至形成了一个崭新的集团，他们的习惯和旨趣，与其说是封建的，不如说是资产阶级的。

【论断】封建贵族的后裔们形成新的资产阶级集团。

1455—1485 年，英王爱德华三世的两支后裔兰开斯特家族和约克家族及其支持者为了争夺英格兰王位而发生了内战。约克家族的族徽上饰有白蔷薇，兰开斯特家族的族徽上则饰有红蔷薇。经济比较发达的南部的一部分大封建主、骑士和市民阶层支持约克家族，北部诸郡的封建贵族支持兰开斯特家族。这场家族之间自相残杀的战争几乎使古老的封建家族消灭殆尽，战争最终以兰开斯特家族的亨利七世与约克家族的伊丽莎白的联姻为结束，其后英国开启了新的威尔士人都铎王朝的统治，也标志着英国结束中世纪走向文艺复兴时代。16 世纪，莎士比亚在历史剧《亨利六世》中以两朵玫瑰被拔作为战争开始的标志，后来这场战争被称为玫瑰战争，亦称蔷薇战争。

对英国而言，这场内战使封建旧贵族消失殆尽。这些旧贵族的后裔们不是嫡系的继承者，他们摈弃了封建贵族的旧习惯和旧风俗，形成了崭新的资产阶级集团，这对于英国是有利的。英国摆脱了封建旧贵族的束缚，更快地建立君主立宪制的资本主义国家。

他们完全懂得金钱的价值，为了立即增加地租，竟把成百的小佃户赶走，而代之以绵羊。

【论断】英国羊吃人的圈地运动。

15世纪末16世纪初，欧洲直通印度新航线的开通和美洲大陆的发现，以及环球航行的成功，使英国的对外贸易迅速增长，进一步刺激了英国羊毛出口业和毛织业的发展。羊毛价格不断上涨，羊毛衣成为获利丰厚的行业，往往10英亩牧场的收益超过20英亩的耕地。

英国圈地运动最早从工商业较发达的东南部农村开始。地主贵族最初圈占公有地，后来圈占小佃农的租地和公簿持有农①的份地。新贵族大规模地圈占农民土地，把成千上百的佃

---

① 公簿持有农指的是英国中世纪农民的一种，14世纪农奴制废除后由农奴转变而来。他们根据庄园法庭记录簿使用土地，直至终生。必须向地主缴纳固定的封建地租，还要负担一系列苛捐杂税，包括本人死后子嗣继承份地时须向地主缴纳的"死手捐"，在把土地转让给他人时须纳的"许可税"。地主还向他们任意课罚金，强迫他们提供劳役或缴纳免役金。公簿持有农也称"佃册农"、"文书农"或"注册农"。这类农民对封建主仍有一定的依附关系，圈地运动中被消灭。

农赶走，把耕地变成养羊的牧场。

亨利八世贱卖教会的土地，造成一大批新的资产阶级地主；在整个 17 世纪不断发生的没收大采邑分赠给暴发户或半暴发户的过程，也造成了同样的结果。

【论断】新的地主资产阶级的产生。

1509 年，亨利七世去世，亨利八世继承王位。亨利八世是英国都铎王朝的第二位英格兰国王（1509—1547 在位）及首位爱尔兰国王（1541—1547 在位）。亨利八世贱卖教会的土地，造成大批新的资产阶级地主。17 世纪，越来越多封建贵族的采邑被没收和被新兴的资产阶级占有。

因此，从亨利七世以来，英国的"贵族"不但不反对发展工业生产，反而力图间接地从中获益；经常有这样一部分大地主，他们由于经济的或政治的原因，愿意同金融资产阶级和工业资产阶级的首脑人物合作。这样，1689 年的妥协很容易就达成了。

【论断】英国封建贵族与新兴的资产阶级的妥协。

亨利七世，1485 年到 1509 年在位。1486 年同约克王朝爱德华四世之女约克的伊丽莎白结婚，宣布约克和兰开斯特两大家族合并，结束了玫瑰战争。亨利七世在位期间奖励工商业发展，有贤王之称。

自亨利七世以来，英国的封建贵族不仅不反对工业发展，而且从工业发展中获利，一些封建大地主也与金融资产阶级和工业资产阶级合作，为1689年英国光荣革命的成功奠定了基础。

"俸禄和官职"这些政治上的战利品留给了大地主家庭，只不过要充分照顾金融的、工业的和商业的中等阶级的经济利益。这些经济利益，当时已经很强大，足以决定国家的一般政策。当然，在细节问题上也会有争执，但是总的说来，贵族寡头非常清楚，他们本身的经济繁荣同工商业中等阶级的经济繁荣是密不可分的。

【论断】英国资产阶级的经济力量日益强大。

英国金融资产阶级、工业资产阶级和商业资产阶级的经济力量日益强大，足以决定和影响国家政策的制定。大地主和大贵族也要充分考虑资产阶级的利益，即使在经济利益上出现分歧，贵族和地主也非常清楚英国资产阶级对经济繁荣做出的重要贡献。

从这时起，资产阶级就成了英国统治阶级中的卑微的但却是公认的组成部分了。在压迫国内广大劳动群众方面，它同统治阶级的其他部分有共同的利益。商人或工厂主，对自己的伙计、工人和仆役来说，是站在主人的地位，或者像不久前人们所说的那样，站在"天然尊长"的地位。

【论断】英国资产阶级对劳动群众的压迫。

英国资产阶级成为统治阶级的一部分。他们与贵族、地主等其他统治阶级的共同利益就是压迫广大劳动群众。资产阶级对于雇佣工人的关系是雇佣和被雇佣的关系，是雇主与雇工的关系。

他的利益是要从他们身上尽可能取得尽量多和尽量好的劳动；为此目的，就必须把他们训练得驯服顺从。他本身是信仰宗教的，他曾打着宗教的旗帜战胜了国王和贵族；不久他又发现可以用这同样的宗教来操纵他的天然下属的灵魂，使他们服从由上帝安置在他们头上的那些主人的命令。

【论断】英国资产阶级打着宗教的旗帜攫取利益。

英国资产阶级为获得更多的利益就要尽可能多地占有广大群众的劳动，就要使广大群众服从资产阶级的统治。英国资产阶级本身是信仰宗教的，他们不仅打着宗教的旗帜战胜封建贵族，而且利用宗教操纵广大群众，迫使下层群众服从他们的命令。

简言之，英国资产阶级这时也参与镇压"下层等级"，镇压全国广大的生产者大众了，为此所用的手段之一就是宗教的影响。

【论断】英国资产阶级对民众的镇压。

英国资产阶级通过各种手段镇压下层群众，利用宗教的影响镇压全国生产者大众。

还有另一种情况也助长了资产阶级的宗教倾向。这就是唯物主义在英国的兴起。这个新的①学说，不仅震撼了中等阶级的宗教情感，还自称是一种只适合于世上有学问的和有教养的人们的哲学，完全不同于适合于缺乏教养的群众以及资产阶级的宗教。

【论断】唯物主义在英国的兴起。

17世纪唯物主义在英国兴起的同时，也助长了资产阶级的宗教倾向。英国唯物主义经验论自称是英国上等阶级和贵族阶级的哲学，不是无产阶级和资产阶级的哲学。

它随同霍布斯起而维护至高无上的王权，呼吁专制君主制镇压那个强壮而心怀恶意的小伙子，即人民。同样地，在霍布斯的后继者博林布罗克、舍夫茨别利等人那里，唯物主义的新的自然神论形式，仍然是一种贵族的秘传的学说，因此，唯物主义遭受中等阶级仇视，既是由于它是宗教的异端，也是由于它具有反资产阶级的政治联系。

【论断】英国自然神论对王权的维护。

英国自然神论的代表们维护至高无上的王权，维护君

---

① 在德译文中，在"新的"的后面加有"无神论的"。——参见《马克思恩格斯文集》第3卷，北京：人民出版社2009年版，第513页。

主专制制度，呼吁专制君主制镇压人民。自然神论在霍布斯的后继者博林布罗克①、舍夫茨别利②等人那里仍然是贵族的学说。中等阶级仇视唯物主义，因为它不仅是无神论，还具有反资产阶级的性质。

所以，同贵族的唯物主义和自然神论相反，过去曾经为反对斯图亚特王朝的斗争提供旗帜和战士的新教教派，继续提供了进步的中等阶级的主要战斗力量，并且至今还是"伟大的自由党"的骨干。

【论断】新教成为进步的中等阶级的主要战斗力量。

1517 年，马丁·路德以《九十五条论纲》揭开了 16 世纪欧洲宗教改革的序幕，被奉为新教的创始人。路德反对罗马教会关于圣经与教会是上帝双重源头的观点，反对罗马教会把教会置于圣经之上的主张，指出圣经具有最高权威，教会的地位是靠圣经来确定的。新教主要有路德宗、加尔文宗、圣公会等诸多教派。新教与贵族的唯物主义和

---

① 亨利·圣约翰·博林布罗克子爵（1678—1751），英国自然神论哲学家、政论家和政治活动家，托利党领袖。——参见《马克思恩格斯文集》第 3 卷，北京：人民出版社 2009 年版，第 716 页。

② 安东尼·阿什利·库铂·舍夫茨别利伯爵（1801—1885），英国政治活动家，40 年代为议会中托利党人慈善家集团领袖，1847 年起为辉格党人，议会议员，低教会派的拥护者，1855 年为克里木英军医疗状况调查委员会主席，帕麦斯顿的女婿。——参见《马克思恩格斯文集》第 3 卷，北京：人民出版社 2009 年版，第 745 页。

自然神论不同，它积极推动反对斯图亚特王朝的斗争，成为进步的中等阶级的主要战斗力量。

这时，唯物主义从英国传到法国，它在那里与另一个唯物主义哲学学派，即笛卡儿派的一个支派相遇，并与之汇合。

【论断】17 世纪英国唯物主义与 18 世纪法国唯物主义的汇合。

笛卡儿派是指 18 世纪法国唯物主义的代表。笛卡儿在形而上学方面有唯心主义倾向，在物理学方面是唯物主义者，因此，其追随者分裂为两个对立的学派。一派发展笛卡儿物理学机械论自然观，成为唯物主义者；另一派则发展了笛卡儿形而上学中关于上帝与灵魂的学说，成为彻底的唯心主义者。

在法国，唯物主义最初也完全是贵族的学说。但是不久，它的革命性就显露出来。法国的唯物主义者并不是只批判宗教信仰问题；他们批判了当时的每一个科学传统或政治体制；为了证明他们的学说可以普遍应用，他们选择了最简便的方法：在他们由以得名的巨著《百科全书》中，他们大胆地把这一学说应用于所有的知识对象。

【论断】法国百科全书派的形成。

18 世纪中后期，160 多位当时法国著名的思想家和科学家编撰了一部《百科全书》，此书由狄德罗主持编写，宣扬科学和理性，反对迷信和专制，这些人被称为百科全书派。他们人数众多，影响极大，是法国启蒙运动的重要力量。

这样，唯物主义就以其两种形式中的这种或那种形式——公开的唯物主义或自然神论，成为法国一切有教养的青年信奉的教义。它的影响很大，在大革命爆发时，这个由英国保皇党孕育的学说，竟给予法国共和党人和恐怖主义者一面理论旗帜，并且为《人权宣言》提供了底本。

【论断】唯物主义对法国的影响。

1789 年 8 月 26 日，法国制宪会议通过《人权和公民权宣言》，阐明了新的资产阶级制度的政治原则，宣布拥有自由和财产是每个人天赋的、不可剥夺的权利。1791 年的法国宪法包括了这篇宣言。1793 年的雅各宾派《人权和公民权宣言》就是根据 1789 年这篇宣言起草的；1793 年这篇宣言被作为导言放在 1793 年国民公会通过的法国第一部共和国宪法之前。

法国大革命是资产阶级的第三次起义，然而这是完全抛开宗教外衣、在毫不掩饰的政治战线上作战的首次起义；这也是真正把斗争进行到底，直到交战的一方即贵族被彻底消灭而另一方即资产阶级完全胜利的首次起义。

【论断】法国大革命的重要意义。

法国大革命是世界近代史上规模最大、最彻底的革命，彻底摧毁了法国一千多年的君主专制制度，震撼了整个欧洲大陆的封建秩序，向整个世界传播了自由民主平等的思想，是资本主义历史上最深刻的政治革命和社会革命。

在英国，革命以前的制度和革命以后的制度因袭相承，地主和资本家互相妥协，这表现在诉讼上仍然按前例行事，还虔诚地保留着一些封建的法律形式。

【论断】英国光荣革命的不彻底性。

1688 年，英国资产阶级和新贵族发动推翻詹姆士二世的统治的非暴力政变。这场革命没有发生流血冲突，因此被称为"光荣革命"。1689 年英国议会通过了限制王权的《权利法案》，奠定了国王统而不治的宪政基础，国家权力由君主逐渐转移到议会。

在法国，革命同过去的传统完全决裂，扫清了封建制度的最后遗迹，并且在民法典中把古代罗马法——它几乎完满地反映了马克思称之为商品生产的那个经济发展阶段的法律关系——巧妙地运用于现代的资本主义条件；这种运用实在巧妙，甚至法国的这部革命的法典直到现在还是所有其他国家，包括英国在内，在改革财产法时所依据的范本。

【论断】法国大革命的彻底性。

　　法国大革命是资产阶级革命史上最彻底的一次革命，它不仅同过去的传统完全决裂，而且扫清了封建制度的最后遗迹。法国大革命之所以把古代罗马法用于现代资本主义社会，是因为古代罗马法几乎完满地反映了商品生产的法律关系，并为法国大革命时期制定的《法国民法典》奠定了基础。

　　1804年，法国立法会通过法典草案，拿破仑签署法令以《法国民法典》的名称正式颁布施行。1807年，这部《民法典》被命名为《拿破仑法典》。法典总共分为三部分：第一部分是人法，是关于民事权利的规定；第二部分是物法，是有关各类财产所有权和其他物权的规定；第三部分是获取各类所有权的方法的规定。这部法典是资本主义国家最早的一部民法典，成为欧美各国资产阶级的立法规范。

　　可是我们不要忘记，英吉利法一直是用野蛮的封建的语言来表达资本主义社会的经济关系，——这种语言适应它所表达的事物的情况，正像英语的拼法适应英语读音的情况一模一样（一个法国人说过：你们写的是伦敦，读出来却是君士坦丁堡）——但是，只有英吉利法把古代日耳曼自由的精华，即个人自由、地方自治以及不受任何干涉（除了法庭干涉）的独立性的精华，保存了好几个世纪，并把它们移植到美洲和各殖民地。这些东西在大陆上专制君主制时期已经消失，至今在任何地方都未能完全恢复。

【论断】英吉利法的特点。

1689 年英国议会通过了限制王权的《权利法案》，奠定了国王统而不治的宪政基础，国家权力由君主逐渐转移到议会。英国法律保留了自由和独立，包括个人自由、地方自治以及不受任何干涉的独立，但是没有正确表达资本主义社会的经济关系。

还是再来谈我们的英国资产者吧。法国革命给他们一个极好的机会，能够借助大陆上的君主国家来破坏法国的海上贸易，兼并法国的殖民地，并且完全摧毁法国争霸海上的野心。这是他们要打击法国革命的原因之一。另一个原因是，这次革命的方法很不合他们的胃口。不仅是由于它采用了"可恶的"恐怖政策，而且还由于它想彻底实现资产阶级的统治。

【论断】英国打击法国革命的原因。

恩格斯分析了英国打击法国革命的原因，一是英国借助欧洲的君主国家破坏法国的海上贸易，兼并法国的殖民地，摧毁法国争霸海上的野心；二是英国不赞同法国的革命方式，反对法国采用恐怖政策，尤其是罗伯斯比尔的恐怖专政，反对法国彻底实现资产阶级的统治。

英国资产者怎么能没有本国的贵族呢？因为是贵族教他们像贵族那样待人接物，替他们开创新风气，为他们提供陆军军官以维持国内秩序，提供海军军官以夺取殖民地和新的海外市场。当然，资产阶级中也有少数进步的人，他们并没有因妥协而得到多大利益；这一部分人主要是不太富裕的中等阶级，他们同情这次革命，但是在议会中没有势力。

【论断】英国资产阶级有不同的阶层。

英国资产阶级有不同的阶层，既有大资产阶级，他们逐渐接受贵族的生活方式，维持国内秩序，夺取殖民地和新的海外市场；也有少数进步的资产者，他们没有因为与贵族妥协而得到太多的利益。这一部分人主要是不太富裕的小资产者，他们同情革命，但是在议会中没有势力。

这次革命是指英国小资产阶级激进阶层和资产阶级知识分子对18世纪末法国资产阶级革命所采取的同情态度。这些人是联合在伦敦革命协会，主要是联合在伦敦和英国其他各大城市通讯协会中的法国革命的拥护者（在协会的组织者和参加者中有工人阶级的代表），他们曾宣传革命思想，提出实现普选权和其他民主改革的要求。各通讯协会都曾遭到英国寡头执政者的迫害。

可见，唯物主义既然成为法国革命的信条，敬畏上帝的英国资产者就更要紧紧地抓住宗教了。难道巴黎的恐怖时代没有证明，群众一旦失去宗教本能会有什么样的结局？

【论断】唯物主义成为法国新兴资产阶级的哲学。

18 世纪法国唯物主义成为法国新兴资产阶级的哲学。它是当时西欧最进步的哲学思想，成为法国资产阶级大革命的先导。英国资产者敬畏上帝，紧紧抓住宗教。但是群众一旦失去宗教本能，就会形成恐怖专政，这已经由法国大革命所证实。

唯物主义越是从法国传播到邻近国家，越是得到各种类似的理论思潮，特别是德国哲学的支持，唯物主义和自由思想越是在大陆上普遍地真正成为一个有教养的人所必须具备的条件，英国的中等阶级就越是要顽固地坚守各种各样的宗教信条。这些信条可以各不相同，但全都是地道的宗教信条，基督教信条。

【论断】法国资产阶级和英国资产阶级的区别。

18 世纪法国唯物主义从法国传播到西欧其他国家，并且得到德国哲学的支持。越来越多的西欧人民坚信唯物主义和自由思想，但是英国中等阶级顽固地坚守各种各样的宗教信条。

当革命在法国保证资产阶级赢得政治胜利的时候，在英国，瓦特、阿克莱、卡特赖特等人，发动了一场工业革命，把经济力量的重心完全转移了。资产阶级的财富，比土地贵族的财富增长得更快。在资产阶级内部，金融贵族、银行家等等，越来越被工厂主推向后台。

【论断】资产阶级在政治和经济上的胜利。

当法国革命在保证资产阶级赢得政治胜利的时候，瓦特①、阿克莱②、卡特赖特③等人在英国发动了一场工业革命。1776 年英国发明家、企业家瓦特制造出第一台有实用价值的蒸汽机，以后经过一系列重大改进，在工业上得到广泛应用，使人类进入“蒸汽时代”。1769 年，英国钟表匠阿克莱发明了水力纺纱机。1771 年他与人合伙在英国的曼彻斯特创办机器纺纱厂，把家庭手工业生产形式以及工人聚集起来的简单生产形式改为工厂雇佣式的大机器集体分工合作的模式，因而被誉为“近代工厂之父”。1785 年，卡特赖特发明动力织机。之后，平板印刷机、螺丝切削机床等一系列发明的运用，使英国完成了第一次工业革命。

这场工业革命使英国经济力量的重心完全转移了，资产阶级财富的增长远远超出土地贵族的财富。

1689 年的妥协，甚至在迎合资产阶级的利益逐步作了

---

① 詹姆斯·瓦特（1736—1819），英国商人、工程师和发明家，万能蒸汽发动机的设计者。——参见《马克思恩格斯文集》第 3 卷，北京：人民出版社 2009 年版，第 749 页。

② 理查·阿克莱（1732—1792），英国企业家，各种纺织机械的设计者和制造者。——参见《马克思恩格斯文集》第 3 卷，北京：人民出版社 2009 年版，第 710 页。

③ 埃德蒙·卡特赖特（1743—1823），英国牧师、发明家和机械师，第一台获得专利的机械织布机的发明者。——参见《马克思恩格斯文集》第 3 卷，北京：人民出版社 2009 年版，第 729 页。

调整以后，也不再适合这次妥协的参与者们的力量对比了。这些参与者的性质也有所改变；1830 年的资产阶级，与前一个世纪的资产阶级大不相同。政治权力仍然留在贵族的手中，并被他们用来抵制新工业资产阶级的野心，这种权力已经同新的经济利益不能相容了。必须同贵族进行一次新的斗争；斗争的结局只能是新的经济力量的胜利。

【论断】资产阶级与贵族的斗争。

1689 年英国的光荣革命是资产阶级与贵族的妥协。1830 年的资产阶级与 17 世纪的资产阶级大不相同。贵族利用他们手中的政治权力抵制工业资产阶级的力量，但是贵族的权力已经同资产阶级的经济利益不能相容。在资产阶级与贵族的斗争中资产阶级必然取得胜利。

首先，在 1830 年的法国革命的刺激下，不顾一切抵抗，通过了改革法案，使资产阶级在议会中获得了公认的和强大的地位。随后，谷物法废除了，这又永远确立了资产阶级，特别是资产阶级中最活跃的部分即工厂主对土地贵族的优势。这是资产阶级的最大的胜利，然而，也是资产阶级仅仅为自己的利益获得的最后一次胜利。以后它取得任何一次胜利，都不得不同一个新的社会力量分享，这个新的社会力量起初是它的同盟者，不久就成了它的对手。

【论断】法国资产阶级地位的确立。

1830 年法国革命促使英国下院于 1831 年通过选举法改

革法案，并于 1832 年由英国上院批准通过。这次改革旨在反对土地贵族和金融贵族的政治垄断，为工业资产阶级的代表打开进入议会的大门。无产阶级和小资产阶级是为实现改革而斗争的主力军，却受了自由资产阶级的欺骗而没有获得选举权。

英国的谷物法规定了高额的谷物进口关税，旨在限制或禁止从国外输入谷物。此项法律从 1815 年开始实施，是为了维护大土地占有者的利益。谷物法的实施引起了工业资产阶级和土地贵族之间的斗争，这场斗争是由曼彻斯特的两个纺织厂主理·科布顿和约·布莱特于 1838 年创立的反谷物法同盟领导的，反谷物法的工业资产阶级在自由贸易的口令下取得了胜利，议会于 1846 年 6 月 26 日通过了《关于修改进口谷物法的法令》和《关于调解某些关税的法令》，从而废除了谷物法。法令的实施以及由此引起的谷物价格的下跌，虽然使生活费用有所减低，但归根结底还是降低了工人的工资，增加了资产阶级的利润。谷物法的废除沉重打击了土地贵族，促进了英国资本主义的进一步发展。

工业革命创造了一个大工业资本家的阶级，但是也创造了一个人数远远超过前者的产业工人的阶级。随着工业革命逐步波及各个工业部门，这个阶级在人数上不断增加；随着人数的增加，它的力量也增强了。这股力量早在 1824

年就已显露出来，当时它迫使议会勉强地废除了禁止工人结社的法律。

【论断】工业革命创造了工业资本家阶级和产业工人阶级。

工业革命既创造了工业资本家阶级，也创造了人数众多的产业工人阶级。随着工业革命的不断发展，产业工人阶级的人数不断增加，力量也不断增强。1824 年，英国政府取消了禁止工人结社法，允许工会合法存在，工会组织和工人斗争随之蓬勃发展。

在改革运动中，工人是改革派的激进的一翼；当 1832 年的法案剥夺工人的选举权的时候，他们就把自己的要求写进人民宪章，并组成一个独立的政党，即宪章派，以对抗强大的资产阶级反谷物法同盟。这是近代第一个工人政党。

【论断】英国工党的成立。

1832 年英国议会改革运动使资产阶级登上了统治地位。工人阶级支持了资产阶级，但是政治上依然处于无权的地位。工人阶级决定发起一场争取普选权的运动。1837 年伦敦工人协会向英国国会提出一份请愿书《人民宪章》，要求年满 21 岁且精神正常的男子都有普选权，选举投票应秘密进行，废除议会候选人的财产资格限制，国会每年举行一次改选，平均分配选区。这就是著名的英国宪章运动。正如列宁所说，宪章运动是"世界上第一次广泛的、真正群众性的、政治上已经成型的无产阶级革命运动"①。

1840 年 7 月，英国各地宪章派的代表在曼彻斯特召开了大会，宣告成立全国宪章派协会。协会在全国各地设有几百个分会，入会须交纳会费，因此它是近代第一个工人阶级的萌芽。

后来，大陆上发生了 1848 年 2 月和 3 月的革命，工人在革命中起了很重要的作用，而且，至少在巴黎，提出了一些从资本主义社会的观点看来决不能允许的要求。

【论断】工人在 1848 年革命中的作用。

工人阶级在 1848 年革命起了很重要的作用。尤其是 1848 年法国二月革命和六月革命，提出改革的要求。

接着而来的是普遍的反动。最初是 1848 年 4 月 10 日宪章派的失败；其次是同年 6 月巴黎工人起义被镇压；再其次是 1849 年意大利、匈牙利和德国南部的不幸事件；最后是 1851 年 12 月 2 日路易·波拿巴战胜巴黎。

【论断】1848 年欧洲革命运动的失败

1848 年，在欧洲大陆革命风暴的推动下，宪章运动再度高涨。在第三次全国请愿书中进一步提出，劳动是一切

① 《列宁全集》第 36 卷，北京：人民出版社 1983 年版，第 292 页。

财富的唯一来源，劳动者对于自己的劳动果实享有优先权。人民是权力的唯一来源。197万人在请愿书上签名。4月10日，全国宪章派第3次代表大会的代表把请愿书装在四套华丽的马车上向国会驶去，途中遭到宪兵的镇压。国会拒绝接受请愿书，随后政府下令解散全国宪章派协会。

1848年欧洲各国爆发一系列武装革命，是欧洲历史上最大规模的革命运动。第一场革命于1848年1月在意大利西西里爆发。随后的法国二月革命将革命浪潮波及到几乎全欧洲。这一系列革命大多都迅速以失败告终，但是造成了各国君主与贵族体制动荡，并间接导致了德国统一和意大利统一运动。

1848年6月，法国里昂工人游行示威，六月起义爆发。激烈的巷战持续了4天。最后，6倍于起义工人的政府军队和别动队镇压了这次起义，起义最终失败。马克思称六月起义是无产阶级与资产阶级的第一次伟大的战斗。

1848—1849年，意大利爆发独立战争，反对封建分裂和奥地利帝国统治。1849年2月，建立了以马志尼为首的罗马共和国。7月，罗马共和国被法国、奥地利、西班牙和西西里王国联军颠覆。

1848年3月，匈牙利人民在拉约什·科苏特等人的领导下发起了反抗奥地利专制统治的运动。3月，在维也纳成立一个立宪政府。匈牙利的地方会议迅速通过了一连串自由主义的法案。但是8月至9月，革命在俄奥联军镇压下迅速终结。

1848 年 12 月，路易·波拿巴主要依靠农民选票当选为共和国总统。1851 年 12 月他发动政变，解散议会，并通过公民投票使政变合法化。1852 年 12 月，元老院宣布恢复帝国，路易波拿巴成为法兰西皇帝，称为拿破仑三世。1852 年 3 月，马克思发表著名的文章《路易·波拿巴的雾月十八日》。

这样，工人阶级的声势逼人的要求，至少在短时期内被压下去了，可是付出了多少代价啊！英国资产者以前就认为必须使普通人民保持宗教情绪，在经历了这一切之后，他们对这种必要性的感觉会变得多么强烈啊！他们毫不理会大陆上的伙伴们的讥笑，年复一年地继续花费成千上万的金钱去向下层等级宣传福音；他们不满足于本国的宗教机关，还求助于当时宗教买卖的最大组织者"乔纳森大哥"，从美国输入了奋兴派，引来了穆迪和桑基之流；最后，他们接受了"救世军"的危险的帮助——"救世军"恢复了原始基督教的布道方式，把穷人看作是上帝的选民，用宗教手段反对资本主义，从而助长了原始基督教的阶级对抗因素，这总有一天会给目前为此投掷金钱的富翁带来麻烦。

【论断】英国资产阶级通过各种方式麻痹下层民众。

1848 年欧洲革命被镇压后，英国资产阶级通过各种方

式麻痹下层民众。首先通过本国的宗教麻痹民众，每年花
费成千上万的金钱向下层民众宣传宗教。其次通过宗教买
卖的组织者"乔纳森大哥"从美国输入奋兴派、穆迪①和桑
基②之流。"乔纳森大哥"是英属北美殖民地独立战争期间
（1775—1883年）英国人给北美人起的绰号。"奋兴派"也
被称为教会复兴派，是英美等国新教教会中的一个流派。
19世纪在美国清教徒移民中产生，不久传到英国。奋兴派
信徒力图通过宗教说教和组织新的信仰者团体来巩固并扩
大基督教的影响。最后，他们通过"救世军"恢复原始基
督教的布道方式。救世军是基督教新教的一个社会活动组
织，1665年传教士威·蒲斯在伦敦创立，1878年该组织模
仿军队编制，教徒称"军兵"，教士称"军官"，1880年正
式定名为"救世军"。该组织着重在下层群众中开展慈善活
动，并吸收教徒。"救世军"在资产阶级的大力支持下，开
展广泛的宗教活动，建立了一整套的慈善机构。

　　资产阶级在通过宗教等方式麻痹下层民众的同时，也
激起了下层民众对资产阶级的反抗，因为宗教把穷人也看
做是上帝的选民。

---

① 穆迪·德怀特·莱曼（1837—1899），美国传教士，新教教会活动
　　家。——参见《马克思恩格斯文集》第3卷，北京：人民出版社2009年
　　版，第739页。
② 桑基（1840—1908），美国新教传教士。——参见《马克思恩格斯文集》
　　第3卷，北京：人民出版社2009年版，第744页。

这似乎是历史发展的规律：资产阶级在欧洲任何一个国家都不能像中世纪的封建贵族那样独掌政权，至少不能长期独掌政权。即使在封建制度已经完全消灭的法国，资产阶级作为一个整体完全掌握政权也只有很短的时期。

【论断】资产阶级统治的暂时性。

资产阶级在欧洲任何一个国家不仅不能像中世纪的封建贵族那样独掌政权，而且不能长期独掌政权。即使在封建制度已经完全消灭的法国，资产阶级独立掌权的时间也很短，大部分时期是与封建贵族联合掌握政权。

在路易-菲力浦统治时期，即1830—1848年，只有一小部分资产阶级统治那个王国，大部分资产阶级则因高标准的选举资格限制而被剥夺了选举权。在第二共和国时代，即1848—1851年，整个资产阶级统治国家，但为时不过三年；资产阶级的无能使第二帝国得以产生。

【论断】法国大革命后法国政权的不稳定。

1789年法国大革命爆发后，法国政权频繁更迭。1792—1804年，法兰西第一共和国，1804—1814年，拿破仑建立法兰西第一帝国，1914—1830年，法国波旁王朝两次复辟。1830年法国爆发七月革命，路易-菲力浦建立七月王朝，1848年二月革命推翻七月王朝。

只有现在，在第三共和国时代，资产阶级作为一个整体才执掌政权 20 年以上；可是已经显露鲜明的衰落征兆了。资产阶级的长期统治，只有在像美国那样从来没有经过封建制度、社会一开始就建立在资产阶级基础之上的国家中，才是可能的。但是就连在法国和美国，资产阶级的继承者，即工人，也已经在敲门了。

【论断】资产阶级统治的可能性。

1870 年 9 月色当会战后，拿破仑三世被俘，法兰西第二帝国垮台。9 月 4 日，法国发生政变，法兰西第二帝国被推翻，法兰西第三共和国成立。新政府开始时，由资产阶级共和派与保王派联合组成国防政府。梯也尔任总统后联合德国镇压了巴黎公社起义。1875 年，法国国民议会最终以一票的微弱优势通过 1875 年宪法，以法律的形式确定共和制。19 世纪 80 年代之后，法国对外进行殖民扩张，在非洲、印度支那发动侵略战争，掠夺土地和资源，逐渐进入殖民帝国主义阶段。因此，恩格斯说法国资产阶级的统治在 19 世纪 90 年代已经显露明显的衰落迹象。

恩格斯从 19 世纪 70 年代开始研究美国，他认为美国与西欧国家不同，它从来没有经历过封建制度，在资产阶级的领导下美国获得独立，因此美国从一开始就是建立在资产阶级基础之上的国家。即使在美国，工人阶级也日益壮大起来。

在英国，资产阶级从未独掌全权。甚至 1832 年的胜利，也还是让土地贵族几乎独占了政府的所有要职。富裕的中等阶级何以如此恭顺，在自由党的大工厂主威·爱·福斯特先生发表那篇公开演说以前，我一直不能理解。福斯特先生在演说中敦劝布拉德福德的年轻人为自己的前程学习法语，他以他本人的经历说明，他作为一个内阁大臣出入于说法语至少和说英语同样必要的社交场合时，曾感到多么羞怯！

【论断】英国资产阶级的妥协。

英国资产阶级在英国从未独立掌权，土地贵族几乎独占了政府的所有要职。1830 年，在各阶层人民压力下，辉格党 C. 格雷政府提出议会改革法案。1832 年 6 月，改革法案经议会两院通过、国王批准成为法律。这次议会改革法调整扩大了选举权，工业资产阶级获得政治权利，开始跻身于统治阶级行列。恩格斯以英国工厂主和政治活动家威·爱·福斯特①发表公开演讲为例，说明富裕的中等阶级在土地贵族面前恭顺的原因。

的确，当时的英国中等阶级通常都是完全没有受过教育的暴发户，不得不把政府的高级职位让给贵族，因为那

---

① 威·爱·福斯特（1818—1886）：英国工厂主和政治活动家，自由党人，议会议员（1861 年起），曾任爱尔兰事务大臣（1880—1882）；奉行残酷镇压爱尔兰民族解放运动的政策。——参见《马克思恩格斯文集》第 3 卷，北京：人民出版社 2009 年版，第 723 页。

里所需要的，并不是那种夹杂着精明生意经的岛国狭隘性和岛国自大狂，而是其他一些本领。

【论断】英国资产阶级的局限性。

英国确立君主立宪制后，资产阶级获得统治地位，但是当时的资产者大部分是没有受过教育的暴发户，缺少社会管理的知识和能力，不得不把政府管理的职位让给封建贵族。

恩格斯在这里补充了一个很长的注释："民族沙文主义的狂妄自大，即使在商业上，也是会坏事的。直到最近，普通的英国工厂主还以为，英国人不说本国话而说外国话，是有失尊严的，当他们看到外国的'可怜虫'迁居英国，使他们免去向国外推销产品的麻烦时，还引以自傲。他们根本没有觉察，这些外国人，大部分是德国人，因此而控制了英国很大一部分对外贸易，进口和出口都受到控制，英国人的直接对外贸易几乎只局限于殖民地、中国、美国和南美洲了。他们也没有觉察，这些德国人同在外国的其他德国人进行贸易，后者逐渐组织了一个遍及世界各地的完整的商业殖民地网。大约40年前，当德国认真地开始生产出口商品时，这个商品殖民地网就给德国帮了很大的忙，使它在很短的时期内从一个输出粮食的国家变成一个头等的工业国。后来，大约10年前，英国的工厂主才大吃一惊，便询问英国的大使们和领事们：为什么他们再也不能维系自己的顾客。一致的答复是：（1）你们不学你们的顾客的语言，却要求他们说你们的语言；（2）你们不但不设法适应你们的顾客的需要、习惯和爱好，反而要他们迁就你们英国式的那一套。"①

甚至目前报纸上关于中等阶级教育的无休止的争论，也表明英国中等阶级仍然认为自己不配受最好的教育，而为自己寻找某种比较谦卑的东西。所以，似乎很自然，甚至在谷物法废除以后，那些已经胜券在握的人，那些科布顿、那些布莱特、那些福斯特等等，还不能正式参与统治国家，直到20年之后，新的改革法案才为他们敞开了内阁的大门。

【论断】英国资产阶级在新的改革法案颁布后获得政治权利。

这个新的改革法案诞生于1867年德比 迪斯累里的保守党政府实行的议会改革。1867年，英国在群众性工人运动的压力下实行了第二次议会改革。国际工人协会总委员会积极参加了争取改革的运动。这次议会改革是英国工业资产阶级反对贵族寡头统治，争取扩大资产阶级民主的政治改良运动。1867年改革法案规定：重新调整选区，取消四十六个"腐败选区"的议会席位，分配给新兴城市。进

---

① 《马克思恩格斯文集》第3卷，北京：人民出版社2009年版，第518—519页。

一步降低了选举资格限制，扩大了选民范围。在城市中凡缴纳贫困救济金的房主和年缴纳十镑以上房租和居住期不少于一年的房客享有选举权；乡村居民凡每年有五镑以上收入的土地所有者和年付十二镑地租的佃户均享有选举权。这次改革，选举人数由 135 万增加到 250 万。但英国广大劳动人民仍被剥夺了选举权，广大女性也没有选举权。

　　1867 年议会改革的重要意义在于：（1）工业资产阶级从此具有政治地位，彻底打破了贵族在议会中一统天下的状况，基本实现了资产阶级民主；（2）选民的扩大，推动了政党政治的发展，争取选民成为政党活动的核心；（3）工人具有选举资格，给工人政党的产生奠定了基础。

　　英国的资产阶级迄今还痛切地自惭社会地位的低微，甚至自己掏腰包或用人民的金钱豢养一个装饰门面的有闲等级，好在一切庄严的场合去体面地代表民族；当资产阶级中间一旦有人被准许进入这个归根到底是他们自己造成的高等特权集团时，便引以为无上光荣。

　　【论断】英国资产阶级通过各种方式取得政治特权。

　　英国资产阶级千方百计地通过各种方式提高自己的社会地位，甚至豢养贵族阶层，并把自己进入贵族等级作为无上光荣。

这样，工商业的中等阶级还没有来得及把土地贵族全部逐出政权，另一个竞争者，工人阶级，已经登上舞台了。宪章运动和大陆革命以后的反动，以及1848—1866年英国贸易的空前繁荣（通常这只是被归功于自由贸易，其实更多地应归功于铁路、远洋轮船以及全部交通工具的巨大发展），又使工人阶级依附自由党了，他们在这个党内，也像在宪章运动以前那样，组成了激进的一翼。

【论断】工人阶级登上历史舞台。

宪章运动是19世纪30—50年代中期英国工人的政治运动，其口号是争取实施人民宪章，人民宪章要求实行普选权并为保障工人享有此项权利而创造种种条件。按照列宁所下的定义，宪章运动是"世界上第一次广泛的、真正群众性的、政治上已经成型的无产阶级革命运动"。宪章运动曾出现过三次高潮，其衰落的原因在于英国工商业垄断的加强、工人阶级政治上的不成熟，以及英国资产阶级用超额利润收买工人阶级上层（"工人贵族"），造成了英国工人阶级中机会主义倾向的增长，这种倾向增长的表现就是工联领袖放弃了对宪章运动的支持。

可是，工人们对选举权的要求逐渐不可遏止；在辉格党人即自由党的首领们"畏缩不前"的时候，迪斯累里却显示了自己的高明，他促使托利党人抓紧有利时机，在城镇选区中实施了户主的选举权①，并且重新划分选区。随后实行了秘密投票；1884年又把户主的选举权推广到各郡，再次划分了选区，使各选区在某种程度上趋于平衡。

【论断】英国工人逐渐获得选举权。

辉格党和托利党是17—19世纪的英国主要政党。两个政党起源于1679年英国国会的一场争论。辉格党大多是新教徒和希望限制国王权力的自由主义者，托利党在限制国王权力的问题上常常持相当保守的态度。英国国王在复辟时期喜欢重用托利党人，18世纪中叶后开始重用辉格党人。19世纪，辉格党和托利党被后继者自由民主党和保守党取代。19世纪末，自由民主党让位于工党。

迪斯累里②在1835年加入托利党，1837年当选议员，1848年当选为英国保守党领袖，1852、1858、1865年连任三届德比伯爵内阁的财政大臣。1867年提出新的议会改革法案。1868年，1874—1880年两度出任英国首相。迪斯累里促使托利党人在城镇选区中实施了户主的选举权，并且重新划分选区。随后实行了秘密投票。1884年，英国在农村地区群众运动的打压下实行了第三次议会改革。经过这

---

① 在德译文中，在"户主的选举权"的后面加了一个括号，内中的文字是"它适用于每一个租有单独住房的人"。——参见《马克思恩格斯文集》第3卷，北京：人民出版社2009年版，第519页。

② 迪斯累里（1804—1881），英国保守党领袖。1868年，1874—1880年，迪斯累里两次出任英国首相。

次改革，1867 年为城市居民规定的享有投票权的条件，也同样适用于农村地区。第三次选举改革以后，英国相当大一部分居民——农村无产阶级、城市贫民以及妇女，仍然没有选举权。

这一切措施显然增加了工人阶级在选举中的力量，现在，至少在 150—200 个选区中，工人阶级已经占选民的大多数。但是议会制度是训练人们尊重传统的最好的学校；如果说，中等阶级曾经怀着敬畏的心情仰望约翰·曼纳斯勋爵所戏称的"我们的老贵族"，那么，工人群众则以尊重和恭敬的态度对待当时所谓的"优秀人物"即中等阶级。

【论断】英国工人阶级的力量不断增长。

1688 年光荣革命后，英国建立了议会权力超过君主的君主立宪制度。19 世纪英国议会先后经历了三次改革：第一次是 1832 年英国新兴工业资产阶级争取同土地贵族重新分配政治统治权及扩大选举权的改良运动；第二次是 1867 年改革法案对议席分配再次作的调整，并且降低选民的财产资格；第三次是 1884 年至 1885 年通过的两个新的改革法案《人民代表制法》和《重新分配议席法》。英国对选举制度的改革，增加了工人阶级在选举中的力量，使土地贵族不得不做出让步。工业资产阶级也在议会制度的改革中获益，中产阶级在议会中取得了强大的地位，成为了有权的阶级。

的确，大约在 15 年前，英国的工人是模范工人，他们对雇主谦恭有礼，在要求自己的权利时温顺克己，这使我们德国的讲坛社会主义学派的经济学家们感到安慰，他们正苦于本国的工人不可救药地倾向于共产主义和革命。

【论断】德国工人阶级是欧洲革命的先锋。

恩格斯在这里指的是 1877 年欧洲工人运动。他在《一八七七年的欧洲工人》一文中详细描述了德国工人的胜利和德国工人党的进步。德国工人在选举中的胜利，德国先进工人的重大牺牲，工会组织同政治组织的齐心协力，德国报刊数量的不断增加等等推动着德国工人党的迅速进步和德国工人运动的迅速发展。正如恩格斯对德国工人的高度评价，"他们的坚毅精神、组织性和纪律性同德国历次资产阶级运动表现得十分突出的软弱无力、犹豫不决、逢迎和胆怯，形成了特别鲜明的对照。……工人阶级却从胜利走向胜利，甚至政府和资产阶级为了镇压他们而想出来的措施，反而使得工人阶级的运动加快和加强了"①。

德国讲坛社会主义者是 19 世纪 70—90 年代以德国的大学教授为代表的资产阶级思想流派。他们在大学讲坛上宣扬资产阶级改良主义，主要代表是阿·瓦格纳、古·施穆勒、路·布伦坦诺、卡·毕歇尔、韦·桑巴特。他们认为国家是超阶级的组织，因而鼓吹资产阶级和无产阶级之间

---

① 《马克思恩格斯全集》第 19 卷，北京：人民出版社 1963 年版，第 139 页。

的阶级和平，主张不触动资本家的利益，逐步实行"社会主义"。因此，讲坛社会主义的纲领仅局限于提出一些社会改良措施，如设立工人疾病和伤亡事故保险等，其目的在于削弱阶级斗争，削弱革命以及社会民主党人的影响，使工人同反动的普鲁士国家和解。

但是英国的中等阶级——毕竟是很好的生意人——比德国的教授们看得更远。他们只是迫不得已才同工人阶级分享政权。在宪章运动的年代，他们对那个强壮而心怀恶意的小伙子即人民会有什么作为已经有所领教了。从那时以来，他们被迫把人民宪章的大部分要求纳入联合王国的法律。现在比以往任何时候都更需要用精神手段去控制人民，影响群众的首要的精神手段依然是宗教。于是，在学校董事会中牧师就占优势；于是，资产阶级不断自我增税，以维持各种奋兴派，从崇礼派直到"救世军"。

【论断】英国资产阶级被迫对工人阶级的让步。

1836—1848 年，英国工人阶级在宪章运动中争取普选权，争取政治权利和民主权利，因此英国资产阶级被迫向工人阶级做出让步，逐步把宪章运动提出的要求纳入英国的法律中。宪章运动推动了英国的政治民主化进程，以及19 世纪后半期的历次选举改革运动。到 20 世纪初，英国基本上实现了公民的普选权，英国资产阶级代议制政治也逐步得到完善。

　　恩格斯在这段话中提到的"奋兴派""崇礼派""救世军"是英国新教的流派和社会活动组织。"奋兴派"是英美等国新教教会中的一个流派，也称为教会复兴派。"崇礼派"是产生于19世纪30年代的英国国教会中倾向于罗马天主教的一个流派，因其创始人之一是牛津大学神学家皮由兹，故更流行的名称为皮由兹教派。该派的信徒号召在英国国教中恢复天主教的仪式（崇礼派即因此而得名）和天主教的某些教义。当时的英国贵族为了保持自己在国内的地位，竭力抵制大部分属于各新教教派的工业资产阶级的影响，因此，该教派的产生实际上是英国贵族反对工业资产阶级的斗争在宗教上的反映。"救世军"是基督教新教的一个社会活动组织，1865年由传教士威·蒲斯创立于伦敦。1878年该组织模仿军队编制，教徒称"军兵"，教士称"军官"；1880年正式定名为"救世军"。该组织着重在下层群众中开展慈善活动，并吸收教徒。在资产阶级的大力支持下，该组织开展广泛的宗教活动，并建立了一整套慈善机构。

　　现在，英国的体面人物终于战胜了大陆资产者的自由思想和对宗教的冷淡态度。法国和德国的工人已经变成了叛乱者。他们全都感染了社会主义，而且，他们在选择夺取统治权的手段时，有极充分的理由毫不考虑是否合法。这个强壮的小伙子一天比一天更加心怀恶意。

【论断】工人阶级不断壮大。

恩格斯在这篇序言中两次使用"体面人物"一词，用于指英国民众。英国通过光荣革命的方式自上而下地建立了君主立宪制度，法国和德国与英国不同，经历了长时期的革命。

法国和德国的资产阶级只好采取最后的办法，不声不响地抛弃了他们的自由思想，就像一个少年公子感到晕船时，把他为了在甲板上装腔作势而叼在嘴里的雪茄烟悄悄地吐掉一样；嘲笑宗教的人，一个一个地在外表上变成了笃信宗教的人，他们毕恭毕敬地谈论教会、它的教义和仪式，甚至在必要时，自己也举行这种仪式了。法国资产者每逢星期五吃素，德国资产者每逢星期日就呆坐在教堂的椅子上，聆听新教的冗长布道。他们已经因唯物主义而遭殃。

【论断】宗教面临唯物主义的挑战。

法国和德国的资产阶级抛弃了他们的自由思想，表面上变成了笃信宗教的人，尊重教会的教义和仪式，聆听新教的布道。宗教已经面临唯物主义的挑战。

"Die Religion muss dem Volk erhaltenwerden"——"必须为人民保存宗教"，这是使社会不致完全毁灭的唯一的和最后的拯救手段。对他们自己来说，不幸的是：等到他们发现这一点时，他们已经用尽一切力量把宗教永远破坏了。现在轮到英国资产者来嘲笑他们了："蠢材！这个我早在200年前就可以告诉你们了！"

【论断】资产阶级在保存宗教的同时已经永远破坏了宗教。

法国和德国的资产阶级把保存宗教作为拯救社会的唯一和最后的手段。但是现在他们发现他们已经用尽一切力量永远破坏宗教了。

然而，无论英国资产者的宗教执迷，还是大陆资产者的事后皈依宗教，恐怕都阻挡不了日益高涨的无产阶级的潮流。传统是一种巨大的阻力，是历史的惯性力，但是它是消极的，所以一定要被摧毁；因此，宗教也不能永保资本主义社会的平安。如果说我们的法律的、哲学的和宗教的观念，都是一定社会内占统治地位的经济关系的近枝或远蔓，那么，这些观念终究不能抵抗因这种经济关系的完全改变所产生的影响。除非我们相信超自然的奇迹，否则，我们就必须承认，任何宗教教义都难以支撑一个摇摇欲坠的社会。

【论断】无产阶级运动日益高涨，成为不可阻挡的社会潮流。

恩格斯运用历史唯物主义的基本原理说明无产阶级的胜利不可阻挡。历史唯物主义的这个基本原理就是社会存在和社会意识的辩证关系。社会存在决定社会意识，社会意识对社会存在有反作用，且具有相对的独立性。宗教观念、法律和哲学的观念等社会意识，是一定社会内占统治地位的经济关系决定的。当经济关系发生根本改变时，社会意识也必然随之发生改变。

　　事实上，在英国，工人也重新开始活动了。无疑地，他们还拘泥于各种传统。首先是资产者的传统，例如，有一种很普遍的看法，以为只能有两个政党——保守党和自由党，而工人阶级必须依靠并通过伟大的自由党来谋取自身的解放。还有工人的传统，从工人最初尝试独立行动时所因袭下来的传统，例如，凡是没有经过正规学徒训练的工人都被许多旧工联关在门外；每一个采取这种做法的工会这样一来就等于为自己培养工贼。但是尽管如此，英国的工人阶级还是在前进，甚至布伦坦诺教授也不能不惋惜地把这一点告诉他的讲坛社会主义者同仁。

　　【论断】英国工人运动的局限性。

　　英国工人运动开始重新高涨，但是受到两方面的限制：一是资产阶级政党的限制，恩格斯明确指出那种认为工人阶级必须通过资产阶级政党谋求解放的普遍看法是错误的；二是早期工人运动的限制，旧工联把那些没有经过正规学徒训练的工人拒之门外，不能团结更多的工人。虽然英国工人运动受到这些限制，但是仍然在不断前进。

　　恩格斯在这里批判了德国讲坛社会主义者。作为讲坛社会主义者的代表，布伦坦诺①竭力称赞英国的工联是工人阶级组织的典范，认为资本主义可以使工人阶级状况得到根本的改善和摆脱剥削，妄图用工会取代工人阶级政党，取消工人阶级的政治斗争。1872 年 3 月，布伦坦诺在《协和》杂志第 10 期上发表攻击马克思的文章《卡尔·马克思是怎样引证的》，6 月马克思在《人民国家报》发表回应文章《答布伦坦诺的文章》。7 月，布伦坦诺在《协和》杂志第 27 期上匿名发表第二篇攻击文章。8 月，马克思在《人民国家报》第 63 号上发表第二篇回应文章《答布伦坦诺的第二篇文章》。马克思逝世后，英国资产阶级经济学家塞泰勒继续进行布伦坦诺掀起的诽谤运动，恩格斯对此予以回击，1890 年 6 月在《资本论》第 1 卷德文第四版序言，以及 1892 年在小册子《布伦坦诺攻击马克思》中揭露了这种观点的虚伪性及阶级实质。

　　工人阶级在前进，如同英国的种种事情一样，迈出的是缓慢而适度的步伐，有时踌躇不定，有时作一些没有多大效果的尝试，在前进中有时过分小心地猜疑"社会主义"这个词，却又逐渐吸收社会主义的实质；运动在扩展着，

———————————

① 　路德维希·约瑟夫·布伦坦诺（1778—1842），德国资产阶级庸俗经济学家，讲坛社会主义者。

吸引了一批又一批的工人。

【论断】工人阶级的觉醒。

工人阶级最初是自发地参加斗争，主要通过罢工的形式提出经济方面的要求，如提高工资、缩短工作时间和改善工作环境等。19世纪30—40年代，英国、法国和德国的三大工人运动标志着无产阶级作为独立的政治力量登上历史舞台，工人阶级的斗争也从自发阶段发展到自为阶段。与此同时，工人阶级的斗争也成为马克思恩格斯理论研究的实践基础。现代工人运动正是工人阶级的阶级斗争与马克思主义理论融合起来而诞生的。

现在它已经唤醒了伦敦东头的那些没有技术的工人，我们看到，这些新的力量反过来又给工人阶级以多么有力的推动。如果运动的步伐赶不上某些人的急躁要求，那么就请他们不要忘记：正是工人阶级保存着英国民族性格的最优秀的品质，在英国所取得的每一个进步，以后照例是永不会化为乌有的。如果说老宪章派的儿子们由于上述原因还做得不够，那么，孙子们则可望不辱没他们的祖父。

【论断】英国工人阶级的进步。

随着资本主义在英国的发展，工人阶级的阶级意识不断提高，要求取得普选权，参与国家的管理，提出"普选权问题是饭碗问题"的口号，希望通过政治变革来提高自己的经济地位。他们把自己的要求以《人民宪章》的形式

发表，宪章运动成为世界上第一次群众性的、政治性的无
产阶级革命运动。各地宪章派的代表成立的全国宪章派协
会成为近代第一个工人政党的萌芽。

但是，欧洲工人阶级的胜利不是仅仅取决于英国。至
少需要英法德三国的共同努力，才能保证胜利。在法国和
德国，工人运动远远地超过了英国。在德国，工人运动的
胜利甚至指日可待了。那里运动的进展在最近 25 年是空前
的。它正以日益加快的速度前进着。

【论断】欧洲工人运动的迅速发展。

19 世纪 30—40 年代，法、英、德等国无产阶级开展了
独立的政治运动，其中最著名的是法国里昂工人起义、英
国宪章运动和德国西里西亚纺织工人起义：

1831 年和 1834 年，法国里昂工人举行反对资本主义剥
削压迫的武装起义。起义在巴黎和法国许多地区引起强烈
的反响，推动了法国工人运动的发展。里昂工人的两次起
义是法国无产阶级作为独立的政治力量登上历史舞台的重
要标志之一。

英国宪章运动是 1836—1848 年英国工人们为得到自己
应有的权利而掀起的工人运动。这次运动的政治纲领是
《人民宪章》，因此被称为宪章运动。1837 年，伦敦工人协
会向国会提交请愿书《人民宪章》，它提出年满 21 岁且精
神正常的男子都有普选权，选举投票应秘密进行，废除议

会候选人的财产资格限制，国会每年举行一次改选，平均分配选区。1842 年，宪章派全国协会的负责人向英国下院再次递交了全国宪章派第二次请愿书，这次请愿书上有 300 万人签名。1848 年在欧洲革命风暴的推动下，宪章运动再度高涨，在第三次全国请愿书上进一步提出，劳动是一切财富的唯一来源，劳动者对于自己的劳动果实享有优先权。人民是权力的唯一来源。1848 年 4 月，英国国会拒绝接受请愿书，政府下令解散全国宪章派协会。

1844 年 6 月 4 日，以争取提高工资被拒绝为导火线，在德国欧根山麓两个纺织村镇彼特斯瓦尔道和朗根比劳爆发纺织工人自发的起义。起义队伍扩大到 3000 人，集中打击工人最痛恨的工厂主。起义者以简陋武器迎战前来镇压的包括骑兵和炮兵的政府军。坚持到 6 月 6 日，起义被镇压。它推动了工人运动的发展。西里西亚主要城市布勒斯劳的手工业者和学徒，柏林、亚琛的纺织工人，马格伏堡的糖厂工人等等，先后举行罢工以及局部起义，响应西里西亚织工的斗争。

如果德国的中等阶级已经表明自己非常缺乏政治才能、纪律、勇气、活力和毅力，那么，德国工人阶级则充分证明了自己具备这些品质。400 年前，德国曾是欧洲中等阶级第一次起义的出发点；依目前的形势来判断，德国难道不可能又成为欧洲无产阶级夺取第一次伟大胜利的舞台吗？

【论断】 德国工人阶级有可能首先取得欧洲无产阶级革命的胜利。

400 年前，德国是欧洲中等阶级第一次起义的出发点，这次起义指的是 1524—1526 年德意志农民战争。15 世纪末 16 世纪初，德意志的经济进一步发展，资本主义因素逐渐成长，但发展极不平衡。政治上，神圣罗马帝国处于严重的分裂割据状态，各选帝侯和诸侯与皇帝分权，城市和骑士往往各自结盟，皇权微弱。皇帝、诸侯、骑士之间的战争和冲突，严重地影响经济的进一步发展。教会诸侯和世俗诸侯竭力维护封建特权，宗教迫害和横征暴敛日益严重，农民所受的剥削和压迫有增无减。1524 年，施瓦本南部的黑森林地区首先爆发起义，之后迅速扩展至德意志其它地区。1524 年 5 月至 1525 年 7 月，农民战争进入高潮，成千上万农民成为自己土地的主人，一些贵族和骑士也参加了起义，起义农民焚毁了数以千计的贵族庄园、教会寺院和诸侯宫廷，在德国西南部和中部的广阔地区建立起自己的政权。此后不久，封建领主的军队与农民军彻底开战。1525 年 5 月 15 日，黑森伯爵率联军在弗兰肯豪森击败起义军。起义军战死和被杀者达 5000 人。闵采尔受伤被俘，英勇就义。1526 年夏，蒂罗尔地区农民起义军在 M. 盖斯迈尔指挥下，多次打败前来镇压的巴伐利亚军、奥地利共和国军、施瓦本联军和萨尔茨堡大主教的雇佣军。最后由于被优势敌军包围，不得不于 7 月退到威尼斯，农民战争最后失败。

弗里德里希·恩格斯

1892 年 4 月 20 日

社会主义从空想到科学的发展

一

现代社会主义，就其内容来说，首先是对现代社会中普遍存在的有财产者和无财产者之间、资本家和雇佣工人之间的阶级对立以及生产中普遍存在的无政府状态这两个方面进行考察的结果。但是，就其理论形式来说，它起初表现为 18 世纪法国伟大的启蒙学者们所提出的各种原则的进一步的、据称是更彻底的发展。同任何新的学说一样，它必须首先从已有的思想材料出发，虽然它的根子深深扎在物质的经济的事实中。

【论断】现代社会主义在内容上是对资本主义社会根本矛盾的研究，在形式上是以已有的学说为思想来源。

恩格斯从内容和形式两个方面来说明现代社会主义，

即科学社会主义的理论内涵和思想来源。从内容上看，现代社会主义产生于对资本主义根本矛盾的考察和研究，是建立在战胜资本主义根本矛盾的基础上的。恩格斯从两个方面的结果来考察社会主义，这两个方面正是资本主义社会无法解决的根本矛盾：一方面是阶级关系，即有财产者和无财产者之间的阶级对立，也就是资产阶级和无产阶级之间的阶级对立，资本家和雇佣工人之间的阶级对立；另一方面是生产力和生产关系的矛盾，也就是有组织的社会生产与生产的无政府状态之间的对立。恩格斯之所以从这两个方面的结果来考察现代社会主义的内容，这是对唯物主义历史观的运用，也就是从直接生活的物质生产出发来考察现实的生产过程。从形式上来看，现代社会主义，也就是科学社会主义理论的思想来源是空想社会主义。但是社会主义从空想发展为科学，还必须以现实为基础。19世纪的空想社会主义在理论表现形式上是对18世纪法国启蒙思想的更进一步的更彻底的发展。科学社会主义理论作为新的学说，它汲取了已有的思想材料，也就是开端于16世纪的空想社会主义，特别是19世纪的空想社会主义学说。因此，恩格斯在这一部分详细阐述了以圣西门、傅立叶和欧文为代表的空想社会主义学说的思想贡献，以及他们的理论局限和衰落的必然性。

恩格斯在这本书出版之前就已经表达过这个观点：第一次是在1875年的《论俄国的社会问题》，第二次是在

1876—1878 年的《反杜林论》。1875 年，恩格斯在《论俄国的社会问题》中批判俄国革命民粹派彼·特卡乔夫对社会主义革命的错误认识时指出，"现代社会主义力图实现的变革，简言之就是无产阶级战胜资产阶级，以及通过消灭一切阶级差别来建立新的社会组织。为此不但需要有能实现这个变革的无产阶级，而且还需要有使社会生产力发展到能够彻底消灭阶级差别的资产阶级"①。在这里恩格斯已经清楚表明现代社会主义的内容，一方面在阶级对立上是无产阶级战胜资产阶级，另一方面在生产力和生产关系上是消除阶级差别建立新的社会组织，因此社会主义革命既需要资产阶级，也需要无产阶级，资产阶级使社会生产力得到充分发展，而无产阶级使阶级差别得以消灭，从而在战胜资本主义无法解决的根本矛盾的基础上建立社会主义。科学社会主义理论正是对这一过程的研究，也就是以马克思的两大发现——唯物史观和剩余价值理论为基石使社会主义理论从空想阶段进入到科学阶段。1876—1878 年，恩格斯在《反杜林论》的引论中指出，"现代社会主义，就其内容来说，首先是对现代社会中普遍存在的有财产者和无财产者之间、资产者和雇佣工人之间的阶级对立以及生产中普遍存在的无政府状态这两个方面进行考察的结果。但是，就其理论形式来说，它起初表现为 18 世纪法国伟大的

---

① 《马克思恩格斯文集》第 3 卷，北京：人民出版社 2009 年版，第 389 页。

启蒙学者们所提出的各种原则的进一步的、据称是更彻底的发展。同任何新的学说一样，它必须首先从已有的思想材料出发，虽然它的根子深深扎在经济的事实中。"① 1880年，恩格斯在《社会主义从空想到科学》一书中再次强调这个观点，阐明了科学社会主义的理论内涵和思想来源。

在法国为行将到来的革命启发过人们头脑的那些伟大人物，本身都是非常革命的。他们不承认任何外界的权威，不管这种权威是什么样的。宗教、自然观、社会、国家制度，一切都受到了最无情的批判；一切都必须在理性的法庭面前为自己的存在作辩护或者放弃存在的权利。

【论断】法国启蒙学者的批判性和革命性。

恩格斯在这里指的是以伏尔泰、卢梭为代表的18世纪法国的启蒙学说。伏尔泰是自然神论者，他对僧侣主义、天主教和专制政体的猛烈抨击曾对他的同时代人产生极大的影响。因此伏尔泰主义特指18世纪末期进步的、反宗教的社会政治观点。在马克思恩格斯的著作中，伏尔泰主义这一概念是指资产阶级在上升时期所持的充满矛盾的思想观点和政治立场。这些伟大的启蒙学者的思想是极富革命性的，他们不畏惧权威，对宗教、自然观、社会、国家制度进行无情的批判，他们崇尚理性，反对愚昧的神权统治

---

① 《马克思恩格斯文集》第9卷，北京：人民出版社2009年版，第19页。

和宗教迷信，主张建立自由、平等的理性王国。虽然资产阶级国家没有将启蒙学者的理念付诸实践，但是这些革命启蒙精神给予空想社会主义者很大的思想启发，尤其是促进了19世纪空想社会主义学说的进一步发展。

思维着的知性成了衡量一切的唯一尺度。那时，如黑格尔所说的，是世界用头立地的时代。最初，这句话的意思是：人的头脑以及通过头脑的思维发现的原理，要求成为人类的一切活动和社会结合的基础；后来这句话又有了更广泛的含义：同这些原理相矛盾的现实，实际上都被上下颠倒了。

【论断】黑格尔的哲学把理性作为衡量一切的唯一尺度。

柏拉图在哲学史上最早提出关于"知性"的概念。他将知识分为四种，即想象、常识、科学和数学知识、哲学；相应地，人也具有想象、信念、知性和理性四种心理状态或认识能力。亚里士多德把"知性"称为"被动理性"。他认为整个认识可以分为感性、被动理性、主动理性。被动理性是与感性知觉相关联的理性，处理感性材料，但是不能离开感性而自存。文艺复兴时期的布鲁诺明确地把思维区分为理智和理性两个阶段，库萨的尼古拉则把认识区分为感性、知性和心灵。近代以来的洛克、斯宾诺莎和沃尔夫等人都对理性做过不同的表述。

在德国古典哲学中，知性是指介于感性和理性之间的一种认知能力。康德把"知性"理解为主体对感性对象进行思维，把特殊的没有联系的感性对象加以综合处理，并且联结成为有规律的自然科学知识的一种先天认识能力。黑格尔则指出知性思维具有抽象性、普遍性、同一性、坚定性、明确性、分离性等特征，认为知性是认识发展的必要的基本环节和相对的独立阶段。

恩格斯在这里援引了黑格尔在《历史哲学》中的一段话来说明"世界是用头立地的时代"："正义思想、正义概念一下子就得到了承认，非正义的旧支柱不能对它作任何抵抗。因此，在正义思想的基础上现在创立了宪法，今后一切都必须以此为根据。自从太阳照耀在天空而行星围绕着太阳旋转的时候起，还从来没有看到人用头立地，即用思想立地并按照思想去构造现实。阿那克萨哥拉第一个说，努斯即理性支配着世界；可是，直到现在人们才认识到，思想应当支配精神的现实。因此，这是一次壮丽的日出。一切能思维的生物都欢庆这个时代的来临。这时到处笼罩着一种高尚的热情，全世界都浸透了一种精神的热忱，仿佛正是现在达到了神意和人世的和解。"① 因此，黑格尔是把思维着的知性，也就是理性作为衡量一切的尺度，作为

---

① 转引《马克思恩格斯文集》第 3 卷，北京：人民出版社 2009 年版，第 523—524 页。

人类的一切活动和社会结合的基础。恩格斯明确反对把理性作为人类活动和社会结合的基础，批判黑格尔唯心主义辩证法对现实的颠倒。

以往的一切社会形式和国家形式、一切传统观念，都被当作不合理性的东西扔到垃圾堆里去了；到现在为止，世界所遵循的只是一些成见；过去的一切只值得怜悯和鄙视。只是现在阳光才照射出来，理性的王国才开始出现。从今以后，迷信、非正义、特权和压迫，必将为永恒的真理、永恒的正义、基于自然的平等和不可剥夺的人权所取代。

【论断】理性的王国。

以前一切社会形式、国家形式和传统观念都被当作不合理性的东西，现在世界是理性的王国。迷信、非正义、特权和压迫被永恒的真理、永恒的正义和平等的人权所代替。

但是，除了封建贵族和作为社会所有其余部分的代表出现的①资产阶级之间的对立，还存在着剥削者和被剥削者、游手好闲的富人和从事劳动的穷人之间的普遍的对立。

---

① 在 1883 年德文第一版中没有"作为社会所有其余部分的代表出现的"这个短语。——参见《马克思恩格斯文集》第 3 卷，北京：人民出版社 2009年版，第 524 页。

正是由于这种情形，资产阶级的代表才能标榜自己不是某一特殊的阶级的代表，而是整个受苦人类的代表。

【论断】资产阶级标榜代表整个人类。

除了封建贵族与资产阶级对立之外，还有剥削者和被剥削者之间的对立，游手好闲的富人与从事劳动的穷人之间的对立。因此，资产阶级标榜代表整个受苦的人类，而不是某个特殊的阶级。

不仅如此，资产阶级从它产生的时候起就背负着自己的对立物：资本家没有雇佣工人就不能存在，随着中世纪的行会师傅发展成为现代的资产者，行会帮工和行会外的短工便相应地发展成为无产者。

【论断】资产阶级和无产阶级同时产生，并在对立中共存。

恩格斯这段话说明资产阶级和无产阶级是资本主义社会的两大对立阶级。资产阶级与无产阶级是同时产生的，中世纪的行会师傅发展成为现代的资产者，帮工和短工发展成为无产者。资产阶级与无产阶级也是同时存在的，没有雇佣工人，资本家就不能存在。根据马克思的哲学观，矛盾是对立面的相互依存和相互斗争，资本家和雇佣工人这对矛盾共同存在于资本主义社会中。

虽然总的说来，资产阶级在同贵族斗争时①有理由认为自己同时代表当时的各个劳动阶级的利益，但是在每一个大的资产阶级运动中，都爆发过作为现代无产阶级的发展程度不同的先驱者的那个阶级的独立运动。例如，德国宗教改革和农民战争时期的再洗礼派和托马斯·闵采尔②，英国大革命时期的平等派，法国大革命时期的巴贝夫。

【论断】资产阶级虽然在反对封建制度的斗争中具有进步性，但是并不能代表劳动阶层的利益。无产阶级的先驱者既参加了资产阶级反对封建制度的斗争，又与资产阶级进行斗争。

恩格斯的这段话有两层涵义：其一是资产阶级在反对封建制度的斗争中发挥着积极的和进步的作用，强调资产阶级革命的进步性；其二是资产阶级与无产阶级的对立与斗争也一直存在。资产阶级上升为统治阶级后，标榜自己是整个受苦人类的代表，但实际上不仅不能代表劳动阶层的利益，而且成为剥削劳动阶层的阶级。作为资产阶级的对立面的无产阶级不仅参与到资产阶级领导的反封建斗争中，而且由于资产阶级与无产阶级存在着天然的对抗性，

---

① 在 1883 年德文第一版中，这几个字体不是黑体。——参见《马克思恩格斯文集》第 3 卷，北京：人民出版社 2009 年版，第 525 页。
② 在 1883 年德文第一版中这句话是"德国宗教改革和农民战争时期的托马斯·闵采尔……"。——参见《马克思恩格斯文集》第 3 卷，北京：人民出版社 2009 年版，第 525 页。

现代无产阶级的先驱者也进行着反对资产阶级的斗争，如再洗礼派、闵采尔和平等派等。再洗礼派是欧洲中世纪基督教的一个教派，该派不承认对婴儿所施的洗礼，主张成年后再次重新受洗。再洗礼派在 16 世纪宗教改革运动中出现在德国、瑞士和荷兰等地，其主要成员为农民和城市平民，他们仇视封建制度及其支柱天主教，信仰宣传基督复临并在世上建立公正、平等和幸福的"千年王国"的宗教神秘主义学说。该派中一部分人主张财产公有，反对贵族、地主和教会的封建土地占有制度，积极参加了 1524—1525 年的德国农民战争，后来被统治阶级残酷镇压。托马斯·闵采尔①是德意志平民宗教改革家，农民战争的领袖，空想社会主义的先驱者之一。他早期积极支持路德的宗教改革主张，谴责罗马天主教的教阶制度和圣徒崇拜，之后他与再洗礼派建立了密切联系，并逐渐形成自己的革命思想，主张把宗教改革同社会变革结合起来，通过革命斗争的方式建立"千年天国"。平等派，又称真正平等派，掘地派，以英国小贵族约翰·李尔本为代表，是 17 世纪英国资产阶级革命时期的激进派。他们代表城乡贫民阶层的利益，要求消灭土地私有制，宣传原始的平均共产主义思想，并企图通过集体开垦公有土地来实现这种思想。他们在革命过

---

① 托马斯·闵采尔（1489—1525），德意志平民宗教改革家，农民战争的领袖，空想社会主义的先驱者之一。1524 年，闵采尔参加并领导了德国农民起义军，1525 年 5 月在弗兰肯豪森与封建贵族军队决战时英勇牺牲。

程中与以克伦威尔为代表的独立派既斗争又联合。巴贝夫①
是法国革命家，在热月政变后组织了秘密团体"平等会"，
设想建立以农业为中心的、具有平均主义和禁欲主义特征
的"共产主义公社"，主张通过密谋暴力消灭私有制，建立
劳动者专政和"人人平等"的社会。恩格斯以再洗礼派、
闵采尔、平等派和巴贝夫为例充分说明无产阶级先驱者在
反对封建制度的资产阶级革命中的作用，以及无产阶级与
资产阶级的对立和斗争。

　　伴随着一个还没有成熟的阶级的这些革命暴动，产生
了相应的理论表现；在16世纪和17世纪有理想社会制度的
空想的描写，而在18世纪已经有了直接共产主义的理论
（摩莱里和马布利）。

　　【论断】这个伴随无产阶级先驱者的革命暴动产生的理
论就是空想社会主义。

　　空想社会主义在16世纪的代表作是托马斯·莫尔②在
1516年出版的《乌托邦》，成为空想社会主义的开山之作。
"乌托邦"一词来自希腊文，意即乌有之乡。莫尔第一次用

---

① 巴贝夫（1760—1797），法国革命家，空想共产主义者。主要著作是《永
　久地籍》，其学说核心是"平等论"。1797年5月被法国政府处死。
② 托马斯·莫尔（1478—1535），欧洲早期空想社会主义学说的创始人，人
　文主义学者和政治家。《乌托邦》一书的全名是《关于最完美的国家制度
　和乌托邦新岛的既有益又有趣的金书》。

"乌托邦"来表示一个幸福的、理想的国家，并在社会主义史上第一次提出了消灭私有制建立公有制的问题。空想社会主义在 17 世纪的代表作是托马斯·康帕内拉①在 1623 年出版的《太阳城》。康帕内拉采用对话体裁描绘出一个没有剥削、没有私人财产、人人劳动、哲人政治的理想社会。空想社会主义在 18 世纪的代表是摩莱里②和马布利③。摩莱里把需求看作构成人类社会关系的基础，把需求作为构成社会的根源，从需求的矛盾中认识社会发展。马布利在空想社会主义史上第一次用法典的形式表达政治主张，致力于拟定向未来共产主义的理想社会过渡的立法改革方案，主张通过立法改革使人类逐步恢复理性，防止财产集中、限制人的邪恶欲念等。摩莱里在《自然法典》里指出，"在道德现象的世界里，天性是唯一的、永恒的、不变的……自然规律不会改变"，"凡是能够说明野蛮民族和文明民族的风尚有差别的一切事实，并不能证明天性是变化的；这些差别会证明，由于和这些差别无关的偶然情况，一部分

---

① 托马斯·康帕内拉（1568—1639），意大利文艺复兴时期的空想社会主义者，哲学家，作家。1601 年，康帕内拉在狱中完成了具有深远影响的空想社会主义著作《太阳城》。

② 摩莱里（生卒年不详），18 世纪法国空想社会主义最大代表。他的主要著作是《自然法典》（1755）。

③ 马布利（1709—1785），18 世纪杰出的空想社会主义者，法国著名的政治家、理论家和历史学家。主要著作有《论法制或法律的原则》《论公民的权利和义务》《论波兰的政治和法律》《英国政府和法律概观》等。

民族违反了自然规律，另一部分民族受习惯所使而在某些方面仍然服从这些规律，最后，第三部分民族则根据某些不完全违反天性的合理法律而服从自然规律"，——总之，"人离开了真理，但真理决不会不存在"①。

平等的要求已经不再限于政治权利方面，它也扩大到个人的社会地位方面了；必须加以消灭的不仅是阶级特权，而且是阶级差别本身。

【论断】平等不仅是政治权利的平等，而且是个人地位的平等。

平等是指社会主体在社会关系、社会生活中处于同等的地位，具有相同的发展机会，享有同等的权利。平等既是衡量社会进步的尺度，又是一个社会在形式上所要追求的价值、原则和道德理想。平等不是要实现绝对的平均，阶级社会的平等，不是直接的自然平等和利益平等，主要是指主体的社会地位平等。平等包括三个方面：（1）人格平等。尽管人在性别、民族、职业、经济、生活等方面存在差别，但应当具有相同的价值和尊严，处于相同的社会地位。（2）机会平等。机会平等在经济领域表现为等价交换和自由竞争，在政治领域表现为人人平等地参与政治活动，社会的职位向所有的人开放等。（3）权利平等。人在法律面前同等地享受权利和平等地承担义务，任何人不得具有超越法律之上的特权。因此，平等是人格平等、机会平等和权利平等的统一，也是人类的终极理想之一。

苦修苦炼的、禁绝一切生活享受的、斯巴达式的共产主义，是这个新学说的第一个表现形式。

【论断】平均共产主义是空想社会主义的第一个表现。

这种苦修苦炼的、禁绝一切生活享受的、斯巴达式的共产主义就是平均共产主义。18世纪末至19世纪初，西欧工人运动中出现一种以平均主义为特征的空想共产主义思潮。主要代表人物有摩莱里、马布利、巴贝夫、魏特林①等。它认为社会不平等是一切罪恶的根源，而私有制是引起一切不平等的主要根源。因此，反对土地及其他财产的私有制度，主张进行社会革命，消灭私有制，消灭阶级，建立一个绝对平均的"共有共享"的真正平等的共和国。

后来出现了三个伟大的空想主义者：圣西门、傅立叶和欧文。

---

① 威·魏特林（1808—1871），德国早期工人运动活动家，空想共产主义者。魏特林的学说是一种粗陋的平均共产主义理论，这种理论在早期德国工人运动中起过一定的积极作用，但后来成为工人运动发展的障碍。——参阅《马克思恩格斯文集》第4卷，北京：人民出版社2009年版，第587页。

【论断】19 世纪空想社会主义的三个代表。

圣西门①认为三权分立没有真正解决社会问题，批评资本主义社会是一个"黑白颠倒的世界"，激烈抨击和揭露资本主义社会的弊病，提出用一个"旨在改善大多数穷苦阶级命运的"新社会取而代之，并把论证这种新社会的社会制度作为毕生的使命。1802 年出版第一部著作《一个日内瓦居民给当代人的信》，之后的主要著作有《论实业制度》（1821）、《实业家问答》（1824）、《新基督教》（1825）等。

傅立叶②批判资本主义制度，主张消灭文明制度，建立和谐制度，幻想通过宣传和教育建立一种以"法郎吉"为基层组织的社会主义社会，幻想通过这种社会组织形式和分配方案来调和资本与劳动的矛盾，从而达到人人幸福的社会和谐。主要著作有《关于四种运动和普遍命运的理论》（1808）、《关于普遍统一的理论》（1841）、《经济的和协作的新世界》（1845）等。

欧文③（1771—1858）是英国空想社会主义者，也是 19 世纪初最有成就的企业家之一，是一位杰出的管理先驱者，被称为"现代人事管理之父"。欧文还是历史上第一个创立

---

① 昂利·圣西门（1760—1825），法国空想社会主义者。——参见《马克思恩格斯文集》第 3 卷，北京：人民出版社 2009 年版，第 745 页。
② 沙尔·傅立叶（1772—1837），法国空想社会主义者。——参见《马克思恩格斯文集》第 3 卷，北京：人民出版社 2009 年版，第 723 页。
③ 罗伯特·欧文（1771—1858），英国空想社会主义者。——参见《马克思恩格斯文集》第 3 卷，北京：人民出版社 2009 年版，第 741 页。

学前教育机关的教育理论家和实践家。欧文提出消灭私有制，建立财产公有，权利平等和共同劳动的改革社会的理想主张，建立系统的空想社会主义理论。欧文还在世界上首次提出教育与生产劳动相结合的理论，总结出一整套学前教育理论。1800—1828 年欧文在苏格兰进行了空前的实验，1833—1834 年主持英国工会和合作社的代表会议时成立了英国工会运动史上第一个全国性的总工会——"全国大统一工会"。1834 年创办空想社会主义者的机关报《新道德世界·合理社会的报纸》，1843 年 11 月至 1845 年 5 月恩格斯曾为报纸撰稿。主要著作有《关于新拉纳克工厂的报告》（1812）、《评工业体系的影响》（1817）、《人类头脑和实践中的革命》（1849）、《新道德世界书》等。

恩格斯捍卫了圣西门、傅立叶、欧文这三位社会主义者，驳斥了杜林等人对他们所作的轻蔑批评。"他为他们恢复了名誉，而事实上人们即使在今天也能够向那些'乌托邦主义者'学习。恰恰也有一种创造性幻想，即这样一种想象力，它依靠对现实力量和过程的敏锐洞察力的帮助，能够生机勃勃地想象，能够预先想到有重大意义的发现。"①欧文、圣西门和傅立叶是"他们时代的非常重要的现实主义者"，"在他们的理论和对实践的建议中有许多在我们今天被看成是极度天真的产物，是幻想，但对他们的时代来

---

① 殷叙彝：《伯恩施坦读本》，北京：中央编译出版社 2008 年版，第 389 页。

说，这些东西的天真和幻想的程度却小得多，而且是与他们在其中生活的条件和他们必须对付的各种力量完全适合的"①。

在圣西门那里，除无产阶级的倾向外，资产阶级的倾向还有一定的影响。

【论断】圣西门思想的不彻底性。

1825年，圣西门发表《新基督教》，这是他在逝世前的最后一本重要著作。《新基督教》是用保守者和革新者对话的形式写成的。全书由"保守者和革新者对话"、"论宗教"、"论天主教"和"论新教"等四个部分组成。圣西门通过这部重要著作阐述了无产阶级的历史使命的思想：基督教组织虽然具有精神权力、负有宣传理性和改善无产者命运的重大责任，但是不仅没有承担起改善无产者悲惨命运的历史使命，而且背弃基督教的道德原则，同建立在弱肉强食原则上的世俗权力相勾结，出卖无产者的利益，成为世俗权力的帮凶。因此，必须恢复、发展和改革基督教，建立宣传理性、限制世俗权力、发展实业制度的新基督教，改进无产者的悲惨命运。

恩格斯在这里指出圣西门思想的不彻底性，认为他在具有明显的无产阶级倾向的同时还保留着一定的资产阶级

---

① 殷叙彝：《伯恩施坦读本》，北京：中央编译出版社2008年版，第389页。

倾向。首先，圣西门以一个上帝和基督教的虔诚信徒和捍卫者的身份出现，吹捧上帝，宣扬天启，妄图建立"追求神的目的"的新基督教，幻想让上帝的原则来拯救穷苦阶级，争取工人阶级的解放。其次，圣西门提出"艺术家、学者和实业劳动的领导"同"穷苦阶级"的利益是一致的，并且把前者作为后者的"天然领袖"。

马克思在《资本论》第 3 卷的手稿中曾指出："圣西门只是在他的最后一本著作《新基督教》中，才直接作为工人阶级的代言人出现，才宣告他的努力的最终目的是：工人阶级的解放。他以前写的所有著作，事实上只是歌颂资产阶级社会，反对封建社会，只是歌颂产业家和银行家。"①马克思逝世后，恩格斯在 1894 年出版《资本论》第 3 卷时补充了一个注释："如果马克思来得及修订这个手稿，他无疑会把这一段话大加修改。这一段话，是他看到那些前圣西门主义者在法兰西第二帝国所起的作用有感而发的。在法国，正是在马克思写这段话的时候，这个学派的救世的信用幻想，由于历史的讽刺，作为规模空前的骗局得到了实现。后来，马克思说到圣西门，总只是赞美他的天才和百科全书式的头脑。如果说圣西门在以前的著作中，忽视了资产阶级和法国刚刚诞生的无产阶级之间的对立，把资产阶级中从事生产的那部分人算做劳动者，那么，这同傅

---

① 《马克思恩格斯文集》第 7 卷，北京：人民出版社 2009 年版，第 684 页。

立叶想把资本和劳动融合起来的观点是一致的，这要由当时法国的经济政治状况来说明。如果说欧文对这个问题的观点前进了一步，那只是因为他生活在另外一种环境中，即生活在产业革命和阶级对立已经尖锐化的时期。"[1]

欧文在资本主义生产最发达的国家里，在这种生产所造成的种种对立的影响下，直接从法国唯物主义出发，系统地制定了他的消除阶级差别的方案。

【论断】欧文在空想社会主义者中第一次提出消灭阶级差别。

欧文根据英国这个资本主义生产在当时最发达的国家所造成的种种对立，从18世纪法国机械唯物主义（以拉美特利、狄德罗、爱尔维修、霍尔巴赫等为代表）出发，制定了消除阶级差别的方案，主要是对社会进行"合乎理性"的划分，通过教育消除阶级矛盾，生产资料所有制与生产相结合等。

所有这三个人有一个共同点：他们都不是作为当时已经历史地产生的无产阶级的利益的代表出现的。他们和启蒙学者一样，并不是想首先解放某一个阶级，而是想立即解放全人类。他们和启蒙学者一样，想建立理性和永恒正

---

[1] 《马克思恩格斯文集》第7卷，北京：人民出版社2009年版，第684页。

义的王国；但是他们的王国和启蒙学者的王国是有天壤之别的。

【论断】19世纪空想社会主义者的共同点，以及他们与18世纪的资产阶级启蒙学者的联系与区别。

圣西门、傅立叶和欧文不是无产阶级利益的代表，他们与18世纪的资产阶级启蒙学者的共同点在于，他们不是想首先解放某一个阶级，而是想立即解放全人类，他们都想建立理性和永恒正义的王国，但是他们对王国的理解有着根本区别。

按照这些启蒙学者的原则建立起来的资产阶级世界也是不合乎理性的和不正义的，所以也应该像封建制度和以往的一切社会制度一样被抛到垃圾堆里去。真正的理性和正义至今还没有统治世界，这只是因为它们没有被人们正确地认识。

【论断】资产阶级世界观不合乎理性和正义。

恩格斯所说的启蒙学者是指以伏尔泰、卢梭、狄德罗和孟德斯鸠为代表的启蒙学者。资产阶级世界观虽然是根据18世纪启蒙学者的原则建立起来的，但它并不合乎理性和正义，因此应该像封建制度和以往的一切社会制度一样被推翻。真正的理性和正义还没有被人们正确地认识，因此至今还没有统治世界。

所缺少的只是个别的天才人物，现在这种人物已经出现而且已经认识了真理；至于天才人物是在现在出现，真理正是在现在被认识到，这并不是历史发展的进程所必然产生的、不可避免的事情，而只是一种侥幸的偶然现象。这种天才人物在五百年前也同样可能诞生，这样他就能使人类免去五百年的迷误、斗争和痛苦。

【论断】马克思对真理的揭示可以使人类免去五百年的迷误。

恩格斯所说的这个天才人物正是马克思。马克思创立的唯物主义历史观是人类社会发展规律的科学真理，马克思创立的剩余价值理论是对资本主义生产规律的科学认识，唯物主义历史观和剩余价值理论成为科学社会主义的理论基础。

我们已经看到为革命作了准备的十八世纪的法国哲学家们如何求助于理性，把理性当作一切现存事物的唯一的裁判者。他们要求建立理性的国家、理性的社会，要求无情地铲除一切和永恒理性相矛盾的东西。

【论断】法国启蒙哲学是以理性主义为基础的理性哲学。

18 世纪法国兴起了以理性主义为核心的启蒙运动。启蒙思想家们运用理性去裁判一切，并以理性为基础构筑了新的哲学体系，即启蒙哲学或理性哲学。理性可以分为思辨的理性和实践的理性，前者以真理为目的，后者以活动为目的。思辨的理性处理完善的东西，实践的理性处理可变的东西，因此，虽然二者都是真实的，但是前者较为精确，后者较为粗略。理性常常被拿来与感性和知性作比较，其中感性是肯定的，知性是否定的，理性是否定之否定，所以也是肯定的。理性和感性的一致性表现为经验和真理的一致性。

我们也已经看到，这个永恒的理性实际上不过是正好在那时发展成为资产者的中等市民的理想化的悟性而已。现在，当法国革命把这个理性的社会和这个理性的国家实现了的时候，就发现新制度不论较之旧制度如何合理，却决不是绝对合乎理性的。理性的国家完全破产了。

【论断】法国革命说明资产阶级理性不是绝对合乎理性的。

18 世纪启蒙思想家的理性实际上是中等资产阶级的理想。法国革命不仅破除了资产阶级社会和资产阶级国家，而且发现资产阶级理性不是绝对合乎理性的，资产阶级国家即将完全破产。

卢梭的社会契约在恐怖时代获得了实现，对自己的政治能力丧失了信心的资产阶级为了摆脱这种恐怖，起初求助于腐败的督政府，最后则托庇于拿破仑的专制统治。

【论断】雅各宾派的恐怖统治被推翻。

　　社会契约是某一社会全体成员就该社会行动的基本准则取得的一致协议，通常带有假设或想象性质。古希腊智者学派就对"社会契约说"有所论述，但在伊壁鸠鲁那里才第一次得到了比较系统的阐述。马克思曾言："国家起源于人们相互之间的契约，起源于社会契约，这一观点就是伊壁鸠鲁最先提出来的。"伊壁鸠鲁借用"原子"理论的张力，以形而上学的方法宣布了人的自由的本质、国家起源的契约性质。近代哲学中，霍布斯提出了社会契约论的"授权不悔"原则，即臣民一旦通过契约把权力交给了君主，就再也不能收回，否则就是违反了契约，违反了正义。但是，对于君主来说，却不存在违反契约的问题，因此契约是臣民之间订立的，君主不是订约的一方，因此，他不受契约的任何限制。霍布斯的这一原则有明显的缺陷。

　　继霍布斯之后，卢梭在其著作《社会契约论》中发展并完善了社会契约论。在社会观上，卢梭坚持社会契约论，主张建立资产阶级的"理性王国"，主张自由平等，反对大私有制及其压迫，提出"天赋人权说"，反对专制、暴政。在教育上，他主张教育目的在培养自然人，反对封建教育戕害、轻视儿童，要求提高儿童在教育中的地位，主张改革教育内容和方法，顺应儿童的本性，让他们的身心自由发展，反映了资产阶级和广大劳动人民从封建专制主义下解放出来的要求。卢梭的《社会契约论》在后来成为法国大革命的理论基础，并被西方各国在政治实践中进一步加以完善，为西方现代资产阶级民主政治体系奠定了基础。

1789 年法国爆发大革命，君主立宪派宣布废除君主专制制度，之后法国先后被立宪派、吉伦特派、雅各宾派统治。1794 年 7 月，热月党人发动热月政变推翻雅各宾派专政，并于 10 月建立督政府。1796—1797 年，督政府派拿破仑·波拿巴远征意大利，军人势力的影响逐渐增强。1799年，拿破仑·波拿巴发动雾月政变，结束了督政府的统治，在 1804 年建立法兰西第一帝国。

　　早先许下的永久和平变成了一场无休止的掠夺战争。理性的社会的遭遇也并不更好一些。富有和贫穷的对立并没有在普遍的幸福中得到解决，反而由于缓和这种对立的行会特权和其他特权的废除，由于减弱这种对立的教会慈善设施的取消而更加尖锐化了；现在已经实现的脱离封建桎梏的"财产自由"，对小资产者和小农说来，就是把他们的被大资本和大地产的强大竞争所压垮的小财产出卖给这些大财主的自由，于是这种"自由"对小资产者和小农说来就变成了失去财产的自由①；工业在资本主义基础上的迅速发展，使劳动群众的贫穷和困苦成了社会的生存条件。

　　【论断】资本主义社会的阶级对立日趋尖锐。

―――――――

① 在 1883 年德文第一版中没有"现在已经实现的……失去财产的自由"这段话。——参见《马克思恩格斯文集》第 3 卷，北京：人民出版社 2009年版，第 527 页。

资本主义建立的理性社会和普遍幸福，不仅不能解决阶级对立和贫富差距，而且由于缓和这种对立的行会特权被废除，阶级对立在资本主义社会变得更加尖锐。小资产者和小农虽然已经脱离封建桎梏，但是在大资本和大地主的强大竞争下被迫出卖财产。资本主义工业迅速发展，但是劳动群众依然处于贫穷和困苦中。

现金交易，如卡莱尔所说的，日益成为社会的唯一纽带。犯罪的次数一年比一年增加。如果说，以前在光天化日之下肆无忌惮地干出来的封建罪恶虽然没有消灭，但终究已经暂时被迫收敛了，那末，以前只是暗中偷着干的资产阶级罪恶却更加猖獗了。商业日益变成欺诈。

【论断】资本主义社会时期资产阶级的罪恶比封建社会更加猖獗。

英国哲学家托马斯·卡莱尔①认为经济交易是社会的唯一纽带。封建地主阶级在封建社会时期明目张胆、肆无忌惮地犯罪，在资本主义社会时期虽然被迫收敛，但并没有被消灭。资产阶级以前暗中偷着犯罪，但是现在在资本主义社会愈加猖獗，商业活动也日益变成欺诈。

---

① 托马斯·卡莱尔（1795—1881），英国作家、历史学家和唯心主义哲学家，宣扬英雄崇拜，封建社会主义的代表，资本主义生产方式和资产阶级政治经济学的批评者，托利党人；1848 年后成为工人运动的敌人。——《马克思恩格斯文集》第 3 卷，北京：人民出版社 2009 年版，第 728 页。

革命的箴言"博爱"在竞争的诡计和嫉妒中获得了实现。贿赂代替了暴力压迫，金钱代替了刀剑，成为社会权力的第一杠杆。

【论断】资产阶级革命的虚假性。

18 世纪法国启蒙运动的理性集中体现为"自由、平等、博爱"。以法国大革命为代表的资产阶级革命将启蒙思想付诸实践，按照"自由、平等、博爱"的理性原则来建立社会制度。资产阶级在推翻封建制度后成为统治阶级，但是劳动人民在政治上仍然处于被剥削与被奴役的地位；资产阶级在战争中大发横财，获得更多的财产，占有更多的生产资料，而劳动人民被剥夺了生产资料被迫出卖劳动力。因此，"自由、平等、博爱"在现实面前完全破灭。

初夜权从封建领主手中转到了资产阶级工厂主的手中。卖淫增加到了前所未闻的程度。婚姻本身和以前一样仍然是法律承认的卖淫的形式，是卖淫的官方的外衣，并且还以不胜枚举的通奸作为补充。

【论断】资产家对女性的压迫和剥削。

"初夜权"一词出现于中世纪的西欧，是指一地的领主具有和当地所有中下阶层女性第一次性交的权利。欧洲中世纪的初夜权观念可以追溯到古希腊时期，甚至可以追溯到古巴比伦人献神的思想。

　　总之，和启蒙学者的华美诺言比起来，由"理性的胜利"建立起来的社会制度和政治制度竟是一幅令人极度失望的讽刺画。那时只是还缺少指明这种失望的人，而这种人随着世纪的转换出现了。

　　【论断】资本主义理性的破灭。

　　启蒙思想家的共同之处在于，把理性当作一切现存事物的唯一裁判者，他们认为应当建立理性的国家、理性的社会，这种理性集中体现为"自由、平等、博爱"。但是按照理性的原则建立的社会制度和政治制度并没有给人类带来真理、正义与光明，而是充满了欺骗、邪恶与黑暗。

　　1802 年出版了圣西门的日内瓦书信；1808 年出版了傅立叶的第一部著作，虽然他的理论基础在 1799 年就已经奠定了；1800 年 1 月 1 日，欧文担负了新拉纳克的管理工作。

　　【论断】19 世纪空想社会主义者的贡献。

　　1802 年，圣西门出版第一部著作《一个日内瓦居民给当代人的信》，通过两封信——"朋友的意见"和复信——来阐述他的主要思想：第一是提出捐献计划和牛顿会议。圣西门提出如何选拔有天才的人并使其为人类幸福而劳动的计划，号召全人类到牛顿墓前捐献，从全人类中选出二十一名学者和艺术家，并由得票最多的数学家领导。他们是上帝在人间的代表，不仅应当享有报酬，而且拥有绝对的自由发挥自己的才能，进而竭尽全力为提供捐献的人服务，维护社会的安定。第二是对科学和艺术的论述。圣西门将人类分成三个阶级：第一个阶级由学者、艺术家和一切有自由思想的人组成，第二个阶级由不愿进行改革的有财产的人组成，第三个阶级由无产者组成。第一个阶级的人掌握社会权力，第二个阶级的人为学者和艺术家提供金钱和赤诚。然后通过科学和艺术向第三个阶级呼吁，号召大家为学者和艺术家进行捐献，并心甘情愿地接受他们的统治。圣西门在这里提出社会的唯一目标是充分运用科学、艺术和手工业的知识来满足人们的需要，尤其是满足人数最多的第三阶级的物质生活和精神生活的需要。此外，他在这本著作中首先提出科学的预见性，以及普遍劳动的思想，成为后来圣西门学说的起源，具有重要的理论意义和现实价值。

1803 年，傅立叶发表了论文《全世界和谐》，他在这篇论文中指出文明制度不是人类的最后制度，而是将被和谐制度所代替。1808 年，傅立叶出版第一部著作《关于四种运动和普遍命运的理论：关于发现的说明和解释》，简称为《四种运动》。全书分为三部分，分别论述了哲学和社会问题、和谐制度问题、现存社会制度问题。1882 年，傅立叶出版《论家务农业协作社》，着重描述了未来社会，其中对法郎吉经济制度和未来社会生活方式的描述尤为详尽，另外，对文明制度向和谐制度过渡的两个时期，即保障制度和协会制度，也作了具体的说明。1827 年，傅立叶出版

《工业和协作的新世界，或发现依情欲分类的吸引人的劳动和适合天性的劳动的方法》，简称《新世界》。这部著作最全面最系统地阐述了傅立叶的观点，中心问题是和谐社会的组织问题和法郎吉。"欧文有关经济的建议统统都是从作为最进步经济形式的大工业的角度出发而提出的，他的组织集体主义公社——他称之为'和谐公社'——的计划立足于根据当时的技术水平所作的精确计算。"①

1800 年，罗伯特·欧文正式担任苏格兰新拉纳克大棉纺厂的经理。他推行了一系列改善工人劳动与生活状况的举措，如缩短工作日、禁用 9 岁以下的童工、提高工资、改善工人生活设施、创建工人互助基金等。在重组工厂和战胜股权危机的过程中，欧文写成了第一部著作《新社会观，或论人类性格的形成》。他根据在新拉纳克的实践和观察，提出造成当前社会弊病的根本谬误在于人们普遍认为人的性格都是自己形成的，实际上人类性格的塑造者是由家庭、教育、宗教和法律构成的社会环境。因此，为了形成优良的性格，激发人的潜能，必须改造社会环境。

但是，在这个时候，资本主义生产方式以及资产阶级和无产阶级间的对立还很不发展。在英国刚刚产生的大工业，在法国还完全没有。

---

① 殷叙彝：《伯恩施坦读本》，北京：中央编译出版社 2008 年版，第 390 页。

【论断】资产阶级和无产阶级在资本主义社会发展初期的对立。

17世纪中叶，英国资产阶级政权的建立促进了资本主义的进一步发展，英国的殖民扩张为资本主义的发展积累了大量的资本，圈地运动为资本主义的发展提供了大量生产所必需的劳动力。18世纪中期，英国成为世界上最大的资本主义殖民国家，国内外市场的扩大对工场手工业提出了技术改革的要求，因此以技术革新为目标的工业革命首先发生在英国。18世纪60年代，英国工业革命以棉纺织业的技术革新为开端，以瓦特蒸汽机的改良和广泛使用为枢纽，在19世纪30—40年代实现机器制造业的机械化，标志着工业革命的基本完成。

法国自16世纪末以来由波旁王朝统治。17世纪中期，英国建立君主立宪政时，法国处于路易十四统治时期。18世纪60年代，英国开始工业革命时，法国处于路易十五统治时期。1774年，路易十六即位，1789年法国大革命爆发，路易十六成为法国历史上唯一被处死的国王，法国推翻波旁王朝的统治，进入资本主义的历史阶段。

在资本主义社会发展的初期，资本主义生产方式的基本矛盾还没有暴露，资产阶级和无产阶级的对立还不尖锐。随着资本原始积累的加紧进行，西欧各国的资本主义有了迅速的发展。但是，腐朽的封建制生产关系及其上层建筑却束缚着生产力的发展。新兴资产阶级为了扫除资本主义发展道路上的障碍，进行了资产阶级革命。它最早发生在16世纪的尼德兰。1640—1648年英国资产阶级革命的胜利，标志着人类社会从封建主义时代进入了新的资本主义时代。继英国之后，美国和法国的资产阶级先后在18世纪后半期，也取得了革命的胜利，有力地推动着其他国家的反封建斗争。到19世纪上半叶，德国、俄国、日本等国，经过各种形式的资产阶级革命，也相继进入了资本主义的历史阶段。

但是，一方面，只有大工业才能发展那些使生产方式的变革和生产方式的资本主义性质的消灭成为绝对必要的冲突——不仅是大工业所产生的各个阶级之间的冲突，而且是它所产生的生产力和交换形式本身之间的冲突；另一方面，大工业又正是通过这些巨大的生产力来发展解决这些冲突所必需的手段。

【论断】大工业发展的重要意义。

生产方式是指社会生活所必需的物质资料的谋得方式，在生产过程中形成的人与自然界之间和人与人之间的相互关系的体系。人们一般把物质资料生产的物质内容称作是生产力，把其社会形式称作是生产关系，这两者就是物质生产方式（物质资料生产方式）和社会生产方式（社会经济活动方式）。生产方式是两者在物质资料生产过程中的能动统一。马克思在《资本论》中提出资本主义生产方式理论，即以社会化的机器生产为物质条件，以生产资料的资本家私人占有为基础的社会经济制度。

一方面，大工业的发展使资本主义的矛盾不断加剧，这个矛盾是变革资本主义生产方式和消灭生产方式的资本主义性质之间的冲突，是资本主义社会两大阶级——资产阶级和无产阶级之间的冲突，是资本主义生产力和生产关系之间的冲突；另一方面，大工业的发展正是通过生产力的巨大发展来解决这些冲突。

因此，如果说，在 1800 年左右，新的社会制度所产生的冲突还只是在开始形成，那末，解决这些冲突的手段就更是这样了。虽然巴黎的无财产的群众在恐怖时期曾有一瞬间夺得了统治权，从而能够引导资产阶级革命（甚至是反对资产阶级的）达到胜利，但是他们只是以此证明了他们的统治在当时的条件下是不可能持久的。

【论断】无产阶级在当时的历史条件下无法长期统治。

1789 年法国大革命爆发后，先后经过君主立宪派、吉伦特派和雅各宾派的统治，其中以小业主和无套裤汉①为主体的雅各宾派最为激进。1793 年 6 月，雅各宾派推翻吉伦特派统治，通过救国委员会实行专政，在经济上限制资产者，打击投机商，有平均主义倾向；在政治上实行直接民

---

① 无套裤汉是法国大革命时期对城市平民的称呼。无套裤汉的主要成分是小手工业者、小商贩、小店主和其他劳动群众，也包括一些富人。他们是城市革命的主力军，是大革命中几次武装起义的参加者。

主制，即由群众用公开唱名或鼓掌进行表决的方式，决定政治大事。罗伯斯比尔以制止"谋杀和新的诽谤"为借口，强迫国民公会于1794年6月通过了"惩治人民之敌"的新法令。这使恐怖政策成为暴虐的、血腥的恐怖主义的法律。马克思评论道：这种"没有规定客观标准的法律，乃是恐怖主义的法律；在罗伯斯比尔时期，国家在万不得已时所制定的法律就是这样的法律"①。在雅各宾派把外国干涉军全部赶出国土和基本平息国内叛乱的同时，内部也开始了激烈的斗争，人民也开始反对恐怖政策。1794年7月，热月党人发动政变推翻罗伯斯比尔的统治并将其斩首。关于雅各宾派失败的原因，列宁在1917年发表在《真理报》上的文章中写道："雅各宾党人没有取得完全的胜利，主要是因为18世纪法国周围大陆上都是极端落后的国家；法国本身也没有实行社会主义的物质基础，没有银行，没有资本家辛迪加，没有机器工业和铁路。"②

在当时才刚刚作为新阶级的胚胎从这些无财产的群众中分离出来的无产阶级，还完全无力采取独立的政治行动，表现为一个被压迫的受苦的等级，无力帮助自己，最多只能从外面、从上面取得帮助。

---

① 《马克思恩格斯全集》第1卷，北京：人民出版社1956年版，第16页。
② 《列宁全集》第30卷，北京：人民出版社1987年版，第347页。

【论断】无产阶级的形成。

封建社会末期，在小生产者分化的基础上出现了最初的雇佣劳动者。原始积累过程为雇佣劳动制度奠定了基础。经过产业革命，工业中心和城市不断增多，产业工人的队伍迅速壮大，形成了现代无产阶级。

无产阶级与资产阶级是两个对抗性的阶级，它们之间的斗争经历了不同的发展阶段。当无产阶级对资本主义社会还处于感性认识的阶段，只认识到资本主义的表面现象及其外部联系时，他们只是自发地进行斗争，还是一个"自在的阶级"。在18世纪70—80年代，英国曾经发生过破坏机器的运动。当时工人认为机器是他们贫困和失业的根源，便自发地摧毁机器、焚烧厂房。后来，随着阶级斗争的发展，产生了马克思主义，无产阶级开始以马克思主义为指导来进行自觉的斗争。从这时起，无产阶级成为"自为的阶级"。他们作为一支独立的政治力量登上了历史舞台。在同资产阶级对立的一切阶级中，只有无产阶级能够担负起资本主义掘墓人的历史任务。

无产阶级的形成同机器大生产相联系，是先进生产力的代表，是最先进、最有前途的阶级。无产阶级的经济地位决定它大公无私、最有远见、富有组织性和纪律性。他们在革命斗争中，比任何别的阶级都要坚决和彻底。同时无产阶级与其他劳动人民并无根本利益上的冲突，能够把一切被压迫、被剥削的劳动人民团结在自己的周围。所以，无产阶级始终是工人运动的核心，是"革命社会主义的天然代表"①。他们的伟大历史使命就是埋葬资本主义制度并建立共产主义社会。无产阶级只有解放全人类，才能最后解放自己。

在马克思主义的文献中，强调无产者是受压迫受剥削的阶级时，往往使用"无产阶级"一词；强调无产者是社会财富的创造者和未来新社会的建立者时，就更多地使用"工人阶级"一词。

这种历史情况也决定了社会主义创始人的观点。不成熟的理论，是和不成熟的资本主义生产状况、不成熟的阶级状况相适应的。解决社会问题的办法还隐藏在不发达的经济关系中，所以只有从头脑中产生出来。社会所表现出来的只是缺点；消除这些缺点是思维着的理性的任务。

【论断】空想社会主义产生的原因。

恩格斯所说的"不成熟的理论"是指空想社会主义。空想社会主义是产生于资本主义生产状况和阶级状况尚未成熟时期的一种社会主义学说。它是一种不成熟的理论，不能揭示资本主义的根本矛盾和发展规律，不懂得阶级斗争，不认识无产阶级的历史使命，所以他们的社会主义只能是一种无法实现的空想。

---

① 《马克思恩格斯全集》第35卷，北京：人民出版社1971年版，第229页。

于是就需要发明一套新的更完善的社会制度，并且通过宣传，可能时通过典型示范把它从外面强加于社会。这种新的社会制度是一开始就注定要成为空想的，它愈是制定得详尽周密，就愈是要陷入纯粹的幻想。

【论断】空想社会主义的空想性。

空想社会主义者对新的社会制度的设计注定是空想。19世纪三位空想社会主义者分别设计了三种社会制度，即圣西门的"实业社会"、傅立叶的"法郎吉"、欧文的"劳动公社"。

圣西门所构想的社会不是早期粗陋的共产主义所向往的原始社会，而是按照科学理性的原则建立起来的，以满足人的需要为唯一宗旨的"实业社会"。圣西门认为"实业制度既不能突然地实现，又不能用陈旧的方法来实现，在实施这种制度之前，必须先验地把它设想出来，把它作为一个统一的整体发明出来"①。他寄希望于明智的统治者来采纳和实施这种制度。

傅立叶设计的社会主义制度是由一个一个"法郎吉"组成的"和谐制度"。"法郎吉"是生产和生活合一的社会组织。他通过计算，认为人的性格有810种。为了使每个"法郎吉"由尽可能多的性格的人组织起来，以根据人们的爱好与性格来从事各种不同的工作，所以他认为法郎吉的

① 《圣西门选集》下卷，北京：商务印书馆1962年版，第104页。

最佳规模是 1620 人。他在法郎吉内部划分出各个专业劳动小组"谢利叶",由此形成一种军事化的组织系统。系统内部民主选举领导人,并且劳动者可以自由选择劳动工种。傅立叶还提出一个著名的论断:妇女的解放程度是衡量最普遍的人类解放的天然标准。

欧文从法国唯物主义"环境决定人的性格"的理论主张出发,以"联合劳动、联合消费、联合占有财产与权利均等"为原则,融合他的丰富的管理经验,设计了理想社会的蓝图——以"劳动公社"为基础的联合体。"劳动公社"实行除日常用品以外的财产公有制,所有社会成员一律平等,贫富差别不再存在,"人人都受同样的教育和处于同样的生活环境",每个公社占地一千至一千五百英亩土地,按照不同专长与年龄组织起来实行集体劳动,每个成员各尽所能。

既然这一点已经确定,我们就不再谈论现在已经完全属于过去的这一方面了。让著作界的小贩们去一本正经地挑剔这些现在只能使人发笑的幻想吧,让他们以自己的严谨的思维方式优越于这种"疯狂的念头"而自我陶醉吧。使我们感到高兴的,倒是处处突破幻想的外壳而显露出来的天才的思想萌芽和天才思想,而这些却是那班庸人所看不见的。

【论断】空想社会主义者的天才思想。

　　傅立叶、圣西门和欧文等空想社会主义者已经显露出天才的思想萌芽和天才思想，他们的思想已经突破幻想的外壳，只有那些庸人们看不见。

　　圣西门是法国大革命的产儿，他在革命爆发时还不到30岁。这次革命，是第三等级即从事生产和贸易的多数国民对以前享有特权的游手好闲的等级即贵族和僧侣的胜利。但是，很快就暴露出，第三等级的胜利只是这个等级中的一小部分人的胜利，是第三等级中享有社会特权的阶层即资产阶级夺得政治权力。

　　【论断】法国大革命是第三等级的胜利。但仅仅是第三等级中的一小部分人的胜利，也就是资产阶级的胜利。

　　18世纪资本主义在法国部分地区已相当发达，出现许多手工工场，个别企业雇佣数千名工人并拥有先进设备。资产者已成为经济上最富有的阶级，但在政治上仍处于无权地位。农村绝大部分地区保留着旧的地主土地所有制，并实行严格的等级制度。由天主教教士组成的第一等级和贵族组成的第二等级，是居于统治地位的特权阶级。特权阶级的最高代表是波旁王朝国王路易十六。资产者、城市贫民和农民等组成第三等级，处于被统治地位。18世纪末第三等级同特权阶级的矛盾日益加剧。特权阶级顽固维护其特权地位。在第三等级中，资产者凭借其经济实力、政治才能和文化知识处于领导地位，农民和城市平民是基本群众，是后来革命的主力。

1789 年 5 月 5 日，路易十六在凡尔赛宫召开三级会议，企图对第三等级增税，以解救政府财政危机。第三等级代表则要求制定宪法，限制王权，实行改革。路易十六企图增税，并召开了国家级会议进行投票决定。第三等级以十七票的微弱优势取胜。国王路易十六却出尔反尔，强行要求加税。6 月 17 日第三等级代表宣布成立国民议会，7 月 9 日改称制宪议会。路易十六调集军队企图解散议会，激起巴黎人民的武装起义。1789 年 7 月 14 日，巴黎人民攻占巴士底狱，标志着法国大革命的爆发。

攻占巴士底狱成了全国革命的信号。各个城市纷纷仿效巴黎人民，武装起来夺取市政管理权，建立了国民自卫军。在农村，到处都有农民攻打领主庄园，烧毁地契。不久，由人民组织起来的制宪会议掌握了大权。这一年，制宪会议颁布了"废除一切旧义务"的"八月法令"，紧接着又通过了著名的《人权宣言》，向全世界庄严宣布了"人身自由，权利平等"的原则。1792 年，资产阶级在法国建立法兰西共和国，即历史上的法兰西第一共和国①。

而且这个资产阶级还在革命过程中就迅速地发展起来

---

① 在法兰西第一共和国时期，经吉伦特派掌权（1792—1793）和雅各宾派专政（1793—1794）、热月党人（1794—1797）、督政府（1797—1799）和拿破仑的执政府时期（1799—1804）等阶段。

了，这是因为它通过没收后加以拍卖的贵族和教会的地产进行了投机，同时又以承办军用品欺骗了国家。正是这些骗子的统治在督政府时代使法国和革命濒于覆灭，从而使拿破仑得到举行政变的借口。

【论断】资产阶级革命的不彻底性。

资产阶级在革命过程中不仅掌握了政权，而且通过没收和拍卖贵族和教会的土地进行经济投机，又在战争中大发横财。1794 年，热月党人推翻雅各宾派的专政统治，建立督政府。资产阶级的统治在督政府时代濒临覆灭。1799年，拿破仑推翻督政府的统治。1804 年，拿破仑建立法兰西第一帝国，并颁布世界上第一部资产阶级民法典——《拿破仑法典》。1815 年，波旁王朝复辟，将法兰西帝国改为法兰西王国。1830 年 7 月，巴黎人民发动七月革命，推翻波旁王朝，建立了以路易·菲力浦为首的七月王朝，至此法国大革命彻底结束。

因此，在圣西门的头脑中，第三等级和特权等级之间的对立就采取了"劳动者"和"游手好闲者"之间的对立的形式。游手好闲者不仅是指旧时的特权分子，而且也包括一切不参加生产和贸易而靠租息为生的人。而"劳动者"不仅是指雇佣工人，而且也包括厂主、商人和银行家。

【论断】圣西门对阶级斗争的认识。

圣西门认为社会财富是由"劳动者"创造的，而劳动

者不仅包括无财产的工人和农民，也包括从事实业生产的
科学家、银行家、工厂主、商人。法国大革命首先是"劳
动者"和"游手好闲者"之间的阶级斗争。游手好闲者不
仅是指封建贵族，而且也包括一切靠租息为生的人。但是
在"劳动者"中间，还有无财产者与有产者的斗争。伯恩
施坦也肯定了圣西门的这一发现，"在圣西门那里，近代上
升为社会决定性因素的阶级起初是作为实业家出现的，这
一阶级与当时法国的状况相适应，还是被理解为把工业经
营者和工人一起包括在内的——前者是工业的头领、'老
板'。孔德和他所创立的实证主义学派坚持这一思想，但是
真正的圣西门学派明确指出实业家或生产者的概念是指工
人，而圣西门主义者的激进一翼则很快又用无产者代替了
工人"①。

游手好闲者失去了精神领导和政治统治的能力，这已
经是确定无疑的，而且由革命最终证实了。至于无财产者
没有这种能力，在圣西门看来，这已由恐怖时期的经验所
证明。

【论断】圣西门关于游手好闲者和无财产者不具备政治
统治能力的观点。

圣西门虽然关心"人数最多和最贫穷的阶级"，但是他

---

① 殷叙彝：《伯恩施坦读本》，北京：中央编译出版社 2008 年版，第 391 页。

同时认为无财产的阶级没有能力领导社会，并以法国大革命的雅各宾专政的"恐怖统治时期"的社会状况作为论据，向无财产的群众高声说道："看吧！当你们的伙伴统治法国的时候，那里发生了什么事情？他们造成了饥荒。"[①] 在他看来，法国大革命已经证实了游手好闲者不具备对社会的精神领导和政治统治的能力。他提出的新观点是无财产者也不具备精神领导和政治统治的能力。

那末，应当是谁来领导和统治呢？按照圣西门的意见，应当是科学和工业，它们两者由一种新的宗教纽带，即必然是神秘的和等级森严的"新基督教"结合起来，而这种纽带的使命就是恢复从宗教改革时起被破坏了的宗教观点的统一。可是，科学就是学者，而工业首先就是积极的资产者，厂主、商人、银行家。这些资产者固然应当成为一种公众的官吏、社会所信托的人，但是对工人还应当保持发号施令的和享有经济特权的地位。

【论断】圣西门关于科学家与企业家是领导者和统治者的观点。

圣西门理想的社会制度是实业社会，也就是以实业制度为特征的社会。这个社会的财富是由劳动者创造的，他

---

① 圣西门：《一个日内瓦居民给当代人的信》的第二封信。——参见《马克思恩格斯文集》第3卷，北京：人民出版社2009年版，第530页。

把劳动者称为"实业阶层"，这个阶层包括从事实业生产的科学家、银行家、工厂主、商人，以及无财产的工人和农民。圣西门敏锐地发现在劳动者之间，也就是有财产者和无财产者之间存在着阶级斗争。因此，恩格斯说，"这在1802年是极为天才的发现"①。他从法国大革命的恐怖统治中得出无财产群众不具有政治统治的能力的观点，认为实业社会的领导者是科学家与工厂主，他们代表着社会中的科学力量和工业力量，通过等级森严的"新基督教"结合，并有权利对工人发号施令。虽然圣西门认识到工人与工厂主之间的矛盾和冲突，但是他反对通过暴力的方式解决，而是主张通过理性协商与合作的方式解决。

至于银行家，那末正是他们应当担负起通过调节信用来调节整个社会生产的使命。——这样的见解是完全适应于大工业以及资产阶级和无产阶级的对立在法国还只是刚刚产生的那个时代的。

【论断】圣西门关于银行家的作用的认识。

圣西门的实业阶层包括科学家、工厂主、商人、银行家，以及无财产的工人和农民。银行家承担起通过调节信用来调节整个社会生产的使命。圣西门认为，在实业阶层中，有财产者具有精神领导和政治统治的能力，统治无财

---

① 《马克思恩格斯文集》第3卷，北京：人民出版社2009年版，第530页。

产者，享有经济特权，对无财产者发号施令。因此，圣西门并不主张消灭生产资料私有制。

但是，圣西门特别强调的是：他随时随地都首先关心"人数最多和最贫穷的阶级"（la classe la plus nombreuse et la plus pauvre）的命运。①

【论断】圣西门对工人阶级的同情。

圣西门在空想社会主义者中最为关注工人阶级的命运，他随时随地地关心"人数最多和最贫穷的阶级"，即工人阶级的生活状况。

圣西门在日内瓦书信中已经提出这样一个论点："一切人都应当劳动。"在同一部著作中他已经指出，恐怖统治是无财产的群众的统治。他向他们高声说道："看吧，当你们的伙伴在统治法国的时候，那里发生了什么事情：他们造成了饥荒！"

【论断】圣西门提出人人劳动的思想，但是反对无财产者的统治。

1803 年，圣西门在巴黎出版《一个日内瓦居民给当代人的信》。他在书信中一方面提出"一切人都应当劳动"的

---

① 在 1883 年德文第一版中没有"圣西门是法国大革命的产儿……的命运"这一整段文字。——参见《马克思恩格斯文集》第 3 卷，北京：人民出版社 2009 年版，第 530 页。

观点，另一方面反对无财产者的统治，认为无财产者群众的统治是恐怖统治，并以法国大革命时期的恐怖专政为例。

但是，了解到法国革命是阶级斗争，并且不仅是贵族和资产阶级之间的，而且是贵族、资产阶级和无财产者之间的阶级斗争，这在 1802 年是极为天才的发现。

【论断】圣西门提出法国革命是阶级斗争的观点。

圣西门极为天才地发现法国大革命中不同阶级之间的斗争，一方面是贵族和资产阶级之间的斗争，另一方面是贵族、资产阶级和无财产者之间的阶级斗争。

在 1816 年，圣西门宣布说政治是关于生产的科学，并且预言说政治将完全为经济所包容中。

【论断】圣西门提出经济是政治的基础的观点。

这里是指《昂·圣西门给一个美国人的信》第八封信中的一段话。这些信被收入昂·圣西门论文集《实业，或为贡献出有用和独立的劳动的一切人的利益所作的政治、道德和哲学的议论》（1817 年巴黎版第 2 卷）。

虽然经济状况是政治制度的基础这样的认识在这里仅仅以萌芽状态表现出来，但是对人的政治统治应当变成对物的管理和对生产过程的领导这种思想，即最近纷纷议论的"废除国家"的思想，已经明白地表达出来了。

【论断】经济基础是上层建筑的基础。

关于经济基础和上层建筑的关系的认识仅仅是以萌芽状态表现出来，但是对人的政治统治应当变成对物的管理和对生产过程的领导，也就是"废除国家"的思想已经明白地表达出来了。

同样比他的同时代人优越的是：在 1814 年联军刚刚开进巴黎以后，接着又在 1815 年百日战争时，他声明，法国和英国的同盟以及这两个国家和德国的同盟是欧洲的繁荣和和平的唯一保障。

【论断】圣西门认为英法同盟、英法德同盟是欧洲和平唯一保障。

圣西门和他的学生奥·梯叶里在合著的两本书《论欧洲社会的改组，或论欧洲各民族在保持各自的民族独立性的条件下联合为一个政治统一体的必要性和手段》（1814 年 10 月巴黎版）、《关于应当用来对付 1815 年同盟的措施的意见》（1815 年巴黎版）中提出这个观点。

1814 年 3 月 31 日第六次反法同盟参加国的同盟国军队进入巴黎，拿破仑帝国垮台，拿破仑本人宣布退位后被流放到厄尔巴岛。1815 年 3 月，拿破仑率军从流放地重返巴黎，重登皇位。英、俄、普、奥、荷、比等国结成第七次反法联盟。6 月，反法联盟与法军在比利时滑铁卢进行决战，法军战败后拿破仑·波拿巴第二次退位，被放逐至圣赫勒拿岛。这是拿破仑第二次短暂恢复帝制，总共只有一百天左右，历史上称为"百日王朝"。

　　在1815年向法国人宣传要和滑铁卢战役的胜利者建立同盟，这确实既要有勇气又要有历史远见。

【论断】神圣同盟的建立。

　　滑铁卢战役是1815年反法联军战胜法国的战役，反法联军获得了决定性胜利，这次战役结束了拿破仑帝国。1815年9月，滑铁卢战役的胜利者——俄罗斯帝国、奥地利帝国和普鲁士王国在巴黎签署《神圣同盟宣言》，之后欧洲其他国家的君主纷纷加盟。目的是维护君主政体，反对法国大革命在欧洲传播的革命理想。正如恩格斯所说，神圣同盟"是俄普奥同盟的扩大，是所有欧洲的君主在俄罗斯沙皇领导下反对本国人民的一个阴谋"①。神圣同盟虽然不是维也纳会议②的直接内容，但是与维也纳会议相关，是为了维护维也纳体系和君主专制政治秩序而建立的君主互助同盟。

　　如果说，我们在圣西门那里看到了天才的远大眼光，

---

① 《马克思恩格斯文集》第4卷，北京：人民出版社2009年版，第373页。
② 维也纳会议是从1814年9月18日到1815年6月9日间在奥地利维也纳召开的一次欧洲各国的外交会议。这次会议由奥地利政治家克莱门斯·文策尔·冯·梅特涅提议和组织，除奥斯曼帝国外，所有欧洲国家都派了代表。这是近代史上一次规模最大、时间最长的会议。

由于他有这种眼光，后来的社会主义者的几乎一切并非严格地是经济的思想都以萌芽状态包含在他的思想中，那末，我们在傅立叶那里就看到了他对现存社会制度所作的具有真正法国人的风趣、但并不因此显得不深刻的批判。

【论断】圣西门的远大预见和傅立叶的批判思想。

傅立叶清楚地看到了资本主义制度的罪恶和欺诈，把资本主义制度称为"反社会的工业主义制度"。因为在资本主义制度下，个人利益同集体利益相对立，个人的幸福建立在他人的痛苦与不幸的基础上。资本家为了攫取高额利润，囤积居奇，销毁商品抬高价格，导致饥荒和贫困，因此他断言，"在文明时代，贫困是由过剩本身产生的"，直接抨击资本主义的"自由、平等、博爱"的虚假性，"工人被迫雇佣劳动的制度下哪有'自由'？贫富两极分化的社会哪有平等？社会依靠罪犯来供养的制度下哪有'博爱'？在劳动者的劳动权利都得不到保障的情况下哪有'天赋人权'？"傅立叶对资本主义的深刻而尖锐的批判，在今天仍然意义深远。更为重要的是，他还从经济基础的角度揭示了资本主义罪恶产生的原因，认为资本主义由于社会生产高度发展而具有社会性，但是资本主义企业由于私人所有而具有分散性，这种社会性与分散性的矛盾导致了社会生产的无政府状态，因而产生了竞争、危机与贫困。

傅立叶就资产阶级所说的话，就他们在革命前的狂热的预言者和革命后的被收买的奉承者所说的话，抓住了他们。他无情地揭露资产阶级世界在物质上和道德上的贫困，他不仅拿这种贫困和以往的启蒙学者关于只为理性所统治的社会、关于能给一切人以幸福的文明、关于人类无限完善化的能力的诱人的约言作对比，而且也拿这种贫困和当时的资产阶级思想家的华丽的词句作对比。他指出，和最响亮的词句相适应的到处都是最可怜的现实，他辛辣地嘲讽这种词句的无可挽救的破产。

【论断】傅立叶批判资本主义的欺骗性和虚假性。

傅立叶从资本主义制度、资本主义商业、资本主义道德等方面对资本主义进行了猛烈的抨击。他把资本主义制度称为"复活的奴隶制"，认为资本主义工业虽然使生产有了很大的发展，但是它使雇佣工人和奴隶阶级陷入了绝望的境地，对他们而言，工厂只不过是"温和的监狱"和"贫困的温床"，他们的贫困程度随生产发展的程度而增长。傅立叶揭露了资本主义制度对公众的欺骗，资产阶级在革命前狂热地宣传自由、民主和平等，但是在革命后剥削和占有下层民众的劳动，利用资本主义制度攫取个人利益。资产阶级思想家的美丽辞藻和革命后资本主义制度辩护士的颂词与资本主义世界的丑恶现实形成鲜明的对比，资产阶级思想家宣扬"社会契约"和"天赋人权"，但是人民的权利却遭到了最无情的剥夺。至于资本主义辩护士颂扬的资产阶级宪法和人民享有的各种权利，傅立叶明确指出，

"享有权利和实现权利，这是两件完全不同的事情"，"许多写在纸上的权利，都是不现实的，这些权利赋予那些完全没有办法实现的人，那是对他们的一种侮辱"。

傅立叶不仅是批评家，他的永远开朗的性格还使他成为一个讽刺家，而且是自古以来最伟大的讽刺家之一。他以巧妙而诙谐的笔调描述了随着革命的低落而盛行起来的投机取巧和当时法国商业中普遍的小商贩气息。

【论断】傅立叶用讽刺的方法揭露资产阶级的投机取巧。

傅立叶被马克思恩格斯称为"有史以来最伟大的讽刺家"。他用巧妙和诙谐的笔调描述资本主义的投机取巧和商业中的小商贩气息。

他更巧妙地批判了两性关系的资产阶级形式和妇女在资产阶级社会中的地位。他第一个表明了这样的思想：在任何社会中，妇女解放的程度是衡量普遍解放的天然尺度。

【论断】傅立叶在世界上首次提出女性的社会地位和女性解放的问题。

傅立叶在《关于四种运动和普遍命运的理论》中阐述了这一思想，"某一时代的社会进步和变迁是同妇女走向自由的程度相适应的，而社会秩序的衰落是同妇女自由减少的程度相适应的"。傅立叶这样概括这个论点："妇女权利的扩大是一切社会进步的基本原则。"①

但是，傅立叶最了不起的地方是表现在他对社会历史的看法上。他把社会历史迄今为止的全部历程分为四个发展阶段：蒙昧、野蛮、宗法和文明。最后一个阶段就相当于现在所谓的资产阶级社会，即从十六世纪发展起来的社会制度。

【论断】傅立叶对社会历史发展阶段的划分。

傅立叶把人类历史看作是不断地从低级到高级的发展过程，工业文明即资本主义只是人类历史发展中的一个暂时的过渡时代。他把社会历史划分为四个时期：蒙昧时期、野蛮时期、宗法时期、文明时期。

他指出，"这个文明制度使野蛮时期任何一种以简单的方式干出来的罪恶都采取了复杂的、暧昧的、两面的、虚伪的存在形式"；文明时代是在"恶性循环"中运动，是在它不断地重新制造出来而又无法克服的矛盾中运动，因此，它所达到的结果总是同它希望达到或者佯言希望达到的相反。所以，譬如说，"在文明阶段，贫困是由富裕本身所产生的"。

【论断】傅立叶对资本主义制度的批判。

---

① 《马克思恩格斯文集》第3卷，北京：人民出版社2009年版，第699页。

傅立叶在《关于普通统一的理论》(第 1 卷和第 4 卷)、《经济的和协作的新世界,或按情欲分类的引人入胜的和合乎自然的劳动方式的发现》中多次批判资本主义文明制度的虚伪。他揭露资本主义社会贫富分化的实质,以及资本家对工人的剥夺。

我们看到,傅立叶是和他的同时代人黑格尔一样熟练地掌握了辩证法的。他反对关于人类无限完善化的能力的空谈,而同样辩证地断言,每个历史阶段都有它的上升时期,但是也有它的下降时期,而且他还把这种考察方法用于整个人类的未来。正如康德把地球将来会走向灭亡的思想引入自然科学一样,傅立叶把人类将来会走向灭亡的思想引入历史研究。

【论断】 傅立叶关于人类社会发展阶段的辩证思想。

傅立叶认为人类社会是由低级到高级不断运动的过程。人类在从低级向高级阶段发展的时候,新社会包含着旧社会的因素。社会的发展过程同人的成长过程相似,整个人类历史也有童年、青年、壮年、老年四个阶段,其中前两个是上升波动阶段,后两个是下降波动阶段。他认为人类原始时期属于"极乐世界"时期。人口稀少,原始社会有用之不尽的兽群、果物等,男女完全自由结合,这样的社会制度成就人生的幸福。

当革命的风暴横扫整个法国的时候，英国正在进行一种比较平静的，但是并不因此就显得缺乏力量的变革。蒸汽和新的工具机把工场手工业变成了现代的大工业，从而把资产阶级社会的整个基础革命化了。

【论断】英国光荣革命的重要意义。

1688 年，英国资产阶级和新贵族发动了推翻斯图亚特王朝詹姆士二世统治的非暴力政变。这场革命没有发生流血冲突，因此被历史学家称为"光荣革命"。与暴风骤雨式的流血牺牲的暴力革命相比，这场政变是自上而下进行的，虽然比较平静，但是并不缺乏力量。英国正是通过这场变革建立了资本主义制度，确立了议会高于王权的原则。光荣革命成为英国资产阶级革命取得胜利的标志，对英国以后的历史发展，以及欧美许多国家的政治都产生了重要影响。

工业革命开始于 18 世纪 60 年代，以蒸汽机的发明和应用为标志，发源于英格兰中部地区，使英国成为最早开始工业革命的国家。1765 年，英国工人哈格里夫斯发明珍妮纺纱机，18 世纪末 19 世纪初，英国人瓦特改良了蒸汽机，一系列技术革命引起了从手工劳动向动力机器生产转变的重大飞跃。

工场手工业时代的迟缓的发展进程转变成了生产中的真正的狂飙时期。社会愈来愈迅速地分化为大资本家和无产者，处于他们二者之间的已经不是以前的稳定的中间等级，而是不稳定的手工业者和小商人群众，他们过着不安定的生活，他们是人口中最流动的部分。

【论断】工业革命的后果。

18 世纪中期，工场手工业已经不能满足日益增长的市场需求，工厂不断地改进技术，扩大生产，一场机器革命必然爆发。

当时新的生产方式还处在上升时期的最初阶段；它还是正常的、适当的、在当时条件下唯一可能的生产方式。但是它在那时已经产生了惊人的社会恶果：无家可归的人聚居在大城市的贫民窟里；一切传统习惯的约束、宗法制从属关系、家庭都解体了；劳动时间，特别是女工和童工的劳动时间延长到可怕的程度；突然被抛到全新的环境中的劳动阶级，从乡村转到城市，从农业转到工业，从稳定的生活条件转到天天都在变化的、毫无保障的生活条件的劳动阶级[①]，大批地堕落了。

【论断】资本主义社会的丑恶现实。

资本主义生产方式在上升时期推动生产力以前所未有的速度和规模飞跃发展，但它同时也造成了社会的赤贫：

[①]　在 1883 年德文第一版中没有"从乡村……的劳动阶级"这句话。——参见《马克思恩格斯文集》第 3 卷，北京：人民出版社 2009 年版，第 533 页。

工业革命使大量农村的劳动者失去土地，被迫沦为雇佣工人，他们一所无有，只能靠出卖自己的劳动力为生，居无定所，到处流浪，拥挤在大城市的贫民窟；资本家通过延长劳动时间的方式加重对雇佣工人的剥削，特别是对女工和童工的剥削甚至达到可怕的程度。

这时有一个29岁的厂主以改革家的身份出现了，这个人具有像孩子一样单纯的高尚的性格，同时又是一个少有的天生的领导者。

【论断】这个改革家就是罗伯特·欧文。

1800年1月，29岁的罗伯特·欧文开始管理苏格兰新拉纳克市的大棉纺厂。在管理工厂的同时，他大力改善工人生活和劳动条件，积极争取议会制定工厂法，推动议会限制工作日的立法，成为著名的企业家、慈善家和社会改革家。

罗伯特·欧文接受了唯物主义启蒙学者的学说，认为人的性格是先天组织和人在自己的一生中、特别是在发育时期所处的环境这两个方面的产物。

【论断】欧文关于人的性格形成的学说。

1813年左右，欧文根据自己亲身实践，完成新的著作《新社会观，或论人类性格的形成》）。欧文在该书中写道，"形成人的性格有两种因素，这就是天赋的能力和出生后就对这些能力发生影响的环境。人的品质、人的感情、信念和行为，这一切东西始终是上述两种因素之一的产物，或是两者的共同产物。"欧文关于人的环境和教育产物的学说具有唯物主义的因素，对社会有着积极的历史意义。欧文在《论工业体系的影响》一文中指出："工业分布在全国各地，使居民产生了一种新性格。"①

伯恩施坦在研究欧文的学说时指出："他通过对他的时代的哲学学说的详尽研究，并且通过对工业中技术变革的社会影响的观察，形成了一种与唯物主义历史观非常相近的社会观。欧文孜孜不倦地宣传他的那句尽管不无夸大却基本上完全合理的话：人的性格是（外界）为他造成的，不是他自己造成的——这就是说，人在出生时由父母给予或者传下来的素质和他周围的环境决定人的性格和行为，而这句话也是马克思的历史唯物主义的基础。早在 1815 年，欧文就在他的一篇著作里阐明，工厂工业的扩展将在民族的整个社会生活方面引起多么深刻的变化。"②

社会地位和欧文相同的大多数人，都认为工业革命只是便于浑水摸鱼和大发横财的一片混乱。欧文则认为工业革命是运用其心爱的理论并把混乱化为秩序的好机会。

① 《欧文选集》第 1 卷，北京：商务印书馆 1979 年版，第 135 页。
② 殷徐彝：《伯恩施坦读本》，北京：中央编译出版社 2008 年版，第 391 页。

【论断】欧文对工业革命时期不合理社会状况的改造。

工业革命时期，一方面是生产力的飞速发展，资产阶级财富的迅速积累，另一方面是劳动人民惨遭剥削，工人和资本家之间的矛盾日益加剧。欧文决心在自己的工厂进行改革社会不合理状况的实验，因此他认为工业革命时期是运用他的管理理论改造社会的好机会。

当他在曼彻斯特领导一个有 500 多工人的工厂的时候，就试行了这个理论，并且获得了成效。从 1800 到 1829 年间，他以股东兼经理的身份领导了苏格兰的新拉纳克大棉纺厂，他在这里按照同样的精神办事，但是在行动上有更大的自由，而且获得了使他名闻全欧的成效。新拉纳克的人口逐渐增加到 2500 人，这些人的成分原来是极其复杂的，而且多半是极其堕落的分子，可是欧文把这个地方变成了一个完善的模范移民区，在这里，酗酒、警察、刑事法庭、诉讼、贫困救济和慈善事业都绝迹了。

【论断】欧文著名的新拉纳克实验。

1799 年，18 岁的欧文在曼彻斯特创办自己的工厂。1800 年至 1829 年，欧文以股东兼经理的身份领导了苏格兰的新拉纳克大棉纺厂，在这里进行了改革实验，并获得了名闻全欧的成效。他把工人的工作时间缩短为 10 小时，禁止不满 9 岁的童工劳动，提供工人工资，改善工人的生活和劳动条件，设立工厂商店，开办子弟小学、幼儿园和托儿所，建立工人互助储备金。欧文的改革措施取得明显的成效，工厂增加利润，工人生活得到改善。1812 年，欧文为宣传自己的改革成就，发表了《关于新拉纳克工厂的报告》，引起欧洲社会的广泛关注。1815 年，欧文在《论工业制度的影响》一书中，呼吁制定改善工人劳动条件的议会法案。经过不断努力，会议终于在 1819 年第一次通过限制工厂中女工和童工劳动日的法案。

　　而他之所以做到这点，只是由于他使人生活在比较合乎人的尊严的环境中，特别是关心成长中的一代的教育。他发明了并且第一次在这里创办了幼儿园。孩子们从两岁起就进幼儿园；他们在那里生活得非常愉快，父母简直很难把他们领回去。

　　【论断】欧文的学前教育理论及实践。

　　为使幼儿得到完善的教育，欧文在新拉纳克工厂建立人类社会上第一个学前教育机关，即专门招收不满 6 岁的儿童学习的幼儿学校。这种学校包括托儿所、幼儿园和游戏场等学前教育机构，为幼儿的成长发育创造良好的环境和条件。欧文的幼儿学校办得非常成功。马克思给予很高的评价："欧文所设计的幼稚园，最初是在新拉纳克创办的。幼稚园接受二岁以上的儿童，他们在幼稚园中，感觉到这样的快乐，以致父母很难把他们领回家去。"

欧文的竞争者迫使工人每天劳动 13—14 小时，而在新拉纳克只劳动 10 小时半。当棉纺织业危机使工厂不得不停工 4 个月的时候，歇工的工人还继续领取全部工资。虽然如此，这个企业的价值还是增加了一倍多，而且直到最后都给企业主们带来大量的利润。

【论断】欧文对工人劳动时间的改革。

资本家和工厂主延长工人的劳动时间，迫使工人每天劳动 13—14 小时，但是在欧文工厂的工人劳动 10 个半小时。当棉纺织业危机使工厂不得不停工时，大部分工厂的工人被迫失业，但是欧文工厂的工人还可以继续领取工资。即使如此，欧文工厂创造的价值还增加了一倍多。

但是欧文并不对这一切感到满足。他给他的工人创造的生活条件，在他看来还远不是合乎人的尊严的；他说，"这些人都是我的奴隶"；他给他们安排的比较良好的环境，还远不足以使人的性格和智慧得到全面的合理的发展，更不用说自由发挥其才能了。

【论断】欧文关于人的全面发展的理论。

欧文主张儿童应当受到全面的教育，以便从事全面的实践活动。人的全面发展不仅包括智、德、体、美几个方面，还包括行的方面。他说，人应该有充分发展的才能，合理利用智、德、体、行的能力。为培养全面发展的人，使儿童具有动手和动脑的能力，欧文提出智育与生产劳动相结合，并主张通过教育的方式，特别是幼儿教育的方式培养全面发展的人。1857 至 1858 年，马克思在《政治经济学批判手稿》明确阐释了人的全面发展的理论。"全面发展的个人——他们的社会关系作为他们自己的共同的关系，也是服从于他们自己的共同的控制的——不是自然的产物，而是历史的产物。要使这种个性成为可能，能力的发展就要达到一定的程度和全面性，这正是以建立在交换价值基础上的生产为前提的，这种生产才在产生出个人同自己和同别人相异化的普遍性的同时，也产生出个人关系和个人能力的普遍性和全面性。"①

"可是，这 2500 人中从事劳动的那一部分人给社会生产的实际财富，仅仅半世纪前还需要 60 万人才能生产出来。我问自己：这 2500 人所消费的财富和以前 60 万人所应当消费的财富之间的差额到哪里去了呢？"②

答案是明白的。这个差额是落到企业所有者的手里去了，他们除了领取 5% 的股息以外，还得到 30 万英镑（600 万马克）以上的利润，新拉纳克尚且如此，英国其他一切工厂就更不用说了。

---

① 《马克思恩格斯文集》第 8 卷，北京：人民出版社 2009 年版，第 56 页。
② 这段话摘自《头脑和实践中的革命——致全体"欧洲红色共和党人、共产主义者和社会主义者"并呈 1848 年法国临时政府以及"维多利亚女王和女王的责任顾问"的备忘录》。——参见《马克思恩格斯文集》第 3 卷，北京：人民出版社 2009 年版，第 535 页。

【**论断**】欧文简单计算资本家对工人剩余价值的占有。

19 世纪初期，2500 人给社会生产创造的实际财富，相当于 50 年前 60 万人创造的社会财富。欧文对此提出问题：2500 人的社会消费远远小于 60 万人的消费，这两者之间的差额去哪了？显然，这个差额是被企业所有者占有了。企业主不仅领取 5% 的股息，而且还得到 30 万英镑以上的利润。新拉纳克工厂就有如此巨大的超额利润，何况英国其他工厂。

"没有这些由机器创造的新财富，就不能进行推翻拿破仑和保持贵族的社会原则的战争。而这个新的力量是劳动阶级创造的。"①

【**论断**】欧文已经认识到劳动阶级的作用。

欧文不仅认识到工业革命创造的社会财富是劳动阶级创造的，而且认识到劳动阶级是可以推翻封建社会的力量。

因此，果实也应当属于劳动阶级。在欧文看来，以前仅仅使少数人发财而使群众受奴役的新的强大的生产力，提供了改造社会的基础，它只应当作为大家的共同财产来为大家的共同福利服务。

---

① 这段话摘自《头脑和实践中的革命——致全体"欧洲红色共和党人、共产主义者和社会主义者"并呈 1848 年法国临时政府以及"维多利亚女王和女王的责任顾问"的备忘录》。——参见《马克思恩格斯文集》第 3 卷，北京：人民出版社 2009 年版，第 535 页。

【论断】欧文关于劳动果实属于劳动阶级的观点。

在欧文看来，资本主义生产方式推动生产力快速发展，提供了改造社会的基础，但仅仅是少数人发财，大多数人受奴役，因此欧文明确提出劳动果实应当属于劳动阶级的思想。

欧文的共产主义就是通过这种纯粹营业的方式，作为所谓商业计算的果实产生出来的。它始终都保持着这种实践的性质。例如，在1823年，欧文提出了通过共产主义移民区消除爱尔兰贫困的办法，并附上了关于筹建费用、每年开支和预计收入的详细计算。

【论断】欧文的空想共产主义方案。

欧文在管理新拉纳克时通过商业计算的方式寻找企业利润的来源，他发现工厂2500名工人所创造的社会财富在大约半个世纪之前需要60万人才能生产出来。但是这2500人所消费的财富与以前60万人所消费的财富之间的差额去哪了？显然是被资本家无偿占有了。欧文将企业利润中的很小一部分用于改善工人的状况，工厂仍然拥有丰厚的和庞大的利润。因此，欧文认为应当建立能够让所有人共享生产力发展的成果的社会制度，这就是他设想的共产主义制度。

而在他的关于未来的最终计划中，他从技术上规定了各种细节，附上了平面图、正面图和鸟瞰图，而这一切都做得非常内行，以致他的改造社会的方法一旦被采纳，则各种细节的安排甚至从专家的眼光看来也很少有什么可以反对的。

【论断】欧文对"劳动公社"的设计蓝图。

欧文从法国唯物主义"环境决定人的性格"的理论主张出发，以"联合劳动、联合消费、联合占有财产与权利均等"为原则，结合他的丰富的管理经验，设计了理想社会的蓝图——以"劳动公社"为细胞的联合体。"劳动公社"实行财产公有制，所有社会成员一律平等，没有贫富差别，每个公社拥有一千至一千五百英亩土地，按照不同专长与年龄组织起来实行集体劳动，每个成员各尽所能。欧文设计了一幅平行四边形的"劳动公社"建设蓝图，中央是会议厅、图书馆、食堂、学校，周围是住宅、医院、仓库，外围是花园，再外围是农场、牧场、工厂等等。

1824年，欧文在美国印第安纳州建立了"哈蒙尼"示范性"劳动公社"，全面推行他的计划，建立没有剥削和压迫、生产资料公有、人们通过集体劳动共同追求幸福的小社会。但是这个公社在资本主义社会无法持续存在，四年后公社被迫解散。

转向共产主义是欧文一生中的转折点。当他还只是一个慈善家的时候，他所获得的只是财富、赞扬、名望和荣

誉。他是欧洲最有名望的人物。不仅社会地位和他相同的
人，而且连达官显贵、王公大人们都点头倾听他的讲话。
可是当他提出他的共产主义理论时，情况就完全变了。

【论断】欧文被欧洲资产阶级上流社会排挤。

欧文在18岁时与人合伙创办棉纺机械厂，29岁时开始
担任苏格兰的新拉纳克大棉纺厂的经理。他在工厂推行了
一系列改善工人劳动与生活状况的举措，赢得工人的赞誉，
得到欧洲达官显贵和社会改良人士的称赞，成为全欧洲著
名的企业家与慈善家。当欧文提出理想的共产主义制度时，
他从一个企业家和慈善家转变为空想社会主义者。这时欧
洲上流社会开始排挤他，英国的官场开始排斥他。

在他看来，阻碍社会改造的首先有三大障碍：私有制、
宗教和现在的婚姻形式。

【论断】欧文提出阻碍社会改造的障碍。

欧文认为，私有制、宗教和婚姻形式是阻碍社会改造
的三大障碍，其中最主要是的私有制。私有制"是人们所
犯的无数罪行和所遭的无数灾祸的原因"，是隔阂、仇视、
欺骗、敲诈、卖淫等各种丑恶现象的根源，也"是各国的
一切阶级之间的纷争的永久根源"。与其他空想社会主义者
相比，欧文更加深刻地揭露资本主义社会的罪恶和虚假。
他用大量事实指出，资本主义制度下的"自由"实际上是
资本家追求利润、剥削工人的自由，而工人只有挨饿的自

由；资本主义制度下的"法律面前人人平等"实际上是维护资本家的利益，工人的利益得不到任何保障。

他知道，当他向这些障碍进攻的时候，他所面临的是什么：官场社会的普遍排斥，他的整个社会地位的丧失。但是，他并没有却步，他不顾一切地向这些障碍进攻，而他所预料的事情果然发生了。

【论断】欧文转向共产主义后被英国上流社会排挤，丧失社会地位，但是他没有后退，而是向这些阻碍发起进攻。

他被逐出了官场社会，受到了报刊的封锁，他由于以全部财产在美洲进行的共产主义试验的失败而变得一贫如洗，于是他就直接转向工人阶级，在工人阶级中又进行了三十年的活动。

【论断】欧文的共产主义试验，以及他在工人阶级中间的活动。

欧文转向共产主义后，被逐出英国官场，被报刊封锁，被逐出英国上流社会。1825 年，欧文带着家人离开英国，在美国印第安纳州花费 3 万英镑购买了 3 万英亩土地，在这里创办了一个共产主义移民区——"新和谐村"，构建自己理想中的乌托邦。他用全部财产在美洲进行共产主义试验，最后试验失败一贫如洗，于是他直接在工人阶级中间开展活动，并且持续了三十年，受到工人阶级的爱戴。

当时英国的有利于工人的一切社会运动、一切实际成就，都是和欧文的名字联在一起的。例如，由于他的五年的努力，在 1819 年通过了限制工厂中女工和童工劳动的第一个法律。

【论断】欧文对英国工人运动的贡献。

1815 年 1 月，欧文在英国格拉斯哥的一次会议上提出了一系列改善童工和成年工人状况的措施，遭到工厂主的反对。根据 1815 年 6 月欧文的倡议提出的法案直到 1819 年 7 月才被议会通过形成法律，而且还大大地打了折扣。调整棉纺厂劳动的法律禁止 9 岁以下的儿童做工，限定 18 岁以下的工人的工作日为 12 小时，规定所有工人有两次工间休息作为早饭和午饭的时间，共一个半小时。

他主持了英国工会的第一次代表大会，在这次大会上全国各工会联合成一个巨大的工会联合会。

【论断】欧文建立了英国工会大联盟。

1833 年 10 月，由欧文主持在伦敦举行了合作者和职工会的代表大会，会上正式成立了大不列颠和爱尔兰全国工会大联盟，联盟的章程于 1834 年 2 月被通过。按照欧文的想法，这个联盟应当把生产管理的权力掌握在自己手中，并且通过和平的途径实现对社会的彻底改造。但是这个空想的计划遭到失败。由于资产阶级社会和国家的强烈反对，该联盟于 1834 年 8 月宣告解散。

同时，作为向完全共产主义的社会制度过渡的措施，一方面他组织了合作社（消费合作社和生产合作社），这些合作社从这时起至少已经在实践上证明，无论商人或厂主都决不是不可缺少的人物；另一方面他组织了劳动市场，在这里，劳动产品借助于以劳动小时为单位的劳动券进行交换。这种市场必然要遭到失败，但是充分预示了晚得多的蒲鲁东的交换银行，而它和后者不同的就是它并没有被描写为医治一切社会病害的万应药方，而只是激进得多的社会改造的第一步。

【论断】欧文提出向完全共产主义社会的过渡措施。

欧文把合作社作为向完全共产主义社会过渡的措施，并且组织了消费合作社和生产合作社，还组织了劳动市场。虽然这种劳动市场必然失败，但是它与蒲鲁东的交换银行不同的地方在于，它不是被描写为医治一切社会病害的万应药方，而只是作为社会改造的第一步。

劳动交换市场，即劳动产品公平交换市场，它是由英国各城市的工人合作社创办的。1832 年 9 月，欧文在伦敦创办第一个劳动交换市场，一直存在到 1834 年。在劳动产品公平交换市场上，劳动产品用以一小时劳动时间为单位的劳动券进行交换。这种在资本主义商品经济条件下，企图不用货币进行交换，并和平过渡到社会主义的乌托邦做法，很快就遭到失败。

蒲鲁东的交换银行是指 1849 年 1 月 31 日蒲鲁东尝试成

立的人民银行。他打算借助这个银行通过和平的途径实现
他的"社会主义",即消灭货币利息,在生产者获得自己劳
动收入的全部等价物的基础上进行没有货币的交换。这个
银行在开始正常业务活动之前就于4月初宣告关闭。

空想主义者的见解曾经长期地支配着十九世纪的社会
主义观点,而且现在还部分地支配着这种观点。法国和英
国的一切社会主义者不久前都还信奉这种见解①,包括魏特
林在内的先前的德国共产主义也是这样。

【论断】空想社会主义在 19 世纪占支配地位。

19 世纪初期空想社会主义者傅立叶、圣西门、欧文的
见解长期支配着 19 世纪的社会主义。法国和英国的社会主
义者不久前还信奉这种见解,包括魏特林在内的先前的德
国共产主义者。魏特林曾被马克思和恩格斯评价为空想社会
主义者,同时恩格斯也认为他是"德国共产主义的创始人"。

对所有这些人来说,社会主义是绝对真理、理性和正
义的表现,只要把它发现出来,它就能用自己的力量征服
世界;因为绝对真理是不依赖于时间、空间和人类的历史

---

① 在 1883 年德文第一版中这句话是:"现在英国的一切社会主义者正热衷于
这种观察方式,而且不久前法国的一切社会主义者就曾热衷于这种观察方
式。"——参见《马克思恩格斯文集》第 3 卷,北京:人民出版社 2009 年
版,第 536 页。

发展的，所以，它在什么时候和什么地方被发现，那纯粹是偶然的事情。

【论断】空想社会主义者对社会主义的抽象理解。

19世纪空想社会主义者把社会主义理解为绝对真理、理性和正义，这是对社会主义的抽象理解。

同时，绝对真理、理性和正义在每个学派的创始人那里又是各不相同的；而因为在每个学派的创始人那里，绝对真理、理性和正义的独特形式又是由他的主观理解、生活条件、知识水平和思维发展程度所决定的，所以，解决各种绝对真理的这种冲突的办法就只能是它们互相磨损。

【论断】各种学派对真理、理性和正义的不同认识。

17世纪及18世纪欧美地区发生了一场思想及文化运动，认为这个宇宙的秩序是可以透过理性来掌握的。人类历史从此展开在思潮和知识的"启蒙"，开启了现代化和现代性的发展历程。

17世纪法国哲学家笛卡儿的理性主义是启蒙运动的思想始祖。他主张用"理性"标准来"怀疑一切"，上帝与宗教教义成为了可怀疑的对象。比埃尔·贝尔把笛卡儿的理性主义用于怀疑宗教和神学，指出教会的虚伪和欺骗，唤醒人们从教会所宣扬的蒙昧主义中解放出来。18世纪中叶，大批启蒙思想家涌现出来，其中最主要的是伏尔泰、孟德斯鸠、卢梭、孔多塞，以及以狄德罗为代表的百科全书派思想家。他们对真理、理性和正义存在着分歧和争论，但是都把理性作为一切现存事物的唯一裁判者。他们由于主观理解、生活条件、知识水平和思维发展程度的不同，形成不同的绝对真理、理性和正义。各种绝对真理、理性和正义往往相互冲突，相互斗争。

由此只能得出一种折衷的不伦不类的社会主义，这种社会主义实际上直到今天还统治着法国和英国大多数社会主义工人的头脑，它是由比较温和的批评意见、经济理论和各学派创始人关于未来社会的观念组成的色调极为复杂的混合物，这种混合物的各个组成部分在辩论的激流中愈是像石子在溪流中一样地磨光其锋利的棱角，这种混合物就愈加容易构成。

【论断】各种学派的真理、理性和正义形成一种折衷的混合的社会主义，这种社会主义是比较温和的批评意见、经济理论和关于未来的观念组成的。

马克思恩格斯在《1844 年经济学哲学手稿》中论述了私有财产和共产主义的关系："粗陋的共产主义者不过是充分体现了这种忌妒和这种从想象的最低限度出发的平均主义。……粗陋的共产主义，不过是私有财产的卑鄙性的一种表现形式，这种私有财产力图把自己设定为积极的共同体。"①马克思恩

① 《马克思恩格斯文集》第 1 卷，北京：人民出版社 2009 年版，第 184—185 页。

格斯在《共产党宣言》中更明确地指出："随着这些早期的无产阶级运动而出现的革命文献，就其内容来说必然是反动的。这种文献倡导普遍的禁欲主义和粗陋的平均主义。"这里的"反动"是指粗陋的共产主义违背历史的潮流，主张禁欲主义与平均主义，反对生产力与社会关系的历史发展，向往原始共产主义。因此，马克思恩格斯明确反对这些"粗陋的共产主义"，因为这种共产主义不仅不能代表先进生产力的发展要求，而且也不能真正代表人民的长远的根本利益。

为了使社会主义变为科学，就必须首先把它置于现实的基础之上。

【论断】社会主义从空想发展到科学的基础。

社会主义从空想发展到科学，必须有现实的基础。恩格斯在该书的第三部分详细阐述了科学社会主义的现实基础。马克思恩格斯在《德意志意识形态》中就曾指出："共产主义对我们来说不是应当确立的状况，不是现实应当与之相适应的理想。我们所称为共产主义的是那种消灭现存状况的现实的运动。这个运动的条件是由现有的前提产生的。"①

---

① 《马克思恩格斯文集》第 1 卷，北京：人民出版社 2009 年版，第 588 页。

二

这时，和十八世纪的法国哲学一起并继它之后，现代德国哲学产生了，而且在黑格尔身上达到了顶峰。它的最大的功绩，就是恢复了辩证法这一最高的思维形式。

【论断】德国古典哲学的最大功绩是恢复辩证法。

18 世纪的法国哲学是人类历史上的第三个启蒙时代。法国哲学将启蒙运动带入新的境界，把人和社会联系起来。他们认识到，人是在社会环境中生活的，只有实现社会改革，才能满足人的欲望，既要有对人的反思，也要有对社会的反思。黑格尔高度评价法国哲学在启蒙思想中的重要位置，"法国哲学比较生动，比较活泼，比较富于机智，简直就是聪明机智本身"[①]；精辟地概括了法国哲学的启蒙意义，"法国哲学有一个反对一切正面的东西的否定方面；它是破坏性的，反对正面的现存事物，反对宗教、习俗、道德、舆论，反对法定的社会状况、国家制度、司法、政体、政治权威、法学权威、宪法，也反对艺术，……它的实质就在于从理性的本能出发，攻击一种腐化变质的状态，攻击那些普遍的、彻底的谎言，例如攻击僵化了的宗教所肯

---

① ［德］黑格尔：《哲学史讲演录》第 4 卷，北京：商务印书馆 1978 年版，第 215 页。

定的东西"①。

恩格斯在这里所说的现代德国哲学是指 18 世纪末 19 世纪上半叶的德国古典哲学。德国古典哲学的创始人为康德，黑格尔为集大成者。德国古典哲学不仅是马克思主义的三个来源之一，而且将传统形而上学推向顶峰，同时黑格尔是第一个对现代性展开批判的哲学家。正如恩格斯所说，德国古典哲学的最重要成就是恢复了作为发展理论、认识论和逻辑理论的辩证法。辩证法是西方哲学的专有名词之一，是指辩证的方法。辩证法在古希腊时期是指持有不同观点的人希望通过合理的讨论来获得真正的知识。在黑格尔哲学中，辩证法研究思维的过程和概念之间的矛盾，这种矛盾是概念间关系中的决定性因素。辩证法包括三个发展阶段：从抽象的一般概念开始，这个概念引起矛盾，矛盾的概念调和于第三个概念中，也就是正—反—合。

古希腊的哲学家都是天生的自发的辩证论者，他们中最博学的人物亚里士多德就已经研究了辩证思维的最主要的形式。

【论断】亚里士多德是古希腊朴素的辩证法的代表。

---

① ［德］黑格尔：《哲学史讲演录》第 4 卷，北京：商务印书馆 1978 年版，第 222 页。

　　古希腊哲学家主要是指泰勒斯①、赫拉克利特②、毕达哥拉斯③、苏格拉底④、柏拉图⑤、亚里士多德⑥、阿基米德⑦。其中，泰勒斯是米利都学派的开创者，被称为古希腊七贤之一。他认为万物由水构成，水是万物之源，万物又复归于水，还宣称"万物中皆有神在"。赫拉克利特是爱菲斯学派的创始人。他的理论以毕达哥拉斯的学说为基础，认为在冲突与对立的背后是某种程度的和谐。他把火作为万物的本原，认为所有东西都是流动的，每件事物都是变化的。他的名言是"人不能两次踏入同一条河流，因为无论是这条河还是这个人都已经不同"。从毕达哥拉斯开始，希腊哲学开始产生了数学的传统，他还用数学研究音律，由此产生的"和谐"概念也对以后的希腊哲学家影响深远。苏格拉底是古希腊第一个提出要用理性和思维去寻找普遍道德的人，提出"美德就是知识"，道德是由理性指导的观

① 泰勒斯（约公元前 624—前 547 或 546），古希腊哲学家，古希腊七贤之一。米利都学派的创始人。
② 赫拉克利特（约公元前 540—前 480），古希腊哲学家，爱菲斯学派的创始人。
③ 毕达哥拉斯（约公元前 580—前 500），古希腊哲学家、数学家和音乐理论家。
④ 苏格拉底（公元前 469—前 399），古希腊哲学家。与他的学生柏拉图，以及柏拉图的学生亚里士多德，并称"希腊三贤"。
⑤ 柏拉图（约公元前 427—前 347），古希腊哲学家，他是苏格拉底的学生，又是亚里士多德的老师。
⑥ 亚里士多德（公元前 384—前 322），古希腊哲学家、科学家和教育家。
⑦ 阿基米德（公元前 287—前 212），古希腊哲学家、数学家、物理学家。

点。苏格拉底在欧洲哲学史上最早提出唯物主义目的论，认为一切都是神所创造与安排的，体现了神的智慧与美，提出"自知自己无知"的命题。柏拉图是西方客观唯心主义的创始人，他提出世界由"理念世界"和"现象世界"所组成，理念世界是真实的存在，是永恒不变的，现实世界是理念世界的影子，并在此基础上提出了一种理念论和回忆说的认识论。亚里士多德总结了泰勒斯以来古希腊哲学的发展，首次将哲学和其它科学区别开来，开创了逻辑学、伦理学、政治学和生物学等学科的独立研究，并把科学分为：（1）理论的科学（数学、自然科学和后来被称为形而上学的第一哲学）；（2）实践的科学（伦理学、政治学、经济学、战略学和修辞学）；（3）创造的科学，即诗学。他的学术思想对西方文化、科学的发展产生了巨大的影响。

恩格斯说古希腊哲学家是天生的自发的辩证论者。这是因为人类对辩证思维的认识有一个从自发到自觉的发展过程。人们在远不知道什么是辩证法之前就已经辩证地思考问题了，但这仅仅是自发的辩证思维。古希腊哲学家对辩证思维的探索，促进了辩证法理论的产生。古希腊哲学家赫拉克利特的"流变说"虽然在当时还没有称为辩证法，但是已经具有客观辩证法的性质。古希腊哲学家芝诺①通过

① 芝诺（约公元前490—前425），古希腊数学家、哲学家。以"芝诺悖论"著称。

一系列关于运动的不可分性的哲学悖论，证明"存在"的永恒真实，被称为"芝诺悖论"①。亚里士多德把这种悖论式的论证方法看作是最初的辩证法，并把芝诺称为辩证法的发明人。亚里士多德在《工具论》中研究了三种真正的推理理论，即分析的必然性推理，辩证的或然性推理，劝说的修辞推理。其中，辩证推理是亚里士多德辩证法的核心，其主要形式是归纳与演绎。

而近代哲学虽然也有辩证法的卓越代表（例如笛卡儿和斯宾诺莎），但是特别由于英国的影响却日益陷入所谓形而上学的思维方式；18世纪的法国人也几乎全都为这种思维方式所支配，至少在他们的专门哲学的著作中是如此。

【论断】形而上学的思维方式逐渐在近代哲学中占支配地位。

近代西方哲学是指15世纪中期至19世纪40年代的西方哲学，大致可以分为三个时期：一是由中世纪到近代的过渡期，即15世纪至16世纪的"文艺复兴"时期；二是17世纪至18世纪末，近代哲学主要集中在主体与客体的关系，思维与存在的统一等问题上，真正的近代哲学是从这

---

① 这些悖论由于被亚里士多德记录在《物理学》一书中而广为人知。其中最著名的两个是"阿基里德跑不过乌龟"和"飞矢不动"。

里开始的；三是自 18 世纪末的康德哲学起，近代哲学进入
了晚期，也就是德国古典哲学时期。17 世纪至 18 世纪的近
代西方哲学，是以培根、笛卡儿、斯宾诺莎、狄德罗和卢
梭等英国和法国哲学家为代表，即 17 世纪的英国经验主义
和 18 世纪的法国启蒙运动。

　　笛卡儿①是西方现代哲学思想的奠基人，是近代唯物论
的开拓者，黑格尔称他为"现代哲学之父"。笛卡儿提出了
普遍怀疑的主张，开拓了所谓"欧陆理性主义"哲学。笛
卡儿哲学的最大有趣之处来自他的方法。笛卡儿十分留意
被普遍接受的大量错误的概念，决定要达到恢复真理的目
的，就须得从零开始做起。因此开始怀疑老师教给他的一
切，包括所有最崇高的信仰，所有的常识观念，甚至外部
世界的存在，连同自己的存在。这自然就引出了一个问题：
怎样才能消除如此普遍的怀疑来获得一切事物的可靠知识
呢？笛卡儿用形而上学观点进行了一系列创造性的推论，
证明出使自己满意的结果：由于自己的存在（我思我在），
上帝才存在，外部世界才存在，这就是笛卡儿学说的起点。
恩格斯对笛卡儿在数学上的贡献给予高度评价，他在《自
然辩证法》中说："数学中的转折点是笛卡儿的。"

　　斯宾诺莎②是西方近代哲学史上重要的欧陆理性主义

---

① 笛卡儿（1596—1650），法国著名哲学家、数学家、物理学家。
② 斯宾诺莎（1632—1677），荷兰哲学家。与法国的笛卡儿和德国的莱布尼
　　茨齐名。

者。他认为宇宙间只有一种实体，即作为整体的宇宙本身，而上帝和宇宙就是一回事。他的这个结论是基于一组定义和公理，通过逻辑推理得来的。斯宾诺莎的上帝不仅仅包括了物质世界，还包括了精神世界。他认为人的智慧是上帝智慧的组成部分。上帝通过自然法则来主宰世界，所以物质世界中发生的每一件事都有其必然性；世界上只有上帝是拥有完全自由的，而人虽可以试图去除外在的束缚，却永远无法获得自由意志。如果我们能够将事情看作是必然的，那么我们就愈容易与上帝合为一体。因此，斯宾诺莎提出我们应该"在永恒的相下"看事情。

恩格斯把斯宾诺莎作为西方近代哲学中辩证法的卓越代表，这是因为在斯宾诺莎的哲学学说中有辩证法的思想。苏联哲学家 И. С. 纳尔斯基总结了斯宾诺莎学说中的辩证内容：一是斯宾诺莎对"实体"的划分具有辩证的性质，他把实体"一分为二"，即产生自然的自然和被自然产生的自然，两个自然的这种对立具有真正辩证的性质，双方存在并互相否定，双方相互制约并同时构成一种统一性。二是斯宾诺莎的"实体、属性和自因"等概念具有辩证的意义，他把实体的属性和实体本身无条件地区别开来，同时又认为属性为实体所固有，实体通过属性实现和展现出来。三是斯宾诺莎关于自由和必然的论述是辩证的，这也是他的辩证法问题的中心点，他提出人的自由是被人所认识并加以遵行的必然性的问题，即"自由是被认识了的必然性"。① 虽然斯宾诺莎哲学中有比较丰富的辩证法思想，但是在他的哲学体系中也有形而上学的思维方式，也就是说他还不是一位自觉的辩证法家。这与恩格斯称他为近代哲学中的"辩证法的卓越代表"是否矛盾呢？马克思为我们正确认识这个问题提供了答案，他在 1858 年 5 月 31 日致斐·拉萨尔的信中写道，"在那些赋予自己的著作以系统的形式的哲学家如像斯宾诺莎那里，他的体系的实际的内部结构同他自觉地提出的体系所采用的形式是完全不同的"②。也就是说，斯宾诺莎哲学的内部结构是以丰富多彩的自然为研究对象，但他的哲学学说又被装入一个严谨的形而上学体系，这就是他的哲学中既有辩证法又有形而上学的思维方式的原因。"就外部的旧形而上学体系方面而言，他的哲学中确实有一些属于形而上学思维方法的东西；而就实际的内部结构方面而言，他的哲学中又确实有丰富的辩证法思想。"③ 因此，总的来说，斯宾诺莎确实可以说是近代哲学中辩证法的卓越代表。

可是，在本来意义的哲学之外，他们也能够写出辩证

---

① 参阅 И. С. 纳尔斯基：《斯宾诺莎著作中的辩证法问题》，张惠秋译，载《世界哲学》，1980 年第 1 期。
② 《马克思恩格斯全集》第 29 卷，北京：人民出版社 1972 年版，第 540 页。
③ 谭鑫田：《论斯宾诺莎哲学中的辩证法思想及其和形而上学的矛盾》，载《文史哲》，1982 年第 2 期。

法的杰作；我们只要提一下狄德罗的《拉摩的侄子》和卢梭的《论人类不平等的起源》就够了。——在这里，我们来简略地谈谈这两种思维方法的实质。

【论断】狄德罗和卢梭的思想区别。

狄德罗①的哲学思想既反映形而上学的思维方式，又夹杂着一些辩证法的因素。1749 年发表的《论盲人书简》充分表述了他的唯物主义思想。狄德罗把世界设想为一个只有时间、空间与物质的大系统：物质本身具有活力，能够自行运动，不需要它以外的神秘力量参与；运动是物质的一种属性，物质与运动不可分割的联系造成绚丽多彩的大千世界，这个世界是统一的，统一于物质；由于物质不断运动，永远处于变化的过程中，所以新鲜的事物层出不穷；所有的事物都相互联系，联系与统一具有内在的逻辑上的蕴涵关系。在狄德罗的自然观中，含有转化的观念。他肯定自然事物可以相互转化，转化还涉及事物质的变化。但狄德罗的自然观仍然存在形而上学倾向。他把一切变化都归结为"纯粹数量增长"，把自然中的因素看作是一成不变的，由元素组合的事物，通过嬗变而彼此交替，只能形成循环的局面。狄德罗的对话《拉摩的侄子》写成于 1762 年前后，后又经作者修改了两次。最初由歌德翻译的德译本

---

① 狄德罗（1713—1784），法国启蒙思想家、唯物主义哲学家、作家、百科全书派的代表人物。

于 1805 年在莱比锡出版。第一个法译本被收入 1821 年巴黎版《狄德罗轶文集》，该文集实际上 1823 年才出版。

卢梭①之前的近代哲学家大多相信人类在进入社会之前有一个自然状态，并把自然状态向社会状态的过渡当作历史的进步。卢梭也把人类历史划分为自然状态和社会状态，并把自然状态作为社会政治学说的出发点。他的自然状态说与其说是历史事实，不如说是为了阐明人的本性和正确地判断人们现在所处的状态而采取的一种理论假设。他使用抽象分析的方法，从"人所形成的人性"，即既成的人性事实中，剔除人的社会性，剩下的就是人的自然本性。经过这样的抽象，他能够透过丑恶的现实和社会的罪恶，追溯到自然状态中的人的善良本性。

卢梭的社会政治哲学所追求的最高目的是人的自由和平等。《论人类不平等的起源》的主题是探讨不平等的起源和基础，《社会契约论》则提出了实现社会平等的理想。前者的终点是后者的起点：专制被暴力推翻后，人们面临的问题是如何在社会中达到新的平等。卢梭说可能的道路有三条：一是回到自然状态，二是通过暴力革命废除一切不平等的根源，三是用社会契约来保证社会平等。第一条道

① 让-雅克·卢梭（1712—1778），法国 18 世纪启蒙思想家、哲学家、教育家、文学家、民主政论家和浪漫主义文学流派的开创者，启蒙运动代表人物之一。主要著作有《论人类不平等的起源和基础》《社会契约论》《爱弥儿》《忏悔录》《新爱洛伊丝》等。

路是不可行的，返归自然状态的道路已经被人们遗忘；第二条道路也走不通，因为暴力只能打破，而不能产生新的权力。那么只能用契约作为人间一切合法权力的基础。鉴于历史上的契约是以牺牲人的自由平等为代价的，所以卢梭创立一种真正合法的契约来取代它。

恩格斯称赞卢梭是18世纪为数不多的辩证法家，对卢梭这本书予以高度的评价，"《论人类不平等的起源和基础》是运用辩证法分析人类历史运动的原因的一次光辉的尝试"[①]。恩格斯对卢梭的评价为马克思主义后继者研究卢梭思想奠定了基础。1912年，在纪念卢梭两百周年诞辰时，普列汉诺夫在《同时代人》杂志上发表的《让-雅克·卢梭和他的人类不平等起源的学说》一文中称卢梭"是18世纪法国文学最卓越的一位代表人物"，"是一个天才的作家"[②]，认为卢梭关于人类不平等起源的学说的本质在于，"一旦人类在自己生产力发展的道路上向前走了稍微巨大的几步以后，自然状态中占统治地位的平等关系就受到了破坏，而在这条道路上每迈出新的一步，都导致了不平等的新的扩大"[③]。普列汉诺夫强调了卢梭在唯物史观发展史上的卓越地位，

---

① 《马克思恩格斯全集》第20卷，北京：人民出版社1971年版，第23页。

② ［俄］普列汉诺夫：《论一元论历史观的发展问题》，王荫庭译，北京：商务印书馆2012年版，第307页。

③ ［俄］普列汉诺夫：《论一元论历史观的发展问题》，王荫庭译，北京：商务印书馆2012年版，第344页。

"卢梭的伟大的理论功绩就在于，他不满意 18 世纪盛行的对文明发展过程的唯心主义观点，而企图从不是思维决定存在而是存在决定思维的那个唯物主义原理的观点来看这个过程"①。

当我们深思熟虑地考察自然界、人类历史或我们的精神活动的时候，首先呈现在我们眼前的是一幅由种种联系和相互作用无穷无尽地交织起来的画面，其中没有任何东西是不动的和不变的，而是一切都在运动、变化、产生和消失。

【论断】运动是物质的根本属性。

运动是物质的存在形式及其固有属性。它包括宇宙间所发生的一切变化和过程，从简单的位置变动到复杂的人类思维。

所以我们首先看到的是总的画面，其中各个细节还或多或少地隐在背景中，我们注意得更多的是运动、转变和联系，而不是什么在运动、转变和联系。这个原始的、素朴的但实质上正确的世界观是古希腊哲学的世界观，而且是由赫拉克利特第一次明白地表述出来的：一切都存在，

---

① ［俄］普列汉诺夫：《论一元论历史观的发展问题》，王荫庭译，北京：商务印书馆 2012 年版，第 346 页。

同时又不存在，因为一切都在流动，都在不断地变化，不断地产生和消失。

【论断】古希腊朴素的辩证法。

大约于公元前550年，古希腊思想家们尝试借助独立和理性的思想从自然角度解释世界，标志着古希腊哲学的诞生。大致可以划分为三个阶段：

第一时期随着众多思想家的同时涌现而开始，其共同点在于，他们——摆脱了神学观念的束缚之后——都试图去寻找宇宙的本原。我们称这一思潮为古代自然哲学。属于这一思潮的首先是毕达哥拉斯，他的思想带有神秘色彩，他试图用数来解释万物。其次是自然哲学的年轻学派，他们的目的是共同的，出发点都在于揭示自然界的奥秘，在这个意义上说，他们都是自然哲学家。从方法上来说，由于他们是用一种"纯朴"的态度认识世界，这就是说他们还不能用批判的眼光理性地看待问题，就此而言他们是独断主义的。概括起来，人们称这一时期的哲学家是"前苏格拉底哲学家"，因为他们都是在苏格拉底出现以前从事哲学思考的。这一较早的时期大约从公元前600年一直持续到公元前4世纪初。

第二个时期是古希腊的智者学派。他们揭示了此前的哲学家们思想中的矛盾，指出了他们的不足之处，同时，他们也为希腊文明中诞生出的三个伟大思想家的出现铺平了道路：苏格拉底、柏拉图、亚里士多德。古希腊哲学在他们那里达到了空前的鼎盛时期。我们所熟悉的哲学分支在那时都已经出现了：逻辑学、形而上学、伦理学、自然哲学、社会哲学、美学、教育学。希腊哲学的这一真正的繁荣时期——其中心位于雅典，因而也被称为阿提卡文化中心——开始于公元前五世纪中期智者学派的出现，直到公元前332年亚里士多德去世而结束。

第三个时期开始于亚里士多德之死，一直持续到公元后，希腊哲学逐渐走向衰落和终结。其明显的特征是，这一时期的哲学家们对自然的研究兴趣已经减退。首先产生重要影响的是斯多葛派和伊壁鸠鲁派。他们的主要兴趣都放在了人的身上，放在了伦理学研究上。同一时期出现的怀疑论者也是如此。后来产生的所谓折中派是所有这些体系的一种混合。在公元后的初期，柏拉图思想与东方的宗教因素混合在一起形成了新柏拉图主义。这个时期的哲学也被称为后亚里士多德哲学。公元6世纪，作为一种独立现象的希腊哲学逐渐退出了历史舞台。

古希腊哲学是在对原始宗教和神话否定的基础上产生的，其主要目的是说明世界存在与发展的原因和规律，也是人类早期对科学的认识。在古希腊哲学产生之初，并没有"世界观"的概念，但是"世界观"一直内含在所有早期古希腊哲学理论之中。这种世界观是通过反思的方式理解世界的本原，试图从根本上解释人与存在的关系。正如恩格斯所说，古希腊哲学的世界观是"原始的""朴素的"，但实质上是"正确的",因为它在西方哲学中第一次表达了联系、变化和运动的思想。最为典型的就是赫拉克利特的"流变说",他把火看作世界的本原,万物生自火,复归于火,火是万物变化生灭的活力之源,从而将米利都学派①推进到一个新境界,展示了一幅较完整的朴素辩证法的世界图景。米利都学派不是用古代的希腊神话而是用观察到的事实来解释世界,可以说是最早的朴素的唯物主义。

但是,这种观点虽然正确地把握了现象的总画面的一般性质,却不足以说明构成这幅总画面的各个细节;而我们要是不知道这些细节,就看不清总的画面。

【论断】古希腊辩证法的历史局限性。

由于历史的局限,古代朴素辩证法对事物的运动变化只能在直观经验的基础上从总体上作一般性的描述,对事物本质的认识肤浅、笼统,对世界的各部分及其相互联系了解甚少,是直观的、粗浅的和朴素的;但是不知道事物本质的细节,不知道世界的各部分之间的相互联系。

古希腊哲学在公元5世纪随着西罗马帝国的瓦解逐渐衰落。在日耳曼人征服罗马的过程中,基督教得到了保全,成为中世纪封建社会占统治地位的意识形态。西方哲学也

---

① 米利都学派的创始人是古希腊第一位哲学家泰勒斯,之后的代表人物是阿纳克西曼德和阿纳克西美尼。

进入中世纪哲学时期。神与人、天国与世俗、信仰与理性的关系问题成为中世纪哲学探讨的主要问题。

为了认识这些细节，我们不得不把它们从自然的或历史的联系中抽出来，从它们的特性、它们的特殊的原因和结果等等方面来逐个地加以研究。

【论断】研究方法。

恩格斯提出研究细节的方法，也就是把它们从自然的或历史的联系中抽出来，研究它们的特性、特殊的原因和结果。

这首先是自然科学和历史研究的任务；而这些科学部门，由于十分明显的原因，在古典时代的希腊人那里只占有从属的地位，因为他们首先必须为这种研究搜集材料。只有当自然和历史的材料搜集到一定程度以后，才能进行批判的分析和比较，并相应地进行纲、目和种的划分。

【论断】自然科学和历史研究的任务。

自然科学和历史研究在古典时代的希腊人那里只占从属地位，他们首先必须搜集材料，在充分搜集材料的基础上，进行批判的分析和比较，进行划分。

因此，精确的自然研究只是在亚历山大里亚时期的希腊人那里才开始，而后来在中世纪由阿拉伯人继续发展下去；可是真正的自然科学只是从十五世纪后半期才开始，从这时起它就获得了日益迅速的进展。

【论断】自然研究的发展过程。

亚历山大时期指公元前3世纪到公元7世纪时期。这个时期因埃及的一个港口城市亚历山大里亚（位于地中海沿岸）成了当时国际经济关系最大中心之一而得名。在这一时期，许多科学，如数学和力学（欧几里得和阿基米德）、地理学、天文学、解剖学、生理学等等，都获得了很大的发展。

把自然界分解为各个部分，把自然界的各种过程和事物分成一定的门类，对有机体的内部按其多种多样的解剖形态进行研究，这是最近四百年来在认识自然界方面获得巨大进展的基本条件。

【论断】近代哲学研究自然的方法。

近代哲学研究自然的方法是把自然界分解为各个部分，把自然界的各种过程和事物进行分类，对有机体的内部进行研究，恩格斯认为这是近代哲学认识自然获得巨大进步的基本条件。

但是，这种做法也给我们留下了一种习惯：把自然界的事物和过程孤立起来，撇开广泛的总的联系去进行考察，因此就不是把它们看作运动的东西，而是看作静止的东西；

不是看作本质上变化着的东西，而是看作永恒不变的东西；不是看作活的东西，而是看作死的东西。这种考察事物的方法被培根和洛克从自然科学中移到哲学中以后，就造成了最近几个世纪所特有的局限性，即形而上学的思维方式。

【论断】形而上学唯物主义的局限性。

恩格斯从联系、运动、变化和发展几个方面说明了形而上学唯物主义的局限性。形而上学唯物主义把自然界的事物和过程割裂开来，忽视事物和过程之间的联系，没有认识到事物和过程是变化的、发展的，而是把它们看作静止的、僵死的。这种考察事物的方法就是培根的科学归纳法和洛克的经验主义，这也是近代形而上学思维方式的局限性。

形而上学唯物主义有广义和狭义之分，广义上是指用形而上学观点解释宇宙的唯物主义哲学；狭义上是指西方哲学史上的第二种唯物主义形态，也就是16—18世纪的唯物主义哲学。形而上学唯物主义亦称机械唯物主义，是指以孤立的、静止的、片面的观点解释自然界和认识论问题的哲学学派，以17、18世纪西欧形而上学唯物主义为典型。

形而上学唯物主义承认世界是物质的，在反对唯心主义和宗教神学的斗争中起过积极作用。例如英国唯物主义哲学家霍布斯认为，哲学的对象是客观存在的物质实体，物体是不依赖于人们思想的东西，它是世界上一切变化的基础。世界上除了具有广延的物体之外，不存在其它任何东西。从这一观点出发，他论证了世界的物质统一性，批判了宗教神学和笛卡儿的二元论。形而上学唯物主义虽然包含某些辩证法因素，但是它否认自然界是相互联系的统一整体，否认事物内部因矛盾而引起的发展变化，认为自然界和人类社会没有质变，没有飞跃，只有量的增减或位置的变化。形而上学唯物主义不了解认识对实践的依赖关系，把认识看作是直观的、消极的和被动的反映，把抽象的理性、天性和感性等社会意识当成社会发展的决定力量。

　　形而上学唯物主义具有四个特点：一是机械性，它把一切运动归结为机械运动，企图用力学的观点解释一切现象，甚至把人和动物都看成受力学规律支配的机器，因此形而上学唯物主义也称机械唯物主义；二是形而上学性，它把一切事物都看作是彼此孤立的，在本质上是不发展变化的；三是直观性，它对待世界和认识缺乏实践的观点；四是不彻底性，它只在自然观上坚持唯物主义，在历史观上陷入唯心主义，把精神看成是社会发展的决定力量。因此，形而上学唯物主义是二元论，既唯物又唯心，所以它存在唯心史观和二元论的局限。同时机械性也是它的一个局限。但是形而上学唯物主义坚持唯物主义的可知论，所以不可知论并不是它的局限。因此，形而上学唯物主义的主要局限有：二元论、机械性，以及唯心史观。

　　弗朗西斯·培根①在《新工具》中把实验和归纳看作相辅相成的科学发现的工具，认为科学研究应当以观察和实验为基础，看到了实验对于揭示自然奥秘的作用，在此基础上提出了科学归纳法。他认为，归纳法是从事物中找出公理和概念的妥当方法，同时也是进行正确思维和探索真理的重要工具。培根提出的归纳法，与简单的枚举归纳不同，而是一种排除式的归纳法，也就是用适当拒绝和排斥的方法来分析自然，然后在得到足够数目的反面例证之后，再根据正面例证得出结论。培根科学归纳法的特点在于，通过查阅存在表、缺乏表和程度表，利用排除法逐步排除外在的、偶然的联系，提纯出事物之间内在的、本质的联系。总之，培根归纳法就是从观察和实验的事实材料出发，通过排斥法来发现周围现实的各种现象之间的因果关系。

　　约翰·洛克②是英国经验主义的开创者，他认为人类所有的思想和观念都来自或反映了人类的感官经验，将"自我"定义为"会以意识思考的东西，这种东西是可以进行感觉的，会感觉到快乐或痛苦、幸福或不幸，而其意识延伸的程度，便是其自我所关心的程度"，也就是说"自我"

---

① 弗朗西斯·培根（1561—1626），第一代阿尔本子爵，英国唯物主义哲学家，实验科学的创始人，是近代归纳法的创始人，又是给科学研究程序进行逻辑组织化的先驱。主要著作有《新工具》《论科学的增进》《学术的伟大复兴》等。

② 约翰·洛克（1632—1704），英国哲学家。英国最早的经验主义者之一，被广泛认为是最有影响力的启蒙思想家之一并被俗称为"自由主义之父"。

是一种在体内的自我察觉，以及自我意识的反射。洛克在
《人类理解论》中解释了这种意识灵魂的发展过程，他批评
了圣奥古斯丁派的人生下来皆有原罪的理论，也批评了笛
卡儿的人生下来皆有基本逻辑知识的理论。洛克认为人的
心灵一开始时就像一块白板，而向它提供精神内容的是经
验，即他所谓的观念。他把观念分为两种：感觉的观念和
反思的观念。

在形而上学者看来，事物及其在思想上的反映，即概
念，是孤立的、应当逐个地和分别地加以考察的、固定的、
僵硬的、一成不变的研究对象。他们在绝对不相容的对立
中思维；他们的说法是："是就是，不是就不是；除此以
外，都是鬼话"①。

【论断】形而上学唯物主义的错误观点。

形而上学唯物主义是唯物主义发展的第二个阶段，也
称为近代机械唯物主义，主要以17—18世纪的西欧唯物主
义哲学为代表。形而上学唯物主义具有四个局限性：第一
是机械性，它把一切运动归结为机械运动，企图用力学的
观点解释一切现象，甚至把人和动物都看成受力学规律支
配的机器；第二是形而上学性，它把一切事物都看作是彼

---

① "是就是，不是就不是；除此以外，都是鬼话"，这句话源于《新约全书·
马太福音》第5章第37节。——参见《马克思恩格斯文集》第3卷，北
京：人民出版社2009年版，第540页。

此孤立的、在本质上是不发展变化的；第三是直观性，它对待世界、认识，都缺乏实践的观点；第四是不彻底性，它只在自然观上坚持唯物主义，在历史观上则陷入唯心主义，把精神看成是社会发展的决定力量。

在他们看来，一个事物要么存在，要么就不存在；同样，一个事物不能同时是自己又是别的东西。正和负是绝对互相排斥的；原因和结果也同样是处于固定的相互对立中。

【论断】形而上学唯物主义的错误观点。

形而上学唯物主义割裂事物之间的联系，不能辩证地认识事物的本质，把事物的两极（正和负）对立起来，不能认识到矛盾的对立统一性，把原因和结果也对立起来，不能认识到原因和结果之间的辩证关系。

初看起来，这种思维方式对我们来说似乎是不言而喻的，因为它是合乎所谓常识的。然而，常识在它自己的日常活动范围内虽然是极可尊敬的伴侣，但它一跨入广阔的研究领域，就会有最惊人的遭遇。

【论断】形而上学思维方式对研究的有害影响。

形而上学思维方式通常潜移默化地影响人，因为它表面上合乎常识。常识就是一般人所应具备且能了解的知识，也就是一个生活在社会中的心智健全的成年人所应该具备的基本知识，包括生存技能、基本劳作技能、基础的自然科学以及人文社会科学知识等。常识在日常活动范围内是人所必要的，对人有益的，但是一旦用僵硬、孤立的固定化思维方式去研究自然界、社会和人，将会得出错误的结论。

形而上学的思维方式，虽然在相当广泛的、各依对象的性质而大小不同的领域中是正当的，甚至必要的，可是它每一次都迟早要达到一个界限，一超过这个界限，它就要变成片面的、狭隘的、抽象的，并且陷入不可解决的矛盾，因为它看到一个一个的事物，忘了它们互相间的联系；看到它们的存在，忘了它们的产生和消失；看到它们的静止，忘了它们的运动；因为它只见树木，不见森林。例如，在日常生活中，我们知道，并且可以肯定地说某种动物存在还是不存在；但是在进行较精确的研究时，我们就发现这有时是极其复杂的事情。这一点法学家们知道得很清楚，他们绞尽脑汁去发现一条判定在子宫内杀死胎儿是否算是谋杀的合理界限，结果总是徒劳。

【论断】形而上学思维方式的缺陷。

形而上学思维方式虽然在一定领域是必要的，但是一旦超过这个领域的界限就会变成片面的、狭隘的、抽象的，就会陷入不可解决的矛盾中。因为它看到了一个一个事物，却忽视事物之间的联系；看到了事物的存在，却忽视事物的产生和消灭；看到了事物静止的状态，却忽视事物之间的变化和发展，也就是只见树木，不见森林。我们在日常生活中可以肯定地说某种动物是否存在，某件事是否正确，但是这在科学研究中有时是非常复杂的事情，例如，法学家至今无法判定堕胎是否合法。

同样，要确定死的时刻也是不可能的，因为生理学证明，死并不是突然的、一瞬间的现象，而是一个很长的过程。同样，任何一个有机体，在每一瞬间都是它本身，又不是它本身；在每一瞬间，它同化着自外界供给的物质，并排泄出另一种物质；在每一瞬间，它的机体中都有细胞在死亡，也有新的细胞在形成；经过或长或短的一段时间，这个机体的物质便完全更新了，由其他物质的原子代替了，所以，每个有机体永远是它本身，同时又是别的东西。

【论断】辩证法的思维方式。

这段话是恩格斯对辩证法思维方式的说明。从生理学来看，"死"不是突然的、一瞬间的现象，而是一个很长的过程，因此无法确定"死"的时刻。从有机体来看，任何一个有机体都是变化的，在每一个时刻都是不同的，在每一个时期都在生长，经过一段时间，这个有机体就会完全更新，成为新的物质。因此，每个有机体永远是它本身，又同时是其他东西。

在进行较精确的考察时，我们也发现，某种对立的两极，例如正和负，是彼此不可分离的，正如它们是彼此对立的一样，而且不管它们如何对立，它们总是互相渗透的；同样，原因和结果这两个观念，只有在应用于个别场合时才有其本来的意义；可是只要我们把这种个别场合放在它和世界整体的总联系中来考察，这两个观念就汇合在一起，融化在普遍相互作用的观念中，在这种相互作用中，原因和结果经常交换位置；在此时或此地是结果的，在彼时或彼地就成了原因，反之亦然。所有这些过程和思维方法都是形而上学思维的框子所容纳不下的。

【论断】辩证思维的特点。

恩格斯用具体的例子来说明辩证思维的特点，比如对立的两极——正和负，它们是彼此对立的，但又彼此是不可分离的，互相渗透的。原因和结果这两个概念在个别情况下才具有本来的意义，它们汇合在世界整体的总联系中，融合在普遍相互作用的观念中，它们是变化的，在此时或此地是原因，在彼时或彼地就成了结果，反之亦然。因此，辩证思维与形而上学思维是相对立的。

相反地，对辩证法来说，上述过程正好证明了它自己的方法是正确的，因为辩证法在考察事物及其在头脑中的反映时，本质上是从它们的联系、它们的连结、它们的运动、它们的产生和消失方面去考察。

【论断】唯物辩证法的特点。

马克思恩格斯把辩证法看作客观世界本身所固有的规律，把思维中的辩证法视为客观规律在人的头脑中的自觉反映，指明主观辩证法是客观辩证法的反映，论证了辩证法的规律是来源于客观现实，而不是来自主观精神或绝对观念。从而使"辩证法"概念在唯物主义基础上获得了真正科学的内容，使"辩证法"在历史发展中第一次取得了真正科学的形态。

唯物辩证法是以自然界、人类社会和思维发展最一般规律为研究对象，是辩证法思想发展的高级形态。联系和发展是唯物辩证法的总特征。唯物辩证法用普遍联系的观点看待世界和历史，指出世界是一个有机联系的整体，世界上的一切事物都处于相互影响、相互作用、相互制约之中，反对以片面或孤立的观点看问题。唯物辩证法指出世界处于永恒发展的过程中，世界上没有永恒的事物，有生必有灭，无灭必无生；旧事物灭亡的同时，就意味着新事物的产生。

自然界是检验辩证法的试金石，而且我们必须说，现代自然科学为这种检验提供了极其丰富的、与日俱增的材料，并从而证明了，自然界的一切归根到底是辩证地而不是形而上学地发生；自然界不是循着一个永远一样的不断重复的圆圈运动，而是经历着实在的历史。

【论断】辩证法与现代自然科学的关系。

自然科学是研究自然界的物质形态、结构、性质和运动规律的科学，包括数学、物理、化学、天文学、地球科学、生命科学等。它不仅是巨大的生产力，推动经济的发展，而且对人类思想文明的进步起着巨大的推动作用。

现代自然科学是在宏观研究与微观研究的相互促进中不断发展的，高度的分化与高度的综合是现代科学发展的一个重要的特点。现代自然科学为辩证法的研究提供了丰富的材料，并且证明了自然界的一切事物和过程都是变化的、运动的和发展的。

这里首先就应当指出达尔文，他极其有力地打击了形而上学的自然观，因为他证明了今天的整个有机界，植物和动物，因而也包括人类在内，都是延续了几百万年的发展过程的产物。

【论断】达尔文在科学上的功绩。

1859 年，达尔文在《物种起源》中提出生物进化论学说，从而摧毁了各种唯心的神造论和物种不变论。恩格斯将"进化论""细胞学说""能量守恒定律"列为 19 世纪自然科学的三大发现。达尔文的生物进化论的核心是自然选择原理：生物都有繁殖过剩的倾向，而生存空间和食物是有限的，所以生物必须"为生存而斗争"。在同一种群中

的个体存在着变异，那些具有能适应环境的有利变异的个
体将存活下来，并繁殖后代，不具有有利变异的个体就被
淘汰。如果自然条件的变化是有方向的，则在历史过程中，
经过长期的自然选择，微小的变异就得到积累而成为显著
的变异。由此可能导致亚种和新种的形成。

可是，因为学会辩证地思维的自然科学家到现在还屈
指可数，所以，现在统治于理论自然科学中并使教师和学
生、作者和读者都同样感到绝望的那种无限混乱的状态，
完全可以从已经达到的成果和传统的形而上学思维方式之
间的这个冲突中得到说明。

【论断】形而上学思维方式与现代自然科学成就的
冲突。

恩格斯在《反杜林论》《自然辩证法》等著作中用唯物
辩证法的观点和方法对欧洲文艺复兴以来的自然科学重要
成就，特别是 19 世纪自然科学的三大发现作了科学总结。
恩格斯论述了自然科学与哲学的关系，特别强调自然科学
的发展对人类思维方式的促进作用："推动哲学家前进的，
决不像他们所想象的那样，只是纯粹思想的力量。恰恰相
反，真正推动他们前进的，主要是自然科学和工业的强大
而日益迅猛的进步。"恩格斯说，"由于三大发现和自然科
学的其他巨大进步，我们现在不仅能够指出自然界中各个
领域内的过程之间的联系，而且总的说来也能指出各个领

域之间的联系，这样我们就能够依靠自然科学本质所提供的事实，以近乎系统的形式描绘出一幅自然界联系的清晰画面。"恩格斯指出，自然科学家离开了思维便不能前进一步，因此自然科学家要掌握"一种建立在通晓思维的历史和成就的基础上的理论思维的形式"。

因此，要精确地描绘宇宙、宇宙的发展和人类的发展，以及这种发展在人们头脑中的反映，就只有用辩证的方法，只有经常注意产生和消失之间，前进的变化和后退的变化之间的普遍相互作用才能做到。

【论断】运用辩证的方法。

只有运用辩证的方法，才能精确地描绘宇宙、宇宙的发展和人类的发展，以及这种发展在人们头脑中的反映。辩证的方法要求经常关注产生和消灭之间的变化，前进和后退的变化，以及它们之间普遍的相互作用。

现代德国哲学一开始就是以这种精神进行活动的。康德一开始他的科学生涯，就把牛顿的稳定的和自从有名的第一次推动作出以后就永远如此的太阳系变成了历史的过程，即太阳和一切行星由旋转的星云团产生的过程。

【论断】现代德国哲学的精神运动。

现代德国哲学从一开始就是以精神进行活动。康德的星云说否定了牛顿的神秘的"第一推动力"，第一次提出了自然界是不断发展的辩证观点，打破了形而上学的僵化的自然观。

　　同时，他已经作出了这样的结论：太阳系的产生也预示着它将来的不可避免的灭亡。过了半个世纪，他的观点由拉普拉斯从数学上作出了证明；又过了半个世纪，分光镜证明了，在宇宙的空间存在着凝聚程度不同的炽热的气团。

【论断】康德关于太阳系的结论。

康德关于太阳系的结论是：太阳系的产生预示着它将来的不可避免的灭亡。半个世纪后，拉普拉斯从数学上证明了康德观点。又过了半个世纪，分光镜证明了，在宇宙的空间存在着凝聚程度不同的炽热气团。

　　这种现代德国哲学在黑格尔的体系中达到了顶峰，在这个体系中，黑格尔第一次——这是他的巨大功绩——把整个自然的、历史的和精神的世界想象为一个过程，即想象它是处在不断的运动、变化、改造和发展中，并企图揭示这种运动和发展的内在联系。

【论断】黑格尔哲学体系的功绩。

黑格尔是德国古典哲学的集大成者。在这个体系中，黑格尔第一次把整个自然的、历史的和精神的世界想象为处在不断的运动、变化、改造和发展中，并力图揭示这种运动和发展的内在联系。

从这个观点看来，人类的历史已经不再是乱七八糟的一堆统统应当被这时已经成熟了的哲学理性的法庭所唾弃并尽快被人遗忘的毫无意义的暴力行为，而是人类本身的发展过程，而思维的任务现在就在于通过一切迂回曲折的道路去探索这一过程的依次发展的阶段，并且透过一切表面的偶然性揭示这一过程的内在规律性。

【论断】人类思维的任务。

人类的历史不是毫无意义的暴力行为，而是人类本身的发展过程。思维的任务就在于探索人类发展过程的发展阶段，以及揭示这一过程的内在规律性。

至于黑格尔的体系没有解决它给自己提出的这个任务，在这里是无关紧要的；它的划时代的功绩是在于它提出了这个任务。这不是任何个别的人所能解决的任务。

【论断】黑格尔哲学体系没有解决的任务。

黑格尔哲学的划时代的功绩在于它提出了揭示人类本身的发展过程和内在规律的任务，但是它没有完成这个任务。

虽然黑格尔和圣西门一样是当时最博学的人，但是他毕竟受到了限制，首先是他自己的必然有限的知识的限制，其次是他那个时代的在广度在深度方面都同样有限的知识和见解的限制。但是除此以外还有第三种限制。

【论断】黑格尔体系的限制。

黑格尔受到了三种限制，一是黑格尔自身的必然有限的知识限制，二是黑格尔时代对知识的有限理解，三是黑格尔的唯心主义辩证法。

黑格尔是唯心主义者，就是说，在他看来，他头脑中的思想不是现实的事物和过程的多少抽象的反映，相反地，在他看来，事物及其发展只是在世界出现以前已经以某种方式存在着的"观念"的现实化的反映。这样，一切都被弄得头足倒置了，世界的现实联系完全被颠倒了。

【论断】黑格尔的唯心主义辩证法。

黑格尔的唯心主义哲学不是对现实的事物和过程的抽象反映，而是对观念的现实化反映。黑格尔哲学是对现实的颠倒。马克思在《资本论》第 1 卷第 2 版《跋》中精辟地阐述了黑格尔辩证法的实质。"在黑格尔看来，思维过程，即甚至被他在观念这一名称下转化为独立主体的思维过程，是现实事物的创造主，而现实事物只是思维过程中的外部表现。"[1]

---

[1] 《马克思恩格斯文集》第 5 卷，北京：人民出版社 2009 年版，第 22 页。

所以，不论黑格尔如何正确地和天才地把握了一些个别的联系，但由于上述原因，就是在细节上也有许多东西不能不是牵强的、造作的、虚构的，一句话，被歪曲的。黑格尔的体系作为体系来说，是一次巨大的流产，但也是这类流产中的最后一次。

【论断】黑格尔体系的破产。

虽然黑格尔正确地把握了一些个别的联系，但是在细节上有许多东西是牵强的、造作的、虚构的、歪曲的。黑格尔体系最终破产。

它还包含着不可救药的内在矛盾：一方面，它以历史的观点作为基本前提，即把人类的历史看作一个发展过程，这个过程按其本性来说是不能通过发现所谓绝对真理来达到其智慧的顶峰的；但是另一方面，它又硬说自己是这个绝对真理的全部内容。包罗万象的、最终完成的关于自然和历史的认识的体系是和辩证思维的基本规律相矛盾的；但是这决不排斥，反而肯定，对于整个外部世界的有系统的认识是可以一代一代地得到巨大进展的。

【论断】黑格尔哲学的内在矛盾。

黑格尔哲学包含着内在矛盾：一是黑格尔哲学的基本前提是历史的观点，也就是把人类历史看作一个发展过程，通过绝对真理是无法认识的；二是黑格尔哲学宣称包括绝对真理的全部内容，这种包罗万象的关于自然和历史的认识体系与辩证思维的基本规律是相互矛盾的，但不是相互排斥的。因为对于整个外部世界的系统认识是一代一代地不断推进的。

了解了以往的德国唯心主义的完全荒谬，这就必然导致唯物主义，但是要注意，并不是导致十八世纪的纯形而上学的、完全机械的唯物主义。

【论断】从德国唯心主义发展到现代唯物主义。

恩格斯揭示了德国古典哲学的局限性，了解到德国唯心主义的缺陷，必然导致现代唯物主义的产生，而不是导致18世纪的机械唯物主义。

和那种以天真的革命精神笼统地抛弃以往的全部历史的做法相反，现代唯物主义把历史看作人类的发展过程，而它的任务就在于发现这个过程的运动规律。无论在十八世纪的法国人那里，还是在黑格尔那里，占统治地位的自然观都是：自然界是一个在狭小的循环中运动的、永远不变的整体，其中有牛顿所说的永恒的天体和林耐所说的不变的有机物种。

【论断】现代唯物主义与以前的旧唯物主义的区别。

现代唯物主义与以前的旧唯物主义不同，一是它们在历史观上的区别，唯物主义把历史看作人类的发展过程，它的任务是解释人类发展的运动规律。18世纪的法国唯物主义，以康德、黑格尔为代表的德国古典哲学在历史观上仍然是唯心主义的。二是它们在自然观上的区别。以前的唯物主义把自然界看作狭小的不变的整体，坚信牛顿①所说的天体是永恒的，以及林耐②所说的有机物种是不变的。

和这个自然观相反，现代唯物主义概括了自然科学的最新成就，从这些成就看来，自然界也有自己的时间上的历史，天体和在适宜条件下存在于天体上的有机物种一样是有生有灭的；至于循环，即使它能够存在，也具有无限加大的规模。在这两种情况下，现代唯物主义都是本质上辩证的，而且不再需要任何凌驾于其他科学之上的哲学了。

【论断】现代唯物主义是辩证的唯物主义。

与以前旧唯物主义的自然观不同，现代唯物主义概括了自然科学的最新成就。从这些成就看来，自然界也有时间上的历史，天体和天体上的有机物种也是有生有灭的。现代唯物主义在本质上是辩证的，不再需要任何凌驾于其他科学之上的哲学了。

---

① 伊萨克·牛顿（1642—1727），英国物理学家、天文学家和数学家，经典力学的创始人。——《马克思恩格斯文集》第3卷，北京：人民出版社2009年版，第740页。

② 卡尔·冯·林耐（1707—1778），瑞典自然科学家和医学家，植物和动物分类法的创始者；主张物种描述采用双名命名制。——《马克思恩格斯文集》第3卷，北京：人民出版社2009年版，第733页。

一旦对每一门科学都提出了要求，要它弄清它在事物以及关于事物的知识的总联系中的地位，关于总联系的任何特殊科学就是多余的了。于是，在以往的全部哲学中还仍旧独立存在的，就只有关于思维及其规律的学说——形式逻辑和辩证法。其他一切都归到关于自然和历史的实证科学中去了。

【论断】关于思维及其规律的学说。

如果每一门科学都可以弄清它在事物以及关于事物的知识的总联系中的地位，那关于总联系的科学就是多余的了。于是在以往的全部哲学中就只剩下关于思维及其规律的学说，也就是形式逻辑和辩证法。而其他一切都是关于自然和历史的实证科学。

但是，当自然观的这种变革只能随着研究工作提供相应的实证的认识材料而实现的时候，一些在历史观上引起决定性转变的历史事实已经老早就发生了。1831 年在里昂发生了第一次工人起义；在 1838—1842 年，第一次全国性的工人运动，即英国的宪章派运动，达到了自己的最高点。

【论断】具有决定意义的历史事件。

随着自然科学研究的进步，自然观实现了一些变革。在历史观上，那些引起决定性转变的历史事实也早已发生。比如 1831 年法国里昂工人起义，1838—1842 年英国的宪章派运动。

无产阶级和资产阶级间的阶级斗争一方面随着大工业的发展，另一方面随着资产阶级新近取得的政治统治的发展，在欧洲最发达的国家的历史中升到了首要地位。

【论断】无产阶级和资产阶级的斗争。

随着大工业的发展，以及资产阶级政治统治的发展，无产阶级和资产阶级之间的阶级斗争在欧洲最发达的国家已经占据首要地位。正如列宁所说，"只是当马克思的科学社会主义把改变现状的渴望和一定阶级的斗争联系起来的时候，社会主义的幻想才变成了千百万人争取社会主义的斗争。离开阶级斗争，社会主义就是空话或者幼稚的幻想。"①

事实日益令人信服地证明，资产阶级经济学关于资本和劳动的利益一致、关于自由竞争必将带来普通协调和全民幸福的学说完全是撒谎。

【论断】资产阶级经济学的虚假性。

资产阶级经济学关于资本和劳动的利益一致，关于自由竞争必将带来和谐和幸福的学说是对劳动人民的欺骗。

所有这些事实都再不能不加考虑了，正如作为这些事实的理论表现（虽然是极不完备的表现）的法国和英国的

---

① 《列宁选集》第1卷，北京：人民出版社2012年版，第642页。

社会主义不能不加考虑一样。但是，旧的、还没有被排除掉的唯心主义历史观不知道任何基于物质利益的阶级斗争，而且根本不知道任何物质利益；生产和一切经济关系，在它那里只是被当作"文化史"的从属因素顺便提到过。

【论断】唯心主义历史观的主要缺陷。

唯心主义历史观是从社会意识决定社会存在的错误的基本点出发，把人们的思想动机、杰出人物的主观意志或某种超自然的神秘力量看作是社会历史发展的根本原因，否认社会发展有其自身固有的客观规律，否认阶级斗争规律，否认人民群众在历史上的决定作用。

新的事实迫使人们对以往的全部历史作一番新的研究，结果发现：以往的全部历史，除原始状态外，都是阶级斗争的历史；这些互相斗争的社会阶级在任何时候都是生产关系和交换关系的产物，一句话，都是自己时代的经济关系的产物；因而每一时代的社会经济结构形成现实基础，每一个历史时期由法律设施和政治设施以及宗教的、哲学的和其他的观点所构成的全部上层建筑，归根到底都是应由这个基础来说明的。

【论断】以往的全部历史都是阶级斗争的历史。

恩格斯通过研究以往的全部历史，指出除原始社会外的以往的全部历史都是阶级斗争的历史。阶级斗争是生产关系和交换关系的产物，也就是经济关系的产物。经济结构构成社会的现实基础，法律设施、政治设施以及宗教的、哲学的和其他的观点构成全部上层建筑。经济基础决定上层建筑，上层建筑对经济基础有反作用。

　　黑格尔把历史观从形而上学中解放了出来，使它成为辩证的，可是他的历史观本质上是唯心主义的。现在，唯心主义从它的最后的避难所中，从历史观中被驱逐出来了，唯物主义历史观被提出来了，用人们的存在说明他们的意识而不是像以往那样用人们的意识说明他们的存在这样一条道路已经找到了。

　　【论断】唯物主义历史观的产生。

　　黑格尔虽然把历史观从形而上学解放出来，使它具有辩证性，但它仍然是唯心主义的历史观。唯物主义历史观用社会存在说明社会意识，彻底否定了唯心主义历史观。

　　因此，社会主义现在已经不再被看作某个天才头脑的偶然发现，而被看作两个历史地产生的阶级——无产阶级和资产阶级间斗争的必然产物。

　　【论断】科学社会主义的产生。

　　科学社会主义与空想社会主义的不同在于，它不是某个天才偶然发现的产物，而是资产阶级和无产阶级两大阶级对立的产物。

它的任务不再是想出一个尽可能完善的社会制度，而是研究必然产生这两个阶级及其相互斗争的那种历史的经济的过程；并在由此造成的经济状况中找出解决冲突的手段。

【论断】科学社会主义的任务。

科学社会主义与空想社会主义的不同在于，它不是臆想一个尽可能完善的社会制度，而是研究无产阶级和资产阶级的阶级斗争，以及两个阶级的历史的经济的过程，并在两大阶级的经济状况中寻找解决阶级对立的方法。

可是以往的社会主义同这种唯物主义观点是不相容的，正如法国唯物主义的自然观同辩证法和现代自然科学不相容一样。以往的社会主义固然批判过现存的资本主义生产方式及其后果，但是它不能说明这个生产方式，因而也就不能对付这个生产方式；它只能简单地把它当作坏东西抛弃掉。它愈是义愤填膺地反对这种生产方式必然产生的对工人阶级的剥削，就愈是不能明白指出这种剥削在哪里和怎样发生。

【论断】唯物主义历史观与空想社会主义的根本区别。

空想社会主义与唯物主义历史观是不相容的，正如18世纪的法国机械唯物主义与现代自然科学和辩证法不相容一样。空想社会主义虽然对资本主义生产方式及其后果进行了批判，但是它不能说明资本主义生产方式的发展规律，它仅仅认识到资本主义私有制的"恶",反对资本主义私有制对工人阶级的剥削,主张消灭资本主义私有制,但是它不明白资本主义剥削的秘密。

但是,问题是在于:一方面说明资本主义生产方式的历史联系和它对一定历史时期的必然性,从而说明它灭亡的必然性,另一方面揭露这种生产方式内部的一直还隐蔽着的性质。这已经由于剩余价值的发现而完成了。

【论断】剩余价值理论。

马克思在《资本论》中写道,剩余价值是雇佣工人所创造的并被资本家无偿占有的超过劳动力价值的那部分价值,它是雇佣工人剩余劳动的凝结,体现了资本家和雇佣工人之间剥削和被剥削的关系。根据马克思的理论,剩余价值是指在剥削制度下,被统治阶级剥削的,劳动者所生产的新价值中,劳动创造的价值和劳动报酬之间的差额,即"由劳动者创造的被资产阶级无偿占有的劳动"。关于剩余价值理论,马克思给出总的评论:"所有经济学家都犯了一个错误:他们不是就剩余价值的纯粹形式,不是就剩余价值本身,而是就利润和地租这些特殊形式来考察剩余价值。"

已经证明,无偿劳动的占有是资本主义生产方式和通过这种生产方式对工人进行的剥削的基本形式;即使资本家按照劳动力作为商品在市场上所具有的全部价值来购买他的工人的劳动力，他从这劳动力榨取的价值仍然比他为这劳动力付出的多；这种剩余价值归根到底构成了有产阶级手中日益增加的资本量所由积累而成的价值总量。这样就说明了资本主义生产和资本生产的过程。

【论断】剩余劳动和剩余价值的产生过程。

必要劳动是指劳动者为生产维持劳动力再生产所必需的那部分社会产品而耗费的劳动；剩余劳动是指超过维持劳动力生产和再生产需要的劳动。必要劳动与剩余劳动的划分，是社会生产力发展到一定历史阶段上才出现的。

在原始社会时期，人的劳动仅能维持最低的生活，因此人们的全部劳动都是必要劳动，不存在剩余劳动。随着生产力的发展，原始社会末期逐渐产生了剩余劳动，并在此基础上出现了私有制。恩格斯说："当社会总劳动所提供的产品除了满足社会全体成员最起码的生活需要以外只有少量剩余，因而劳动还占去社会大多数成员的全部或几乎全部时间的时候，这个社会就必然划分为阶级。"[1] 这就是说，阶级是在剩余劳动出现而生产又不是高度发展的情况下产生和存在的。

在剥削制度下，必要劳动和剩余劳动的划分，也就是有酬劳动与无酬劳动的划分，在不同的社会制度表现不同。

---

[1] 《马克思恩格斯选集》第3卷，北京：人民出版社2012年版，第321页。

在奴隶社会，奴隶的全部劳动都表现为无酬劳动；在劳役地租的剥削形式下，农奴的劳动在时间上和空间上都明显地划分为有酬劳动和无酬劳动；在资本主义制度下，雇佣工人的必要劳动采取工资的形式，表现为整个劳动的报酬，剩余劳动则采取剩余价值的形式，表现为预付资本的产物，这样，工人的全部劳动都表现为有酬劳动，从而掩盖了必要劳动与剩余劳动的界限，抹杀了有酬劳动与无酬劳动的区别。相应地，工人的劳动时间分为必要劳动时间和剩余劳动时间，在必要劳动时间内的劳动为必要劳动，是再生产劳动力本身价值的劳动，剩余时间内的劳动为剩余劳动，生产剩余价值被资本家榨取，这是剩余价值的来源。马克思的剩余价值理论揭示了资本主义制度下必要劳动与剩余劳动的对立性质，从而揭露了资本主义工资的实质和资本主义剥削的秘密。

这两个伟大的发现——唯物主义历史观和通过剩余价值揭破资本主义生产的秘密，都应当归功于马克思。由于这些发现，社会主义已经变成了科学，现在的问题首先是对这门科学的一切细节和联系作进一步的探讨。

【论断】科学社会主义的理论基础。

科学社会主义是指马克思、恩格斯创立的关于阶级斗争、无产阶级革命和无产阶级专政、建设社会主义并进而实现共产主义的人类理想社会的理论。两位伟大的导师吸收了以往人类思想的精华，结合当时的实践斗争，创立了科学社会主义理论。这里的"科学"二字，是相对于"空想"而言的，正如马克思在1874年所指出的那样："'科学社会主义'也只是为了与空想社会主义相对立时才使用。"这是因为，在科学社会主义诞生之前，空想社会主义已经存在，并且在欧洲社会有较大影响。马克思恩格斯把空想社会主义者称之为"第一批社会主义者""社会主义的创始人""社会主义的先驱"。科学社会主义就是在批判地继承空想社会主义思想成果的基础上产生的。

三

　　唯物主义历史观从下述原理出发：生产以及随生产而来的产品交换是一切社会制度的基础；在每个历史地出现的社会中，产品分配以及和它相伴随的社会之划分为阶级或等级，是由生产什么、怎样生产以及怎样交换产品来决定的。所以，一切社会变迁和政治变革的终极原因，不应当在人们的头脑中，在人们对永恒的真理和正义的日益增进的认识中去寻找，而应当在生产方式相交换方式的变更中去寻找；不应当在有关的时代的哲学中去寻找，而应当在有关的时代的经济学中去寻找。

　　【论断】唯物主义历史观的基本原理。

　　恩格斯在这本书中再次概括了唯物主义历史观的基本

原理：经济关系是一切社会制度的基础，生产什么，如何生产以及如何分配由生产资料所有制决定，经济关系的变化是一切社会变迁和政治变革的终极原因。因此，人们不应当在头脑中，也不应当在对真理和正义的认识中，而应当在生产力和生产方式的辩证运动中寻找社会变化和政治变革的根本原因，也就是不应当在哲学中，而应当在经济中去寻找社会变化的原因。

对现存社会制度的不合理和不公平、对"理性化为无稽，幸福变成苦痛"①的日益清醒的认识，只是一种征象，表示在生产方法和交换形式中已经静悄悄地发生了变化，适合于早先的经济条件的社会制度已经不再和这些变化相适应了。同时这还说明，用来消除已经发现的弊病的手段，也必然以多少发展了的形式存在于已经发生变化的生产关系本身中。这些手段不应当从头脑中发明出来，而应当通过头脑从生产的现成物质事实中发现出来。

【论断】现存社会制度不合理和不公平的根本原因。

应当从经济关系认识现存社会制度的不合理和不公正。生产方式和交换关系不断发展，早先的社会制度就不再和日益发展的经济关系相适应，因此应当从生产关系的本身

---

① "理性化为无稽，幸福变成苦痛"，这句话源于歌德《浮士德》第1部第4场《书斋》。——参见《马克思恩格斯文集》第3卷，北京：人民出版社2009年版，第547页。

中寻找消除弊端的手段，这些手段不是从人的头脑中发明出来的，而是从生产状况中发现出来的。

那末，现代社会主义的情况究竟怎样呢？

现在大家几乎都承认，现存的社会制度是由现在的统治阶级即资产阶级创立的。资产阶级所固有的生产方式（从马克思以来称为资本主义生产方式），是同封建制度的地方特权、等级特权以及相互的人身束缚不相容的；资产阶级摧毁了封建制度，并且在它的废墟上建立了资产阶级的社会制度，建立了自由竞争、自由迁徙、商品所有者平等的王国，以及资产阶级的一切美妙东西。资本主义生产方式现在可以自由发展了。

【论断】 资本主义生产方式同封建制度不相容，资产阶级在摧毁封建制度的同时建立资本主义社会制度。

现存的社会制度是资本主义社会制度，是由作为统治阶级的资产阶级建立的。资本主义生产方式同封建制度不相容，即同封建特权，等级特权以及人身依赖关系不相容。资产阶级摧毁了封建制度，并在此基础上建立资本主义制度，即建立以自由竞争为基础的经济关系，以自由迁徙为基础的人身自由，以人的平等为基础的社会关系等。资本主义制度保障资本主义生产方式的自由发展。

自从蒸汽和新的工具机把旧的工场手工业变成大工业

以后，在资产阶级领导下造成的生产力，就以前所未闻的速度和前所未闻的规模发展起来了。

【论断】生产工具的变革促进资本主义社会迅速发展。

工场手工业①是资本雇佣劳动者的生产形式，有分散和集中两种形式。在工场手工业的初期，生产者仍分散在各自家庭中劳动，但是在资本家的组织下形成一个生产集体，有一定的劳动分工。分散的手工工场进一步发展为集中的手工工场，工人一无所有，集中在资本家的厂房内，使用资本家提供的劳动工具，包括机器，工人遂成为完全出卖劳动力的雇佣劳动者，以蒸汽机为代表的生产工具的变革促使工场手工业发展为机器大工业，资本主义社会的生产力和生产关系迅速发展。

但是，正如从前工场手工业以及在它影响下进一步发展了的手工业同封建的行会桎梏发生冲突一样，大工业得到比较充分的发展时就同资本主义生产方式对它的种种限制发生冲突了。

【论断】工场手工业与封建的行会桎梏相冲突，大工业与资本主义生产方式相冲突。

---

① 《资本论》中的"Manufaktur"一词在《资本论》众译本中有不同的译法。瞿秋白的《资本论》中译本（1932年版）译为"工厂手工业"，郭大力等人的《资本论》中译本（1953年版、1961年版）译为"手工制造业"。之后中央马列著作编译局译为"工场手工业"。

随着工场手工业的不断发展，它与封建的行会桎梏发生冲突，同样，随着大工业的不断发展，它越发受到资本主义生产方式的限制，并与它发生冲突。

新的生产力已经超过了这种生产力的资产阶级利用形式；生产力和生产方式之间的这种冲突，并不是像人的原罪和神的正义的冲突那样产生于人的头脑中，而是存在于事实中，客观地、在我们之外、甚至不依赖于引起这种冲突的那些人的意志或行动而存在着。现代社会主义不过是这种实际冲突在思想上的反映，是它在头脑中、首先是在那个直接吃到它的苦头的阶级即工人阶级的头脑中的观念的反映。

【论断】生产力和生产方式的冲突是客观的，是不依赖于人的意志的。现代社会主义也是生产力和生产方式的反映。

那末这种冲突表现在哪里呢？

在资本主义生产出现以前，即在中世纪，普遍地存在着以劳动者对他的生产资料的私有为基础的小生产：小农即自由农或依附农的农业和城市的手工业。劳动资料——土地、农具、作坊、手工业工具——都是个人的劳动资料，只供个人使用，因而必然是小的、简陋的、有限的。但是，正因为如此，它们也照例是属于生产者自己的。

【论断】生产力与生产方式的冲突在封建社会主要表现在以生产资料的私人占有为基础的小生产，即以农民对地主的依附关系为基础的农业和城市小手工业。

把这些分散的小的生产资料加以集中和扩大，把它们变成现代的强有力的生产杠杆，这正是资本主义生产方式及其体现者即资产阶级的历史作用。关于资产阶级怎样从十五世纪起经过简单协作、工场手工业和大工业这三个阶段历史地实现了这种作用，马克思在《资本论》第四编中已经作了详尽的阐述。

【论断】资本主义生产方式的历史作用。

资本主义生产方式的历史作用是把分散的小的生产资料集中和扩大，把它们变成资本主义大工业。马克思在《资本论》第 1 卷第四篇"相对剩余价值的生产"中详细论述了资本主义从简单协作、工场手工业到机器大工业这三个阶段的历史过程。

但是，正如马克思在那里所证明的，资产阶级要是不把这些有限的生产资料从个人的生产资料变为社会化的，即只能由大批人共同使用的生产资料，就不能把它们变成强大的生产力。

【论断】生产社会化是资本主义的强大生产力。

马克思在《资本论》中揭示了资本主义生产方式的规

律，资产阶级只有把资本家个人占有的生产资料变成社会化的生产资料，也就是变成社会大众共同使用的生产资料，才能使生产力获得迅速发展。

　　纺纱机、机动织布机和蒸汽锤代替了纺车、手工织布机和手工锻锤；需要成百上千的人进行协作的工厂代替了小作坊。和生产资料一样，生产本身也从一系列的个人行动变成了一系列的社会行动，而产品也从个人的产品变成了社会的产品。

　　【论断】资本主义生产表现为生产社会化、生产资料社会化和劳动产品社会化。

　　纺纱机、织布机和蒸汽锤等机器代替手工工具，工厂代替手工作坊，简单协作逐渐发展为工场手工业和机器大工业。生产资料社会化的同时，生产本身也从个人行动变成社会行动，也就是生产的社会化，产品本身也从个人的产品变成社会的产品，也就是劳动产品的社会化。

　　现在工厂所出产的纱、布、金属制品，都是许多工人的共同产品，都必须顺次经过他们的手，然后才变为成品。他们当中没有一个人能够说："这是我做的，这是我的产品"。

　　【论断】资本主义工厂生产出来的产品是工人劳动的共同产品。

资本主义工厂生产的产品是许多工人共同劳动的产品，它不是一个工人做的，而是许多工人共同完成的。

但是，在自发的、无计划地逐渐形成的①社会内部分工成了生产的基本形式的地方，这种分工就使产品带有商品的形式，商品的相互交换，即买和卖，就使个体生产者有可能满足自己的各式各样的需要。中世纪的情况就是这样。例如，农民把农产品卖给手工业者，而从他们那里买得手工业品。

【论断】商品交换的过程。

自发的无计划的社会分工是生产的基本形式，也使产品成为商品，商品交换使个体满足自己的各种需要。农民把农产品出售给手工业者，手工业者把手工业品出售给农民。

在这个个体生产者即商品生产者的社会中，渗入了一种新的生产方式。在支配全社会的自发的无计划的分工中间，它确立了在个别工厂里组织起来的有计划的分工；在个体生产旁边出现了社会化的生产。

【论断】资本主义社会的基本矛盾的表现。

---

① 在1883年德文第一版中没有"无计划地逐渐形成的"。——参见《马克思恩格斯文集》第3卷，北京：人民出版社2009年版，第549页。

资本主义社会分工是自发的无计划的，个别工厂的分工是有计划有组织的，因此，整个社会的无政府状态与个别工厂的有组织有计划的分工相冲突，这正是资本主义社会的基本矛盾。

两者的产品在同一市场上出卖，因而价格至少大体相等。但是，有计划的组织要比自发的分工有力；实行社会化劳动的工厂里所制造的产品，要比分散的小生产者所制造的便宜。

【论断】小生产被机器大生产代替。

与分散的自发的小生产相比，有计划有组织的机器大生产制造的产品要更便宜，在市场上更有竞争力。

个体生产在一个又一个的部门中遭到失败，社会化的生产使全部旧的生产方式革命化了。但是它的这种革命性质并没有为人所认识，结果它反而被用来当作提高和促进商品生产的手段。

【论断】社会化生产仅仅被当作提高商品生产的手段，它的革命性质被忽视。

随着机器大工业的发展，个体生产在各个部门不断遭到失败，社会化生产使旧的生产方式发生变革，但是它的革命性质被忽视，仅仅被用来作为提高和促进商品生产的手段。

它的产生，是同商品生产和商品交换的一定的已经存在的杠杆即商业资本、手工业、雇佣劳动直接联系着的。由于它本身是作为商品生产的一种新形式出现的，所以商品生产的占有形式对它也保持着全部效力。

【论断】社会化生产是商品生产的新形式。

商业资本、手工业、雇佣劳动是商品生产和商品交换的杠杆，社会化生产作为商品生产的新形式，不仅与这些杠杆直接相联系，而且商品生产的占有形式对它也保持着全部效力。

在中世纪得到发展的那种商品生产中，劳动产品应当属于谁的问题根本不可能发生。当时个体生产者通常都用自己所有的、往往是自己生产的原料，用自己的劳动资料，用自己或家属的手工劳动来制造产品。这样的产品根本用不着他去占有，它自然是属于他的。因此，产品的所有权是以自己的劳动为基础的。

【论断】中世纪的商品生产是以个人劳动为基础，产品属于个人所有。

中世纪的商品生产是个体生产者使用自己的生产原料、自己的劳动资料、自己的手工劳动来制造产品，因此产品属于他个人所有。这种小生产以个人劳动为基础，因而产品的所有权属于个人。

即使利用过别人的帮助，这种帮助通常也是次要的，而且往往除工资以外还得到别的报酬：行会的学徒和帮工与其说是为了吃饭和挣钱而劳动，不如说是为了自己学成手艺当师傅而劳动。

【论断】封建行会制度的特点。

行会制度是封建社会时期城市商品经济中的工商业组织。行会是同一行业的手工业者或商人，为保障本行业的利益而建立的封建性团体。行会有严密细致的章程，对内保证会员权利义务均等，对外实行垄断。通常所说的行会，主要指手工业行会。西欧的行会产生于12—13世纪城市公社起义时期。13世纪时，巴黎大约有100个行会，到14世纪中叶，行会数增至350个左右。当时，西欧行会最普遍、最发达的是在一些一万多人口的中等城市，而在只有一二千人口的小城市，以及对外贸易发达的口岸大城市，行会则不普遍。封建行会的特点是学徒—帮工—匠师的等级制度。学徒经过三至五年升为帮工，帮工经过二至三年可以升为匠师，可以独立开业，并成为行会会员，可以有自己的作坊和生产工具，成为小生产者。随着西欧商业资本的不断扩大，商人行会逐渐失去作用，趋于解体。中世纪末期西欧商业及商业资本的发展，有力地促进了资本主义生产方式的诞生。

后来生产资料开始集中于大的作坊和手工工场，开始变为真正社会化的生产资料。但是这些社会化的生产资料和产品还像从前一样被当作个人的生产资料和产品来处理。

【论断】 生产社会化与生产资料和产品私人占有的矛盾。

随着工场手工业的发展，生产资料日益集中，生产资料在全社会范围内进行优化配置，逐渐形成生产资料的社会化。但是与生产资料的社会化相矛盾的是，生产资料和产品仍然属于个人所有，这就是资本主义生产资料私有制与生产社会化之间的矛盾。

从前，劳动资料的占有者占有产品，因为这些产品通常是他自己的产品，别人的辅助劳动是一种例外，而现在，劳动资料的占有者还继续占有产品，虽然这些产品已经不是他的产品，而完全是别人劳动的产品了。

【论断】 劳动资料占有者占有他人劳动的产品。

在资本主义社会之前，劳动资料占有者是占有自己的产品，但是在资本主义社会，劳动资料占有者是占有他人劳动的产品。

这样，现在由社会化劳动所生产的产品已经不是为那些真正使用生产资料和真正生产这些产品的人所占有，而是为资本家所占有。生产资料和生产实质上已经变成社会化的了。

【论断】社会化劳动生产的产品是为资本家所占有。

生产资料和生产产品在资本主义社会都不是为劳动者所占有，也就是说不是为真正使用生产资料和真正生产产品的人所占有，而是为资本家所占有。生产资料和生产已经社会化，但是生产产品没有社会化，是被资本家占有。

但是，它们仍然服从于这样一种占有形式，这种占有形式是以个体的私人生产为前提，因而在这种形式下每个人都占有自己的产品并把这个产品拿到市场上去出卖。

【论断】生产社会化与生产资料资本主义私人占有的矛盾。

生产资料和生产已经社会化，但是生产资料仍然是被资本家私人占有，生产产品也被资本家私人占有，并在市场上出售，这就是资本主义的基本矛盾，即生产的社会化同生产资料资本主义私人占有的矛盾。

生产方式虽然已经消灭了这一占有形式的前提，但是它仍然服从于这一占有形式。

【论断】生产方式仍然服从资本主义生产资料私有制。

生产方式的占有形式没有变化，但是占有的性质由于上述过程所经历的革命，并不亚于生产所经历的革命。我占有我自己的产品和我占有别人的产品，这自然是两种根本不同的占有。

恩格斯对这句话有个注释："这里无须解释，虽然占有形式还是原来那样，可是占有的性质由于上述过程而经历的革命，并不亚于生产所经历的革命。我占有我自己的产品还是占有别人的产品，这自然是两种很不相同的占有。顺便提一下：包含着整个资本主义生产方式的萌芽的雇佣劳动是很古老的；它个别地分散地同奴隶制度并存了几百年。但是，只有在历史前提已经具备时，这一萌芽才能发展成为资本主义生产方式。"①

赋予新的生产方式以资本主义性质的这一矛盾，已经包含着现代的一切冲突的萌芽。

【论断】资本主义生产方式包含着现代的一切冲突。

包含着整个资本主义生产方式的萌芽的雇佣劳动是很古老的，它个别地和分散地同奴隶制度并存了几百年。但是只有在历史前提已经具备时，这一萌芽才能发展成资本主义生产方式。

新的生产方式越是在一切有决定意义的生产部门和一切在经济上起决定作用的国家里占统治地位，并从而把个体生产排挤到无足轻重的残余地位，社会化生产和资本主义占有的不相容性，也必然越加鲜明地表现出来。

———————

① 《马克思恩格斯文集》第3卷，北京：人民出版社2009年版，第551页。

【论断】资本主义生产方式的内在冲突日益加深。

资本主义生产方式成为占统治地位的生产方式，在生产部门中起决定作用，不断地排挤个体生产，生产的社会化与资本主义私人占有之间的冲突日益加剧。

如上所述，最初的资本家就已经遇到了现成的雇佣劳动形式。但是，那时雇佣劳动是一种例外，一种副业，一种救急办法，一种暂时措施。不时出去打短工的农业劳动者都有自己的只能借以糊口的几亩土地。

【论断】雇佣劳动在早期的发展。

在封建社会，雇佣劳动是暂时措施，是临时办法。因为农业劳动者都有自己的土地，只是临时出去工厂做工。

行会制度规定今天的帮工明天可以成为师傅。但是，生产资料一旦变为社会化的生产资料并集中于资本家手中，情形就改变了。个体小生产者的生产资料和产品变得愈来愈没有价值；他们除了受雇于资本家就没有别的出路。

【论断】封建行会与资本主义的区别。

封建社会生产资料和产品是由个体小生产者占有。与封建行会不同的是，资本主义社会生产资料成为社会化的生产资料，并集中在资本家手中。个体小生产者愈来愈被排挤，除了受雇于资本家外没有其他出路。

雇佣劳动以前是一种例外和救急办法，现在成了整个生产的通例和基本形式；以前是一种副业，现在成了工人的唯一职业。暂时的雇佣劳动者变成了终身的雇佣劳动者。

【论断】雇佣劳动从封建社会到资本主义社会的发展过程。

在封建社会，雇佣劳动是一种紧急措施和救急办法，在资本主义社会，雇佣劳动成为整个生产的通例和基本形式。雇佣劳动在封建社会是一种副业，在资本主义社会成为工人的唯一职业。因此暂时的雇佣劳动者成为终身的雇佣劳动者。

此外，由于同时发生的封建制度的崩溃，由于封建主扈从人员被解散，农民被逐出自己的家园等等，终身的雇佣劳动者大量增加了。集中于资本家手中的生产资料和除了自己的劳动力以外一无所有的生产者彻底分裂了。社会化生产和资本主义占有之间的矛盾表现为无产阶级和资产阶级的对立。

【论断】资产阶级和无产阶级之间的对立。

随着封建制度的瓦解，封建扈从人员的解散，以及农民失去土地，越来越多的劳动者成为雇佣劳动者，越来越多的劳动者一无所有。一方面，资本家手中集中大量的生产资料，生产社会化和生产资料资本家私有占有之间的矛盾日益加剧，另一方面，生产者和劳动者只能出卖自己的劳动力，成为终身的雇佣劳动者，资产阶级和无产阶级的矛盾日益加剧。

我们已经看到，资本主义生产方式渗入了商品生产者即通过自己产品的交换来实现社会联系的个体生产者的社会。

【论断】资本主义生产方式的确立。

商品生产者通过产品的交换来实现个体生产者的社会联系，资本主义生产方式通过渗入商品生产者的社会，逐渐确立资本主义生产方式。

但是，每个以商品生产为基础的社会都有一个特点：这里的生产者丧失了对他们自己的社会关系的支配权。每个人都用自己偶然拥有的生产资料并为自己的特殊的①交换需要而各自进行生产。

【论断】商品生产的社会的特点。

在封建社会后期，资本主义商品生产就随着简单商品生产的发展而萌芽了。它最初仍旧没有摆脱手工劳动，因此，它的范围还受到限制，只涉及国民生产的一小部分，发展也比较缓慢。但经过资本的原始积累过程以后，封建

---

① 在1883年德文第一版中不是"特殊的"，而是"个人的"。——参见《马克思恩格斯文集》第3卷，北京：人民出版社2009年版，第552页。

制生产方式和行会制度加快解体，商业的发展破坏了封建社会的自然经济，产业革命又为资本主义最终战胜封建主义奠定了牢固的物质技术基础。资本主义的商品生产最终成为占统治地位的社会生产形式。

谁也不知道，他的那种商品出现在市场上的会有多少，究竟需要多少；谁也不知道，他的个人产品是否真正为人所需要，是否能收回它的生产费用，或者是否能卖出去。社会生产的无政府状态占统治地位。

【论断】商品的生产和销售情况。

以商品生产为基础的社会，商品的生产、需求和销售都是未知的，生产者是否盈利也是未知的，因此整个社会的生产实际上陷入无政府状态。

但是，商品生产同任何其他生产形式一样，有其特殊的、固有的和它分不开的规律；这些规律不顾无政府状态，在无政府状态中，通过无政府状态来为自己开辟道路。

【论断】商品生产的经济规律。

商品生产和商品交换有一系列经济规律，其中商品生产的基本经济规律是价值规律，即商品的价值量取决于社会必要劳动时间，商品按照价值相等的原则互相交换。商品生产的经济规律是客观的，必然的，是不以人的意志为转移的。

"无政府状态（Anarchy）"来自于古希腊一词 ναρχία（anarchia），其中（a）代表"不，没有"的意思，而 ρχή（arkhi）代表"规则，首领"的意思。所以"无政府状态（Anarchy）"的本意是"无规则"或者"无首领"的意思。在政治经济学中，无政府状态是指资本主义社会生产的盲目性和无计划性。在资本主义生产方式中，生产资料归私人占有，资本家为追求利润，完全根据市场价格的涨落、利润的高低而扩大或缩小生产规模，因而不可避免地造成生产失调以及生产和消费的矛盾。

这些规律在唯一保留下来的社会联系形式即交换中表现出来，并且作为强制性的竞争规律作用于各个生产者。所以，这些规律起初连这些生产者也不知道，只是由于长期的经验才逐渐被他们揭示出来。所以，这些规律是在不经过生产者并且和生产者对立的情况下，作为他们的生产形式的盲目起作用的自然规律为自己开辟道路的。产品支配着生产者。

【论断】商品生产的规律及其表现形式。

商品生产的规律通过交换表现出来，并对每个生产者产生强制作用。这些规律是客观的，是必然的。即使人们在早期没有意识到这些规律，但是它们仍然发挥作用，也就是盲目起作用的自然规律。经过长期的经验和研究，人类逐渐揭示这些规律。

在中世纪的社会里，特别是在最初几世纪，生产基本上是为了供自己消费。它主要只是满足生产者及其家属的需要。在那些有人身依附关系的地方，例如在农村中，生产还满足封建主的需要。因此，在这里没有交换，产品也不具有商品的性质。

【论断】 商品与劳动产品的区别。

中世纪的生产是为了满足生产者及其家属的需要。在封建社会的农村，农民对地主有人身依附关系，因此生产要满足地主的需要。因此，商品是用于交换的劳动产品。这是商品与劳动产品的根本区别。恩格斯对此进行了科学的总结：商品"首先是私人产品。但是，只有这些私人产品不是为自己消费，而是为他人的消费，即为社会的消费而生产时，它们才成为商品；它们通过交换进入社会的消费"。

农民家庭差不多生产了自己所需要的一切：食物、用具和衣服。只有当他们在满足自己的需要并向封建主缴纳实物租税以后还能生产更多的东西时，他们才开始生产商品；这种投入社会交换即拿去出卖的多余产品就成了商品。

【论断】 商品的产生过程。

农民基本上通过自给自足的方式满足自己所需要的一切。农民生产的产品一方面要向封建主缴纳实物租税，另一方面要满足自己的需要，如果有多余的产品，才通过交

换的方式出售给他人。这些通过交换进行出售的产品就是
商品。

诚然，城市手工业者一开始就必然为交换而生产。但
是他们也自己生产自己所需要的大部分东西；他们有园圃
和小块土地；他们在公共森林中放牧牲畜，并且从这些森
林中取得木材和燃料；妇女纺麻，纺羊毛等等。以交换为
目的的生产，即商品生产，还只是在形成中。

【论断】商品生产是以交换为目的的生产。

城市手工业者虽然一开始就是为交换而生产的，但是
他们也生产自己所需要的产品。因为他们有小块的土地和
园圃，他们在公共森林中放牧牲畜，从森林中获取木材，
妇女纺织等。城市手工业者一方面生产自己需要的产品，
一方面也进行着以交换为目的的生产，但是这种生产还在
形成中。

因此，交换是有限的，市场是狭小的，生产方式是稳
定的，地方和外界是隔绝的，地方内部是团结的；农村中
有马尔克①，城市中有行会。

【论断】封建社会生产方式的特点。

_____

① 　恩格斯1882年德文第一版增加的附录《马尔克》。——参见《马克思恩格
　　斯文集》第3卷，北京：人民出版社2009年版，第553页。

马尔克和行会是封建经济组织的代表，前者是农村公社的代表，后者是城市的工商业组织。马尔克是指古代日耳曼人按地域关系由若干大小不等的村落组成的土地公有私用的农村公社。它是从氏族公社向土地私有制过渡的一种社会经济组织形式。封建行会①包括手工业行会和商业行会。它是指同一行业的手工业者或商人，为保障本行业的利益而建立的封建性团体。行会有严密细致的章程，对内保证会员权利义务均等，对外实行垄断。

但是，随着商品生产的扩展，特别是随着资本主义生产方式的出现，以前潜伏着的商品生产规律也就愈来愈公开、愈来愈有力地发挥作用了。

【论断】商品生产规律的作用。

随着商品生产的不断发展，资本主义生产方式出现，商品生产规律也越来越发挥更重要的作用。

旧日的束缚已经松弛，旧日的壁障已经突破，生产者日益变为独立的、分散的商品生产者了。社会生产的无政府状态已经表现出来，并且愈来愈走向极端。

---

① 西欧的行会，产生于12至13世纪城市公社起义时期。13世纪时，巴黎大约有100个行会，到14世纪中叶，行会数增至350个左右。在中国，行会产生于隋唐。唐代工商业组织大都称"行"，源于街巷上的同类店铺，故称"行"，如"织锦行""金银行"等。到了宋代，行会组织更加发展。

【论断】社会生产的无政府状态。

随着资本主义生产方式的确立，封建社会的束缚日益被打破，生产者日益变为独立的商品生产者。社会生产日益表现出无政府状态。

但是，资本主义生产方式用来加剧社会生产中的这种无政府状态的主要工具正是无政府状态的直接对立物：每一个别生产企业中的社会化生产所具有的日益加强的组织性。

【论断】资本主义生产方式的基本矛盾。

个别生产企业的社会化生产具有较强的组织性，但是整个社会的生产是盲目的，无计划的，是无政府状态的，这就是资本主义生产方式的基本矛盾，即个别企业生产的有组织性与整个社会生产的无政府状态的矛盾。

资本主义生产方式利用这一杠杆结束了旧日的和平的稳定状态。它在哪一个工业部门被采用，就不容许任何旧的生产方法在那里和它并存。它控制了手工业，就把旧的手工业消灭掉。

【论断】资本主义生产方式代替其他旧的生产方法。

资本主义生产的无政府状态使整个社会陷入不稳定的状态。资本主义生产方式无论被用于哪个工业部门，就不容许任何旧的生产方法与之共存。资本主义生产方式不仅控制了手工业，而且消灭旧的手工业。

劳动场地变成了战场。伟大的地理发现以及随之而来的殖民地的开拓使销售市场扩大了许多倍，并且加速了手工业向工场手工业的转化。斗争不仅爆发于地方的各个生产者之间；地方性的斗争已经发展为全国性的，发展为十七和十八世纪的商业战争。

【论断】各个生产者之间的商业斗争以及地方性的商业战争。

欧洲各大国之间为争夺同印度和美洲通商的霸权以及殖民地市场而在 17 世纪和 18 世纪进行的一系列战争，最初竞争主要在英国和荷兰之间展开，1652—1654、1664—1667 和 1672—1674 年的英荷战争是典型的商业战争，后来决定性的战争在英国和法国之间展开。所有这些战争的胜利者都是英国，到 18 世纪末，它手中已经集中了几乎全部的世界贸易。

最后，大工业和世界市场的形成使这个斗争成为普遍的，同时使它具有了空前的剧烈性。在资本家和资本家之间，在产业和产业之间以及国家和国家之间，生存问题都决定于天然的或人为的生产条件的优劣。失败者被无情地清除掉。

【论断】资本主义社会的残酷竞争。

　　1845 年，马克思恩格斯在《共产党宣言》中就曾指出："由于开拓了世界市场，使一切国家的生产和消费都成为世界性的了。……它的商品的低廉价格，是它用来摧毁一切万里长城、征服野蛮人最顽强的仇外心理的重炮。它迫使它们在自己那里推行所谓的文明，即变成资产者。"① 世界市场就是世界各国之间进行商品和劳务交换的领域，包括由国际分工联系起来的各个国家商品和劳务交换的总和。可见，世界市场这一概念是由其外延和内涵两方面构成的。世界市场的外延指的是它的地理范围。世界市场的内涵指的是与交换过程有关的全部条件和交换的结果，包括商品、技术转让、货币、运输、保险等业务，其中商品是主体，其他业务是为商品和劳务交换服务的。世界市场是在第二次工业革命的完成之后最终形成的。

　　这是从自然界加倍疯狂地搬到社会中的达尔文的生存斗争。动物的自然状态竟表现为人类发展的顶点。社会化生产和资本主义占有之间的矛盾表现为个别工厂中的生产的组织性和整个社会的生产的无政府状态之间的对立。

　　【论断】资本主义社会的基本矛盾。

　　达尔文②的进化理论从生物与环境相互作用的观点出

① 《马克思恩格斯文集》第 2 卷，北京：人民出版社 2009 年版，第 35—36 页。
② 查尔斯·罗伯特·达尔文（Charles Robert Darwin，1809—1882），英国生物学家，进化论的奠基人。

发，认为生物的变异、遗传和自然选择作用能导致生物的适应性改变。由于有充分的科学事实作根据，所以经受住了时间的考验，百余年来在学术界产生了深远的影响。恩格斯把资本主义社会的斗争比作达尔文的生存斗争。这种斗争在自然界表现为动物之间的生存斗争，在资本主义社会中则表现为生产社会化与生产资料资本家私人占有之间的矛盾，这是资本主义的基本矛盾。这个基本矛盾又表现为个别工厂生产的有组织性与整个社会的生产的无政府状态之间的对立。

资本主义生产方式在它由于自己的起源而固有的矛盾的这两种表现形式中运动着，它毫无出路地进行着早已为傅立叶所发现的"恶性循环"。诚然，傅立叶在他那个时代还不能看到：这种循环在逐渐缩小；运动宁可说是在按螺旋形进行，并且必然像行星的运动一样，由于和中心相碰撞而告终。

【论断】傅立叶的"恶性循环"。

1829 年，傅立叶在巴黎出版《经济的和协作的新世界》，全面和系统地阐述了傅立叶的观点。

傅立叶认为资本主义社会的显著特点就是在"恶性循环"中运动。在他看来，文明制度是不合理的社会，因为它压抑了人们的各种情欲，不仅不能满足人的物质和精神的需要，而且也不能满足社会的需要。资本主义社会充满着个人利益与集体利益的尖锐矛盾和对立，每个人都企图用不正当的手段谋取私利。从而把幸福建立在他人痛苦的基础上。

社会的生产无政府状态的推动力使大多数人日益变为无产者，而无产者群众又将最终结束生产的无政府状态。社会的生产无政府状态的推动力，使大工业中的机器无限改进的可能性变成一种迫使每个工业资本家在遭受毁灭的威胁下不断改进自己的机器的强制性法令。

【论断】社会生产的无政府状态。

资本主义社会生产的无政府状态使大多数生产者日益变为无产者，无产阶级在与资产阶级的斗争中推翻资本主义制度，最终结束社会生产的无计划性和盲目性，也就是结束社会生产的无政府状态。资本主义社会的无政府状态迫使每个资本家不断改进自己的机器，从而在竞争中获得有利的地位，也使整个社会的工业机器处于不断改进中。

但是，机器的改进就造成人的劳动的过剩。如果说，机器的采用和推广意味着成百万的手工劳动者为少数机器劳动者所排挤，那末，机器的改进就意味着愈来愈多的机器劳动者本身受到排挤，而归根到底就意味着形成一批超过资本在经营上的平均需要的、待雇的雇佣劳动者，一支真正的产业后备军（我早在 1845 年就这样称呼他们①），这支后备军在工业开足马力工作的时期可以随意使用，而由于必然随着这个时期到来的崩溃又被抛到街头，这支后备军任何时候都是工人阶级在自己对资本进行生存斗争中的绊脚石，是把工资抑制在合乎资本家需要的低水平上的调节器。

【论断】资本主义人口相对过剩的实质。

马克思在《资本论》第 1 卷中指出："机器不仅是一个极强大的竞争者，随时可以使雇佣工人'过剩'。"② 随着资本积累的增长和资本有机构成的提高，必然出现两种完全对立的趋势：一方面，资本对劳动力的需求日益相对地，甚至绝对地减少；另一方面，劳动力的供给却在迅速地增加。不可避免地造成大批工人失业，产生相对过剩人口。相对过剩人口，是在资本主义制度下表现出的特有的人口规律。

这样一来，机器，用马克思的话来说，就成了资本用来对付工人阶级的最有力的武器，劳动资料不断地夺走工人手中的生活资料，工人自己的产品变成了奴役工

---

① 恩格斯在这里加了一个注："《英国工人阶级状况》第 109 页"。——参见《马克思恩格斯文集》第 3 卷，北京：人民出版社 2009 年版，第 554 页。

② 《马克思恩格斯文集》第 5 卷，北京：人民出版社 2009 年版，第 501 页。

人的工具①。

【论断】机器成为奴役人的工具。

马克思在《资本论》第 1 卷中写道："机器成了镇压工人反抗资本专制的周期性暴动和罢工等等的最强有力的武器。……这个绝对的矛盾怎样破坏着工人生活的一切安宁、稳定和保障，使工人面临这样的威胁：在劳动资料被夺走的同时，生活资料也不断被夺走。"②

于是，劳动资料的节约，一开始就同时成为对劳动力的最无情的浪费和对劳动发挥作用的正常条件的剥夺③；机器这一缩短劳动时间的最有力的手段，变成了使工人及其家属一生的时间转化为可以随意用来增殖资本的劳动时间的最可靠的手段；于是，一部分人的过度劳动造成了另一部分人的失业，而在全世界追逐新消费者的大工业，却在国内把群众的消费限制到需要忍饥挨饿这样一个最低水平，从而破坏了自己的国内市场。

【论断】恩格斯对《资本论》第 1 卷的援引。

恩格斯的这段话出自《资本论》第 1 卷第四篇"相对剩余价值的生产"第十三章"机器和大工业"。机器大工业是缩短劳动时间的最有力的手段，也是资本增殖的可靠手

① 《马克思恩格斯文集》第 5 卷，北京：人民出版社 2009 年版，第 501、560 页。
② 《马克思恩格斯文集》第 5 卷，北京：人民出版社 2009 年版，第 501、560 页。
③ 《马克思恩格斯文集》第 5 卷，北京：人民出版社 2009 年版，第 532 页。

段。机器大工业对于工人而言具有双重性，一部分人运用机器代替了部分劳动，但是机器的广泛运用使另一部分人失业。

"使相对的过剩人口或产业后备军同资本积累的规模和能力始终保持平衡的规律把工人钉在资本上，比赫斐斯塔司①的楔子把普罗米修斯②钉在岩石上钉得更牢。这一规律制约着同资本积累相适应的贫困积累。因此，在一极是财富的积累，同时在另一极，即在把自己的产品作为资本来生产的阶级方面，是贫困、劳动折磨、受奴役、无知、粗野和道德堕落的积累。"（马克思《资本论》第671页）而从资本主义生产方式中期待产品的另一种分配，那就等于希望电池的电极和电池相联时不使水分解，不在阳极放出氧和阴极放出氢。

【论断】恩格斯对《资本论》第1卷的援引。

这段话出自《资本论》第1卷第七篇"资本的积累过程"第二十三章"资本主义积累的一般规律"③，主要说明资本主义积累的规律和无产阶级贫困的理论。

---

① 赫斐斯塔司：古希腊神话中的火神。罗马神话称之为武尔坎。掌管火、火山、冶炼技术和神奇手工业，被视为工匠的始祖。
② 普罗米修斯：古希腊神话中的一个狄坦神，他从天上盗取火种，带给人们；宙斯把他锁缚在悬崖上，令鹰啄他的肝脏，以示惩罚。
③ 《马克思恩格斯文集》第5卷，北京：人民出版社2009年版，第743—744页。

我们已经看到，现代机器的已经达到最高程度的改进的可能性，怎样由于社会中的生产无政府状态而变成一种迫使各个工业资本家不断改进自己的机器、不断提高机器的生产能力的强制性法令。对资本家来说，扩大自己的生产规模的单纯的实际可能性也变成了同样的强制性法令。

【论断】社会生产的无政府状态与资本家有组织生产之间的矛盾。

现代机器的改进和发展，使社会生产的无政府状态与资本家内部的有组织有计划的生产相矛盾。

大工业的巨大的扩张力——气体的膨胀力和它相比简直是儿戏——现在在我们面前表现为不顾任何阻力的、在质量上和数量上进行扩张的需要。这种阻力是由大工业产品的消费、销路和市场形成的。

【论断】人工业的发展。

大工业在质量和数量上大规模扩张，不受任何阻力，这些阻力主要是大工业产品的消费、销路和市场。

但是，市场向广和深方面扩张的能力首先是受完全不同的、力量弱得多的规律支配的。市场的扩张赶不上生产的扩张。冲突成为不可避免的了，而且，因为它在把资本主义生产方式本身炸毁以前不能使矛盾得到解决，所以它也成为周期性的了。资本主义生产产生了新的"恶性循环"。

【论断】市场扩张与生产扩张的冲突。

市场的扩张与生产的扩张产生冲突，这个冲突只有在资本主义生产方式被消灭时才能得到解决，它与资本主义经济危机一样成为周期性的矛盾。

事实也是这样，自从 1825 年第一次普遍危机爆发以来，整个工商业世界，一切文明民族及其多少尚未开化的附属地中的生产和交换，差不多每隔十年就要出轨一次。

【论断】第一次资本主义经济危机的爆发。

资本主义经济危机是指资本主义经济发展过程中周期性爆发的社会经济大混乱，其基本特征是生产相对过剩。资本主义经济的生产过剩，只是相对过剩，指相对于劳动人民的支付能力而言是过剩了。

1825 年 7 月，英国爆发了第一次周期性普遍生产过剩的经济危机。这次危机是从货币危机开始的。到 1826 年，英国有七十多家银行破产，有三千五百多家工商企业破产。英国当时重要的出口产品棉布出口从 3.45 亿码降为 2.67 亿码，即减少了 23%。机器制造业、建筑业以及其他几乎所有的行业都遭到了危机的沉重打击。整个社会经济处于极度的恐慌和混乱之中。一方面，市场上大量商品卖不出去；另一方面，工人大量失业，工资大幅度降低，工人无钱购买商品。此后，平均大约每隔十年左右，就要发生一次经济危机，如 1837 年、1847 年、1857 年和 1866 年。其他资本主义国家也不同程度地爆发了经济危机。

商业停顿，市场盈溢，产品滞销，银根奇紧，信用停止，工厂关门，工人群众因为他们生产的生活资料过多而缺乏生活资料，破产相继发生，拍卖纷至沓来。停滞状态持续了几年，生产力和产品被大量浪费和破坏，直到最后，大批积压的商品以或多或少压低了的价格卖出去，生产和交换的运动逐渐恢复起来。

【论断】资本主义经济危机的表现。

资本主义经济危机的表现是：大量商品卖不出去，大量生产资料被闲置，大批生产企业、商店、银行破产，大批工人失业，生产迅速下降，信用关系破坏，整个社会生活陷入混乱。

运动逐渐加快，慢步转成快步，工业快步转成跑步，跑步又转成工业、商业、信用和投机事业的真正障碍赛马中的狂奔，最后，经过几次拼命的跳跃重新陷入崩溃的深渊。如此反复不已。

【论断】资本主义经济危机的周期性。

资本主义经济危机的过程具有周期性。典型的再生产周期，包括危机、萧条、复苏、高涨四个阶段。危机是上一个周期的终点，又是下一个周期的起点。在萧条阶段，生产处于停滞状态，同时为复苏阶段做准备。在复苏阶段，生产和消费的矛盾进一步缓和，社会生产逐渐恢复，并进一步发展，使经济出现繁荣景象，形成高涨。高涨又使经济各种矛盾加以积累，达到一定程度，又爆发新一轮经济危机。再生产周期性的物质基础，是固定资产更新。大规模的固定资产更新，会扩张生产能力，引起生产高涨，为下一次生产过剩危机奠定物质基础。

从 1825 年以来，这种情况我们已经历了整整五次，目前（1877 年）正经历着第六次。这些危机的性质表现得这样明显，以致傅立叶把第一次危机称为 crisepléthorique，即由过剩引起的危机时，就中肯地说明了一切危机的实质。

【论断】资本主义经济危机的周期性。

英国自 1825 年出现第一次经济危机以来，到 1877 年已经经历了六次经济危机。傅立叶明确指出这次危机的性质是生产过剩引起的危机。恩格斯认为傅立叶这个观点准确地说明了一切经济危机的实质。

在危机中，社会化生产和资本主义占有之间的矛盾达到剧烈爆发的地步。商品流通暂时停顿下来；流通手段即货币成为流通的障碍；商品生产和商品流通的一切规律都颠倒过来了。经济的冲突达到了顶点：生产方式起来反对交换方式。

【论断】资本主义的基本矛盾。

生产社会化和生产资料的资本家私人占有是资本主义的基本矛盾，这个矛盾在经济危机中表现出来，并达到顶点。在危机中，经济陷入停滞，商品流通暂时停顿，货币成为流通的障碍。经济冲突加剧，资本主义生产方式与资本主义交换方式相冲突。

工厂内部的生产的社会化组织已经发展到同存在于自己之旁并凌驾于自己之上的社会中的生产无政府状态不能相容的地步。甚至资本家也由于资本的猛烈集中而感觉到这一事实，因为在危机期间这种集中是通过许多大资本家和更多的小资本家的破产实现的。

【论断】资本主义社会的基本矛盾。

资本主义企业内部的生产的社会化组织与资本主义社会无政府状态相冲突，生产的社会化同生产资料的资本主义私人占有之间的矛盾成为资本主义的基本矛盾。资本主义基本矛盾在生产上表现为随着资本积累和资本有机构成的提高而导致生产部门产生远高于消费部门的需求。在资本主义经济危机期间，大资本家不断地吞并小资本家，资本实现集中和积聚。

资本主义生产方式的全部机构在它自己创造的生产力的压力下失灵了。它已经不能把这大批生产资料全部变成资本；生产资料闲置起来，因此产业后备军也不得不闲置起来。生产资料、生活资料、待雇的工人，生产和一般财富的一切因素都显得过剩。

【论断】资本主义生产过剩。

资本主义生产方式在早期促进了生产力的发展，但是逐渐成为生产力的桎梏。随着生产的发展，资本主义生产方式无法把大批生产资料全部变成资本，因此越来越多的生产资料闲置和过剩，越来越多的产业工人失去工作。这种生产过剩危机是资本主义社会基本矛盾的必然结果，虽然现代资本主义社会发展到国家资本主义阶段，并且通过福利制度、宏观经济调控等手段不断缓解资本主义基本矛盾带来的生产过剩危机，但只要资本主义的基本生产方式存在，资本主义就不可避免地会发生周期性危机。

但是，这种"过剩成了贫困和匮乏的源泉"（傅立叶），因为正是这种过剩阻碍生产资料和生活资料变为资本。因为在资本主义社会里，生产资料要不先变为资本，变为剥削人的劳动力的工具，就不能发挥作用。

【论断】资本主义生产过剩。

资本主义生产过剩成为贫困和匮乏的源泉，在资本主义社会里，生产资料变为资本，变为剥削人的劳动力的工具时才能发挥作用。

生产资料和生活资料具有资本属性的必然性，像幽灵一样站在这些资料和工人之间。唯独这个必然性阻碍着生产的物的杠杆和人的杠杆的结合；唯独它妨碍生产资料发挥作用，妨碍工人劳动和生活。

【论断】生产资料和生活资料的资本属性。

生产资料和生活资料具有资本的属性，必然阻碍生产的物和人的结合。它妨碍生产资料发挥作用，妨碍工人劳动和生活。

因此，一方面，资本主义生产方式暴露出自己无能继续驾驭这种生产力。另一方面，这种生产力本身以日益增长的威力要求消除这种矛盾，要求摆脱它作为资本的那种属性，要求在事实上承认它作为社会生产力的那种性质。

【论断】资本主义生产方式与生产力日益冲突。

随着生产的发展，资本主义生产方式与生产力日益冲突，生产力的发展又要求消除这种矛盾，要求摆脱生产方式和生产资料的资本属性，要求生产方式的社会化与生产力的社会性质相一致。

猛烈增长着的生产力对它的资本属性的这种反抗，要求承认它的社会本性的这种日益增长的必要性，迫使资本家阶级本身在资本关系内部可能的限度内愈来愈把生产力当作社会生产力看待。

【论断】生产力的社会本性。

随着生产力的发展，生产力的资本属性和生产力的社会本性的冲突日益加剧，生产力不断反抗它的资本属性，逐渐要求承认它的社会本性，迫使资本家在资本主义生产方式内部逐渐增长生产力的社会本性。

无论信用无限膨胀的工业高涨时期，还是由大资本主义企业的破产造成的崩溃本身，都把大量生产资料推向如像我们在各种股份公司中所遇见的那种社会化形式。

【论断】生产资料的社会化。

生产社会化，意味着生产越来越不再是私人的小型化的生产，而日益发展成一个整个社会相互合作、分工、大型的生产。这样的生产要求一定的秩序，而不是混乱无序的无政府状态。资本主义在各个发展阶段，都会形成生产资料的社会化。马克思恩格斯在论述"信用在资本主义生产中的作用"的问题时明确阐明了关于"股份制"的认识："在股份公司内，职能已经同资本所有权相分离，因而劳动也已经完全同生产资料的所有权和剩余劳动的所有权相分离。资本主义生产极度发展的这个结果，是资本再转化为生产者的财产所必需的过渡点，不过这种财产不再是各个互相分离的生产者的私有财产，而是联合起来的生产者的财产。"①

---

① 《马克思恩格斯文集》第7卷，北京：人民出版社2009年版，第495页。

某些生产资料和交通手段，例如铁路，一开始规模就很大，它们排斥任何其他的资本主义经营形式。在一定的发展阶段上，这种形式也嫌不够了；[①] 国内同一工业部门的大生产者联合为一个"托拉斯"，即一个以调节生产为目的的联盟；他们规定应该生产的总产量，在他们中间加以分配，并且强制实行预先规定的出售价格。

【论断】托拉斯的产生过程。

托拉斯，英文"trus"的音译，是垄断组织的高级形式之一。由许多生产同类商品的企业或产品有密切关系的企业合并组成。旨在垄断销售市场、争夺原料产地和投资范围，加强竞争力量，以获取高额垄断利润。参加的企业在生产上、商业上和法律上都丧失独立性。托拉斯的董事会统一经营全部的生产、销售和财务活动，领导权掌握在最大的资本家手中，原企业主成为股东，按其股份取得红利。19世纪末以来，美国的托拉斯迅速发展。西欧国家托拉斯出现稍晚，但在第一次世界大战后也有了迅速发展。目前，托拉斯在美国最发达。托拉斯本身是法人，由托拉斯董事会集中掌握全部业务和财务活动，原来的企业成为托拉斯的股东，按股权分配利润，参加者在法律上和产销上失去独立性。

---

① 在1883年德文第一版中没有以下从"国内同一工业部门"起，至"无论有或者没有托拉斯"这部分文字。——参见《马克思恩格斯文集》第3卷，北京：人民出版社2009年版，第558页。

但是，这种托拉斯一遇到不景气的时候大部分就陷于瓦解，正因为如此，它们就趋向于更加集中的社会化：整个工业部门变为一个唯一的庞大的股份公司，国内的竞争让位于这个公司在国内的垄断；例如还在 1890 年，英国的制碱业就发生了这种情形，现在，这一行业在所有 48 个大工厂合并以后就转到了一个唯一的、统一领导的、拥有 12000 万马克资本的公司手中了。

【论断】垄断的产生。

在以自由竞争为基本特征的资本主义发展阶段，资本主义企业为了攫取更多的剩余价值，必然会采取先进的生产技术和科学的管理方法，实行生产的专业化和协作，提高劳动生产率；在激烈的竞争中，大企业往往凭借自己在经济上的优势，不断排挤和吞并中小企业，使生产资料、劳动力和劳动产品的生产日益集中于自己手中。

在托拉斯中，自由竞争转为垄断，而资本主义社会的无计划生产向行将到来的社会主义社会的计划生产投降。当然，这首先还是对资本家有利的。但是，在这里剥削变得这样明显，以致它必然要被消灭。任何一个民族都不会容忍由托拉斯领导的生产，不会容忍由一小撮专靠剪息票为生的人对全社会进行的如此露骨的剥削。

【论断】垄断必然被消灭的原因。

自由竞争引起生产集中，生产集中发展到一定程度必然走向垄断，是自由竞争的资本主义发展到垄断资本主义阶段的一般的规律。从自由竞争中成长起来的垄断并未消除竞争，而是凌驾于自由竞争之上与之并存。垄断与各类竞争同时存在，因而产生各种特别尖锐、特别剧烈的矛盾和冲突，使资本主义所固有的各种矛盾进一步激化。资本主义社会的无计划生产也必将被社会主义社会的计划生产所代替。1890 年，恩格斯在致奥托·冯·伯尼克的信中指出："所谓'社会主义社会'不是一种一成不变的东西，而应当和任何其他社会制度一样，把它看成是经常变化和改革的社会。"①

无论在任何情况下，无论有或者没有托拉斯，资本主义社会的正式代表——国家终究不得不承担起对生产的领导。这种转化为国家财产的必然性首先表现在大规模的交通机构，即邮政、电报和铁路方面。

【论断】资本主义国家对国家财产的控制。

资本主义国家是资本主义社会的真正代表，对生产和国家财产的控制首先表现在控制大规模的交通机构，主要是邮政、电报和铁路等。

恩格斯为"不得不"这三个字做了一个很长的注解："我说'不得不'，因为只有在生产资料或交通手段真正发

---

① 《马克思恩格斯文集》第 10 卷，北京：人民出版社 2009 年版，第 588 页。

展到不适于由股份公司来管理，因而国有化在经济上已成为不可避免的情况下，国有化——即使是由目前的国家实行的——才意味着经济上的进步，才意味着达到了一个新的为社会本身占有一切生产力作准备的阶段。但是最近，自从俾斯麦致力于国有化以来，出现了一种冒牌的社会主义，它有时甚至堕落为某些奴才气，无条件地把任何一种国有化，甚至俾斯麦的国有化，都说成社会主义的。显然，如果烟草国营是社会主义的，那么拿破仑和梅特涅就应该算入社会主义创始人之列了。比利时国家出于纯粹日常的政治和财政方面的考虑而自己修建国家的铁路干线，俾斯麦并非考虑经济上的必要，而只是为了使铁路能够更好地适用于战时，为了把铁路官员训练成政府的投票家畜，主要是为了取得一种不依赖于议会决定的新的收入来源而把普鲁士的铁路干线收归国有，这无论如何不是社会主义的步骤，既不是直接的，也不是间接的，既不是自觉的，也不是不自觉的。"①

如果说，危机暴露出资产阶级无能继续驾驭现代生产力，那末，大的生产机构和交通机构向股份公司、托拉斯和国家财产的转变就表明资产阶级在这方面不是不可缺少

---

① 参见《马克思恩格斯文集》第 3 卷，北京：人民出版社 2009 年版，第 558—559 页。

的。资本家的全部社会职能现在由雇佣的职员来执行了。

【论断】资本主义的危机。

资本主义的经济危机暴露出资产阶级无法驾驭现代生产力。资本主义大企业和交通机构逐渐转变为股份公司和国家财产，这说明资产阶级在这方面不是不可缺少的，资本家的全部社会职能都由现在的雇佣工人来执行了。

资本家拿红利、剪息票、在各种资本家相互争夺彼此的资本的交易所中进行投机，除此以外，再没有任何其他的社会活动了。资本主义生产方式起初排挤工人，现在却在排挤资本家了，完全像对待工人那样把他们赶到过剩人口中去，虽然暂时还没有把他们赶到产业后备军中去。

【论断】大资本家对小资本家的吞并。

在资本主义社会，资本家争夺资本，在资本的交易中进行投机。资本主义生产方式在最初的时候排挤工人，现在大资本家吞并和排挤小资本家，小资本家破产后沦为雇佣工人，甚至成为过剩人口。

但是，无论向股份公司和托拉斯①的转变，还是向国家财产的转变，都没有消除生产力的资本属性。在股份

---

① 在1883年德文第一版中没有"托拉斯"一词。——参见《马克思恩格斯文集》第3卷，北京：人民出版社2009年版，第559页。

公司和托拉斯那里，这一点是十分明显的。而现代国家
却只是资产阶级社会为了维护资本主义生产方式的共同
的外部条件使之不受工人和个别资本家的侵犯而建立的
组织。

【论断】 资本主义生产力的私有性。

资本主义私有企业无论是转变为股份公司和托拉斯，
还是转变为国家财产，都不能改变资本主义生产力的私有
性质。资本主义国家也只是维护资本主义生产方式的工具
和组织。马克思在《资本论》第 3 卷中也明确指出："在股
份制度内，已经存在着社会生产资料借以表现为个人财产
的旧形式的对立面，但是，这种向股份形式的转化本身，
还是局限在资本主义界限之内，因此，这种转化并没有克
服财富作为社会财富的性质和作为私人财富的性质之间的
对立，而只是在新的形态上发展了这种对立。"① 可见，马
克思恩格斯已经认识到"股份制"的资本主义剥削和对抗
性质。

现代国家，不管它的形式如何，本质上都是资本主义
的机器，资本家的国家，理想的总资本家。它愈是把更多
的生产力据为己有，就愈是成为真正的总资本家，愈是剥

---

① 《马克思恩格斯文集》第 7 卷，北京：人民出版社 2009 年版，第 489—
499 页。

削更多的公民。

【论断】资本主义国家的本质。

资本主义国家在本质上是资本主义的机器，是资本家的国家。资本主义国家占有越来越多的生产力，越来越多的公民成为被剥削者。这不仅是资产阶级与雇佣工人阶级之间的对抗，也是大资本家与小资本家之间的对抗。

工人仍然是雇佣劳动者，无产者。资本关系并没有被消灭，反而被推到了顶点。但是在顶点上是要发生变革的。生产力的国家所有不是冲突的解决，但是它包含着解决冲突的形式上的手段，解决冲突的线索。

【论断】资本主义生产方式必然发生变革。

资本主义国家没有消灭资本关系，没有消灭剥削本质，工人仍然是雇佣劳动者，仍然是无产者。资本主义生产方式必然发生变革，资本主义私有制必然要被社会主义公有制所代替。生产力和生产资料的社会所有是解决资本主义私有制的手段和线索。

这种解决只能是在事实上承认现代生产力的社会本性，因而也就是使生产、占有和交换的方式同生产资料的社会性相适应。而要实现这一点，只有由社会公开地和直接地占有已经发展到除了社会管理不适于任何其他管理的生产力。

【论断】现代生产力的社会本性。

现代生产力的社会本性是生产力的社会所有，生产、占有和交换的方式是社会性的，这就要求生产资料不再是私人所有，而是社会所有。因此，要实现现代生产力与生产资料相适应，只有社会公开和直接地占有生产力。

现在，生产资料和产品的社会性反过来反对生产者本身，周期性地突破生产方式和交换方式，并且只是作为盲目起作用的自然规律强制性地和破坏性地为自己开辟道路，而随着社会对生产力的占有，这种社会性就将为生产者完全自觉地运用，并且从造成混乱和周期性崩溃的原因变为生产本身的最有力的杠杆。

【论断】生产资料和产品的社会性对生产方式和交换方式的突破。

生产资料和产品的社会性反对资本主义的生产者，突破资本主义生产方式和交换方式，并且作为盲目起作用的自然规律强制发生作用。随着社会对生产的占有，生产者不仅自觉运用社会性，而且社会性不再是经济危机和崩溃的原因，而是成为生产的有力杠杆。

社会力量完全像自然力一样，在我们还没有认识和考虑到它们的时候，起着盲目的、强制的和破坏的作用。但是，一旦我们认识了它们，理解了它们的活动、方向和影响，那末，要使它们愈来愈服从我们的意志并利用它们来达到我们的目的，这就完全取决于我们了。这一点特别适用于今天的强大的生产力。

【论断】生产力的强大作用。

马克思在《资本论》第 1 卷中把独立于经济力以外的资源力称为自然力，并把自然力分为两种：一是"由协作和分工产生的生产力"是社会劳动的自然力；二是用于生产过程的自然力，如蒸汽、水等等。自然力在没有被人认识之前，起着盲目的、强制的和破坏的作用。正如马克思在《资本论》中所说："人要在生产上消费自然力，就需要一种'人的手的创造物'。……利用自然力是如此，利用科学也是如此。"① 当人们认识了自然力，就可以使自然力服从人的意志，并利用自然力达到人的目的。

只要我们固执地拒绝理解这种生产力的本性和性质——而资本主义生产方式及其辩护士正是抗拒这种理解的，——它就总是像上面所详细叙述的那样起违反我们、反对我们的作用，把我们置于它的统治之下。

【论断】生产力的决定作用。

无论资产阶级拒绝或抗拒理解生产力的社会本性，生产力都是决定生产方式的力量，是统治生产方式的力量。

---

① 《马克思恩格斯文集》第 5 卷，北京：人民出版社 2009 年版，第 444 页。

但是它的本性一旦被理解，它就会在联合起来的生产者手中从魔鬼似的统治者变成顺从的奴仆。这里的区别正像暴风雨时雷鸣闪电中的电的破坏力同电报机和弧光灯的被驯服的电之间的区别一样，正像火灾同为人服务的火之间的区别一样。

【论断】生产者可以利用生产力创造价值。

生产者理解和掌握生产力的本性和规律，生产力就会顺从联合的生产者，而不是统治生产者。恩格斯把这种区别比作电的破坏力和有用性，火的破坏性和有用性之间的区别。

当人们按照今天的生产力终于被认识了的本性来对待这种生产力的时候，社会的生产无政府状态就让位于按照全社会和每个成员的需要对生产进行的社会的有计划的调节。

【论断】资本主义生产的无政府状态终将被有计划的社会生产代替。

当人们认识到生产力的本性，并按它的本性来对待它时，资本主义生产的无政府状态就会被有计划的社会生产所代替。

那时，资本主义的占有方式，即产品起初奴役生产者而后又奴役占有者的占有方式，就让位于那种以现代生产资料的本性为基础的产品占有方式：一方面由社会直接占有，作为维持和扩大生产的资料，另一方面由个人直接占有，作为生活和享乐的资料。

【论断】资本主义的占有方式发生改变。

资本主义的占有方式是既奴役生产者又奴役占有者的方式，这种占有方式终将被以现代生产资料的本性为基础的产品占有方式所代替。这些产品一方面由社会直接占有，维持和扩大生产的资料，另一方面由个人直接占有，产品成为生活和享乐的资料。

资本主义生产方式日益把大多数居民变为无产者，同时就造成一种在死亡的威胁下不得不去完成这个变革的力量。这种生产方式迫使人们日益把巨大的社会化的生产资料变为国家财产，同时它本身就指明完成这个变革的道路。

【论断】资本主义生产方式的历史意义。

资本主义生产方式把大多数居民变为无产者，同时造成完成这个变革的力量。资本主义生产方式迫使人们把社会化的生产资料转变为国家财产，同时它本身指明完成这个变革的道路。

无产阶级将取得国家政权，并且首先把生产资料变为国家财产。但是，这样一来它就消灭了作为无产阶级的自身，消灭了一切阶级差别和阶级对立，也消灭了作为国家的国家。

【论断】无产阶级消灭一切阶级差别和阶级对立。

无产阶级取得国家政权，把生产资料变为国家财产。这样不仅消灭无产阶级自身，而且消灭一切阶级差别和阶级对立，也消灭国家本身。

迄今在阶级对立中运动着的社会需要有国家，即需要一个剥削阶级的组织，以便维持它的外部的生产条件，特别是用强力把被剥削阶级控制在当时的生产方式所决定的那些压迫条件下（奴隶制、农奴制或依附农制、雇佣劳动制）。

【论断】国家是阶级斗争的产物。

国家是阶级斗争和阶级对立的产物。国家是一个剥削阶级的组织，通过强力维持国家外部的生产条件，用强力把被剥削阶级控制在奴隶制、农奴制和雇佣劳动制的生产方式下。

国家是整个社会的正式代表，是社会在一个有形的组织中的集中表现，但是，说国家是这样的，这仅仅是说，它是当时独自代表整个社会的那个阶级的国家：在古代是占有奴隶的公民的国家，在中世纪是封建贵族的国家，在我们的时代是资产阶级的国家。

【论断】国家是整个社会的代表。

国家是社会组织的集中表现，是整个社会的代表。奴隶制国家是占有奴隶的公民的国家，封建制国家是封建贵族的国家，资本主义国家是资产阶级的国家。

当国家终于真正成为整个社会的代表时，它就使自己成为多余的了。当不再有需要加以镇压的社会阶级的时候，当阶级统治和根源于现代生产无政府状态的生存斗争以及由此产生的冲突及极端行动都被消除了的时候，就不再有什么需要镇压了，也就不再需要国家这种特殊的镇压力量了。

【论断】国家消亡的条件。

国家成为整个社会的代表时意味着国家成为多余的了。社会阶级的消亡是国家消亡的前提条件，当阶级统治和阶级斗争的根源被消除时，就不再需要国家的镇压力量。

国家真正作为整个社会的代表所采取的第一个行动，即以社会的名义占有生产资料，同时也是它作为国家所采取的最后一个独立行动。那时，国家政权对社会关系的干预将先后在各个领域中成为多余的事情而自行停止下来。那时，对人的统治将由对物的管理和对生产过程的领导所代替。国家不是"被废除"的，它是自行消亡的。

【论断】国家消亡的必然性。

国家以社会的名义占有生产资料，成为整个社会的真正代表。国家不是"被废除的",它是自行消亡的。因为国家政权对社会关系的干预在各个领域成为多余的,国家不再统治人,而是管理物和领导生产过程。

　　应当以此来衡量"自由的人民国家"这个用语,这个用语在鼓动的意义上暂时有存在的理由,但归根到底是没有科学根据的;同时也应当以此来衡量所谓无政府主义者提出的在一天之内废除国家的要求。

　　【论断】"自由的人民国家"是没有科学根据的。

　　19 世纪 70 年代,德国社会民主党争取建立"自由国家",把国家看作是具有精神的、道德的、自由的基础的独立存在物,提出纲领性的要求和流行口号"自由的人民国家"。马克思、恩格斯、列宁曾对这个口号做出了马克思主义的批判。

　　1875 年 5 月,马克思在《哥达纲领批判》第四部分中批判了德国工人党要争取建立的"自由国家"。"自由国家,这是什么东西?使国家变成'自由的',这决不是已经摆脱了狭隘的臣民见识的工人的目的。"① 实际上,无论国家的形式有如何不同,只要它建立在现代资产阶级社会的基础上就具有根本的共同特征。马克思批判德国社会民主党的纲领"既不谈无产阶级的革命专政,也不谈未来共产主义

---

① 《马克思恩格斯文集》第 3 卷,北京:人民出版社 2009 年版,第 444 页。

社会的国家制度"①。

　　1875 年 3 月，恩格斯在致奥·倍倍尔的信中指出这个口号是无稽之谈，因为国家只是阶级斗争的工具。"既然国家只是在斗争中，在革命中用来对付敌人实行暴力镇压的一种暂时的设施，那么，说自由的人民国家，就纯粹是无稽之谈了：当无产阶级还需要国家的时候，它需要国家不是为了自由，而是为了镇压自己的敌人，一到有可能谈自由的时候，国家本身就不再存在了。"② 无产阶级需要国家的时候就是从资本主义社会向共产主义社会的革命转变时期，这个时期的国家就是无产阶级的革命专政。

　　1917 年，列宁在《国家与革命》中赞扬恩格斯在《社会主义从空想到科学的发展》中的这段思想是"极其丰富的论述"，但是德国社会民主党没有正确理解马克思恩格斯的社会主义思想，错误地削剪马克思主义，"无异是把马克思主义变成机会主义"，是"对马克思主义最粗暴的、仅仅有利于资产阶级的歪曲"，这是由于忘记了"恩格斯的'总结性'论述中就已指出的那些极重要的情况和想法"③。列宁批判德国社会民主党人的这个流行口号"自由的人民国家"除了对民主概念的夸张描写外，没有任何政治内容。"这个口号是机会主义的，因为它不仅起了粉饰资产阶级民

①　《马克思恩格斯文集》第 3 卷，北京：人民出版社 2009 年版，第 445 页。
②　《马克思恩格斯文集》第 3 卷，北京：人民出版社 2009 年版，第 414 页。
③　《列宁全集》第 31 卷，北京：人民出版社 1983 年版，第 15—16 页。

主的作用，而且表现出不懂得社会主义对任何国家的批评。我们赞成民主共和国，因为这是在资本主义制度下对无产阶级最有利的国家形式。但是我们决不应该忘记，即使在最民主的资产阶级共和国里，人民仍然摆脱不了当雇佣奴隶的命运。其次，任何国家都是对被压迫阶级'实行镇压的特殊力量'。因此任何国家都不是自由的，都不是人民的。在70年代，马克思和恩格斯一再向他们党内的同志解释这一点。"①

自从资本主义生产方式在历史上出现以来，由社会占有全部生产资料，常常作为未来的理想隐隐约约地浮现在个别人物和整个派别的脑海中。但是，这种占有只有在实现它的实际条件已经具备的时候才能成为可能，才能成为历史的必然性。

【论断】资本主义生产方式的产生。

自资本主义生产方式产生以来，生产资料由资本家私人占有，但是社会占有生产资料成为个别人和派别的未来理想。生产资料的社会占有只有当实际条件已经具备的情况下才能成为可能，才能成为历史的必然性。

正如其他一切社会进步一样，这种占有之所以能够实

① 《列宁全集》第31卷，北京：人民出版社1983年版，第18页。

现，并不是由于人们认识到阶级的存在同平等、正义等等相矛盾，也不是仅仅由于人们希望废除阶级，而是由于具备了一定的新的经济条件。

【论断】新的经济条件是资本主义生产方式形成的基础。

恩格斯运用唯物主义历史观阐释资本主义生产方式的产生过程。资本主义生产方式，正如其他一切社会进步，不是由于人的社会意识而产生的，而是由于社会存在的变化而产生的，其中最主要的是物质生产方式的变化。

社会分裂为剥削阶级和被剥削阶级、统治阶级和被压迫阶级，是以前生产不大发展的必然结果。当社会总劳动所提供的产品除了满足社会全体成员最起码的生活需要以外只有少量剩余，因而劳动还占去社会大多数成员的全部或几乎全部时间的时候，这个社会就必然划分为阶级。在这个完全委身于劳动的大多数人之旁，形成了一个摆脱直接生产劳动的阶级，它从事于社会的共同事务：劳动管理、政务、司法、科学、艺术等等。

【论断】社会分裂为两大对立的阶级。

恩格斯运用唯物主义历史观分析阶级产生的原因。当社会产品除满足社会全体成员基本的生活需要以外还有少量剩余，劳动仍然占大部分社会成员几乎全部的劳动时间，社会必然产生阶级。因此，阶级就是人们在社会上由于所处地位不同和对生产资料关系不同而分成的集团。正如列宁所说:"所谓阶级,就是这样一些大的集团,由于它们在一定社会经济结构中所处的地位不同,其中一个集团能够占有另一个集团的劳动。"①

社会分裂为两大阶级,即统治阶级和被统治阶级。大部分人直接从事劳动生产,是被统治阶级;少部分人占有生产资料,是统治阶级。统治阶级占有被统治阶级的劳动产品,剥削被统治阶级,管理社会事务:劳动管理、政务、司法、科学、艺术等。

因此,分工的规律就是阶级划分的基础。但是这并不妨碍阶级的这种划分曾经通过暴力和掠夺、狡诈和欺骗来实现,这也不妨碍统治阶级一旦掌握政权就牺牲劳动阶级来巩固自己的统治,并把对社会的领导变成对群众的加紧剥削。

【论断】社会分工是阶级划分的基础。

社会分工是指人类从事各种劳动的社会划分及其独立化、专业化。社会分工是人类文明的标志之一,也是商品经济发展的基础,没有社会分工就没有交换,市场经济也无从谈起。恩格斯在《家庭、私有制和国家的起源》一书中指出三次社会大分工,即游牧部落从其余的野蛮人群中

---

① 《列宁全集》第37卷,北京:人民出版社1983年版,第13页。

分离出来；手工业和农业的分离；商人阶级的出现。

但是，即使阶级的划分根据上面所说具有某种历史的理由，那也只是对一定的时期、一定的社会条件才是这样。这种划分是以生产的不足为基础的，它将被现代生产力的充分发展所消灭。

【论断】现代生产力的充分发展最终消灭阶级。

阶级的划分是以一定的历史和社会条件为基础的。这种划分是以生产的缺乏为基础的，将最终被现代生产力的充分发展消灭。

的确，社会阶级的消灭是以这样一个历史发展阶段为前提，在这个阶段上，不仅某个特定的统治阶级而且任何统治阶级的存在，从而阶级差别本身的存在，都将成为时代的错误，成为过时的现象。

【论断】阶级消亡的条件。

阶级作为历史的产物，必然要在一定历史条件下走向消亡。阶级消亡的根本条件是在无产阶级专政下消灭私有制，生产力获得高度发展，也就是以无产阶级的统治作为政治条件，以社会生产力的高度发展作为物质条件。

所以，阶级的消灭是以生产的高度发展阶段为前提，在这个阶段上，某一特殊的社会阶级对生产资料和产品的占有，从而对政治统治、教育垄断和精神领导的占有，不仅成为多余的，而且成为经济、政治和精神发展的障碍。这个阶段现在已经达到了。

【论断】阶级消亡的条件。

消灭阶级的最根本的社会变革，是消灭私有制，进而消灭人剥削人的现象。消灭私有制只有无产阶级才能完成，因为无产阶级人数众多，而且早就丧失了生产资料的占有权，只有通过其强大的政治统治才能改造私有制，坚持公有制。

资产阶级的政治和精神的破产甚至对他们自己也未必是一种秘密了，而他们的经济破产则有规律地每十年重复一次。在每次危机中，社会在属于它自己而又不能为它自己所利用的生产力和产品的重压下奄奄一息，面对着生产者没有什么可以消费是因为缺乏消费者这种荒谬的矛盾而束手无策。

【论断】资产阶级的政治和精神的破产。

资产阶级的经济危机每十年就重复一次。在每次危机中，生产力的社会化与生产资料的资本家私人占有之间的矛盾不仅对社会造成重压，而且对消费矛盾束手无策。

生产资料的扩张力撑破了资本主义生产方式所加给它的桎梏。生产资料从这种桎梏下解放出来，是生产力不断地加速发展的唯一先决条件，因而也是生产本身实际上无限增长的唯一先决条件。但是还不止于此。

【论断】资本主义生产方式的桎梏。

生产资料的不断扩张逐渐突破资本主义生产方式强加给它的桎梏。只有将生产资料从资本主义生产方式的桎梏中解放出来，生产力才可以不断地加速发展，生产力才可以无限增长。

生产资料的社会占有，不仅会消除生产的现存的人为障碍，而且还会消除生产力和产品的明显的浪费和破坏，这种浪费和破坏在目前是生产的不可分离的伴侣，并且在危机时期达到顶点。

【论断】生产资料的社会占有。

生产资料的社会占有不仅消除生产的人为障碍，而且消除生产力的破坏和生产产品的浪费。这种浪费和破坏在生产中同时存在，并且在危机时期达到顶点。

此外，这种占有还由于消除了现在的统治阶级及其政治代表的穷奢极欲的浪费而为全社会节省出大量的生产资料和产品。通过社会生产，不仅可能保证一切社会成员有富足的和一天比一天充裕的物质生活，而且还可能保证他们的体力和智力获得充分的自由的发展和运用，这种可能性现在是第一次出现了，但是它确实是出现了。

【论断】生产资料的社会占有。

恩格斯用具体的实例来说明现代生产资料的扩张力，在原文中有一个篇幅较长的注释："有几个数字可以大体表明现代生产资料即使在资本主义压制下也有巨大的扩张力。根据吉芬的计算，大不列颠和爱尔兰的全部财富约计如下：

1814 年……22 亿英镑 = 440 亿马克

1865 年……61 亿英镑 = 1220 亿马克

1875 年……85 亿英镑 = 1700 亿马克

"至于在危机中生产资料和产品被破坏的情况，根据 1878 年 2 月 21 日在柏林举行的德国工业家第二次代表大会所作的计算，在最近一次崩溃中，单是德国铁工业所遭受的全部损失就达 45500 万马克。"①

一旦社会占有了生产资料，商品生产就将被消除，而产品对生产者的统治也将随之消除。社会生产内部的无政府状态将为有计划的自觉的组织所代替。

【论断】资本主义基本矛盾的消除。

社会占有生产资料，意味着消除了资本主义生产资料私有制，意味着生产资料的社会化，生产产品的社会化，也就消除了商品生产，消除了生产者对产品的统治。社会生产内部的盲目性和无计划性将被有组织有计划的社会生产所代替，这就消除了资本主义社会的基本矛盾，也就是

① 参见《马克思恩格斯文集》第 3 卷，北京：人民出版社 2009 年版，第 564 页。

生产资料的资本主义私人占有与生产的社会化之间的矛盾。

生存斗争停止了。于是，人才在一定意义上最终地脱离了动物界，从动物的生存条件进入真正人的生存条件。

【论断】人的真正的生存条件。

消除资本主义基本矛盾，也就消除了生存斗争，人在一定意义上最终脱离了动物界，具备真正人的生存条件。

人们周围的、至今统治着人们的生活条件，现在却受到人们的支配和控制，人们第一次成为自然界的自觉的和真正的主人，因为他们已经成为自己的社会结合的主人了。

【论断】人成为自然界和社会的主人。

人的生活受到外在条件的限制，但是现在外在条件却受到人的支配和控制。这是因为人成为社会的主人，也就成为自然界的自觉和真正的主人。

人们自己的社会行动的规律，这些直到现在都如同异己的、统治着人们的自然规律一样而与人们相对立的规律，那时就将被人们熟练地运用起来，因而将服从他们的统治。

【论断】社会规律对人的统治。

自然规律就如同异己的力量统治着人们，社会规律也像自然规律那样与人们相对立，并统治着人们。人们熟练地运用这些规律，并服从它们的统治。

人们自己的社会结合一直是作为自然界和历史强加于他们的东西而同他们相对立的，现在则变成他们自己的自由行动了。一直统治着历史的客观的异己的力量，现在处于人们自己的控制之下了。

【论断】人不再受制于社会，而是成为社会的主人。

人受制于自然界和历史，又与自然界和历史相对立。当人不再受制于社会时，一直统治着历史的客观的异己的力量将处于人的控制之下。

只是从这时起，人们才完全自觉地自己创造自己的历史；只是从这时起，由人们使之起作用的社会原因才在主要的方面和日益增长的程度上达到他们所预期的结果。这是人类从必然王国进入自由王国的飞跃。

【论断】人类从必然王国到自由王国的飞跃。

只有当人成为自然界和社会的真正的主人时，人才完全自觉地自己创造自己的历史。

最后，我们把上述的发展进程简单地概述如下：

一、中世纪社会：个体的小生产。生产资料是供个人使用的，因而是原始的、笨拙的、小的、效能很低的。生产或者是为了生产者本身的直接消费，或者是为了他的封建领主的直接消费。只有在生产的东西除了满足这些消费以外还有剩余的时候，这种剩余才拿去出卖和进行交换：

所以商品生产刚刚处于形成过程中；但是这时它本身已经包含着社会生产的无政府状态的萌芽。

【论断】中世纪社会的个体小生产。

中世纪从公元 5 世纪持续到公元 15 世纪，始于公元 476 年西罗马帝国灭亡，最终融入文艺复兴和地理大发现中。这一时期欧洲历史的主线是封建制度的形成、发展和解体。在社会生产方面的表现是个体的小生产。生产资料由个人掌握和使用，生产是原始的、笨拙的、小的和低效的。生产不是用于交换和出售，而是用于生产者本身的消费和封建地主的消费。生产产品在满足这些消费之外还有剩余的情况下，产品才会拿出去交换和出售。因此这一时期的商品生产处于萌芽之中。商品生产是以交换为目的的物质资料生产，生产者生产产品，不是为了自己的消费，也就是不是为了得到它的使用价值，而是为了得到它的价值。在资本主义制度下，商品生产是以资本剥削雇佣劳动为特征，在私有制基础上达到最发达的阶段。

二、资本主义革命：起初是工业通过简单协作和工场手工业实现的变革。先前分散的生产资料集中到大作坊中，因而它们就由个人的生产资料转变为社会化的生产资料，这种转变总的说来是没有触及交换形式的。旧的占有形式仍然起作用。资本家出现了：他是生产资料的所有者，当然就占有产品并把它们变为商品。生产已经成为社会的活动，而交换和占有仍旧是个体的活动，单个人的活动：社会产品被个别资本家所占有。这就是产生现代社会借以运动并在大工业中表现得特别明显的一切矛盾的基本矛盾。

【论断】资本主义革命实现的变革和资本主义社会的基本矛盾。

封建社会末期，随着生产力的提高和商品经济的发展，小商品生产者向两极分化加剧，一些富裕的手工业主或商人雇佣了较多的手工业者，组织他们在自己的作坊里共同劳动。从这种作坊的生产工具和劳动方式看，同行会手工业作坊几乎没有区别。但是，由于生产规模的扩大，雇佣的人数较多，这些作坊的主人能够剥削到大量的剩余劳动，从而摆脱了劳动，成为资本家。因而简单协作成了资本主义生产的起点。与个体劳动相比，简单协作具有多方面的优势：①协作可以使个人劳动技能的差异因互相抵消而消失，使每个工人的劳动都具有社会平均劳动的性质，从而能够保证一般剩余价值率的实现。②工人共同劳动，共同使用厂房、仓库，同时或交替使用工具、容器等等，从而节省生产资料方面的开支。③协作可以创造集体的力量，它大大超过许多单个劳动者力量的总和，多数人一起劳动，增强彼此间的社会接触，通过竞争提高每个劳动者的工作效率。④协作可以在短时间内投入大量劳动，完成紧急任务，避免经济损失。⑤协作可以扩大劳动的空间范围，完成单个劳动者无法完成的工作。总之，简单协作创造了一种新的生产力，也就是资本的生产力。

简单协作发展到一定阶段，形成分散的手工工场和集中的手工工场，这是资本主义早期发展的三种形式，它们虽然在时间上是承袭的，但又往往是并存的。通过简单协作和工场手工业，分散的生产资料集中到大作坊，个人的生产资料就转变为社会化的生产资料。资本主义革命是工业通过简单协作和工场手工业实现变革，但是这种变革没有触及交换形式，因此生产资料仍然属于资本家所有，社会产品也仍然属于资本家所有。这里的矛盾就在于生产已经成为社会化的活动，但是交换和占有仍然是个体的活动。这就是资本主义的基本矛盾，即生产的社会化与生产资料资本家的私人占有。

（a）生产者和生产资料分离。工人注定要终身从事雇佣劳动。无产阶级和资产阶级相对立。

【论断】资本主义的主要矛盾。

生产者和生产资料分离的结果就是生产资料由资本家占有，而不是由生产者占有。劳动生产者一无所有，只能靠出卖自己的劳动力维持生活，也就是终身从事雇佣劳动。资产阶级和无产阶级的对立成为资本主义的主要矛盾。

（b）支配商品生产的规律日益显露出来，它们的作用日益加强。竞争不可遏止。个别工厂中的社会化组织和整个生产中的社会无政府状态相矛盾。

【论断】资本主义社会的基本矛盾。

商品生产和商品交换受到价值规律的支配，在私有制社会，价值规律自发地调节生产，刺激生产技术的改进，加速商品生产者的分化。个别商品生产者有计划有组织地生产，但是整个社会在竞争中陷入无政府状态，这就是个别生产的社会化与整个生产的无政府状态的矛盾。

（c）一方面是机器的改进，这种改进由于竞争而变成每个厂主必须遵守的强制性法令，同时就使工人遭到不断的解雇：产生了产业后备军。另一方面是生产的无限扩张，这也成了每个厂主必须遵守的强制性的竞争规律。

【论断】机器的改进与生产的无限扩张。

一方面是机器的改进，由于竞争，改进机器成为每个工厂主必须遵守的强制性法令，也使工人不断地被解雇，这样就产生了产业后备军。另一方面是生产的无限扩张，这也成为每个工厂主必须遵守的强制性的竞争规律。

这两方面造成了生产力的空前发展、供过于求、生产过剩、市场盈溢、十年一次的危机、恶性循环：这里是生产资料和产品过剩，那里是没有工作和没有生活资料的工人过剩；但是，生产和社会福利的这两个杠杆不能结合起来，因为生产力和产品要不先转变为资本，资本主义的生产形式就不允许生产力发挥作用和产品进行流通，而阻碍这种转变的正是生产力和产品的过剩。

【论断】资本主义生产方式阻碍生产力的发展。

机器的改进和生产的无限扩张造成了生产力的空前发展，一方面是经济危机造成的生产过剩和产品过剩，另一方面是资本主义人口的相对过剩。社会生产和社会福利无法结合，因为生产力和产品要转化为资本后，资本主义生产方式才允许生产力发挥作用和产品流通，但是生产力和产品的过剩又阻碍生产力和产品转化为资本。资本主义生产形式陷入恶性循环中。

这种矛盾发展到荒谬的程度：生产方式起来反对交换形式。资产阶级已经暴露出自己无能继续管理自己的社会生产力。

【论断】生产力和生产关系的矛盾。

生产方式是指社会生活所必需的物质资料的谋得方式，在生产过程中形成的人与自然界之间和人与人之间的相互关系的体系。人们一般把物质资料生产的物质内容称作是生产力，把其社会形式称作是生产关系，这两者都是生产方式的建设性内容——物质生产方式（物质谋得方式）和社会生产方式（社会经济活动方式）。总的来说，生产方式是生产力和生产关系在物质资料生产过程中的能动统一。

（d）资本家本身不得不部分地承认生产力的社会性。大规模的生产机构和交通机构起初由股份公司占有，后来由托拉斯占有①，然后又由国家占有。资产阶级表明，自己已成为多余的阶级；它的全部社会职能现在由雇佣的职员来执行了。

【论断】资产阶级必然灭亡。

股份制经济起源于西方：1553年大英帝国以股份集资的方式成立了历史上第一家股份制公司——莫斯科尔公司。经过一次又一次历史的冲刷与考验，西方国家已经建立了一套比较完善的股份制经济体制。到目前，股份公司在资本主义国家的经济中占据统治地位。随着大规模生产机构和交通机构由股份公司占有，资产阶级不得不承认生产力的社会性。

三、无产阶级革命，矛盾的解决：无产阶级将取得社会权力，并且利用这个权力把脱离资产阶级掌握的社会化生产资料变为公共财产。通过这个行动，无产阶级使生产资料摆脱了它们迄今具有的资本属性，给它们的社会性以充分发展的自由。从此按照预定计划进行的社会生产就成为可能的了。

---

① 在1883年德文第一版中没有"后来由托拉斯占有"。——参见《马克思恩格斯文集》第3卷，北京：人民出版社2009年版，第566页。

【论断】无产阶级革命最终解决资本主义矛盾。

无产阶级取得社会权力后，利用社会权力获得政治统治，把生产资料的资本主义私人占有变为生产资料的社会化，把社会化生产资料变为公共财产。无产阶级使生产资料摆脱资本属性，充分发展生产资料的社会性。从此有计划有组织的社会生产就成为可能的了。

生产的发展使不同社会阶级的继续存在成为时代的错误。随着社会生产的无政府状态的消失，国家的政治权威也将消失。

【论断】国家消亡的必然性。

国家是一种历史现象，不是从来就有的，也不会永远存在下去。它是社会内部矛盾运动发展的结果，是私有制出现、阶级形成后，阶级矛盾不可调和的产物。同样，国家也必然伴随着阶级、阶级矛盾的彻底消灭而自行消亡。这是国家的产生、发展、消亡的客观规律。

人终于成为自己的社会结合的主人，从而也就成为自然界的主人，成为自己本身的主人——自由的人。完成这一解放世界的事业，是现代无产阶级的历史使命。

【论断】现代无产阶级的历史使命。

人成为社会的主人，也就成为自然界的主人，成为自己本身的主人，这时人成为自由的人。完成人类解放事业，就是现代无产阶级的历史使命。

　　深入考察这一事业的历史条件以及这一事业的性质本身，从而使负有使命完成这一事业的今天受压迫的阶级认识到自己行动的条件和性质，这就是无产阶级运动的理论表现即科学社会主义的任务。

　　【论断】科学社会主义的任务。

　　现代无产阶级的历史使命是解放全人类。考察这一事业的历史条件和历史性质，并使无产阶级认识到自己行动的条件和性质，这就是无产阶级运动的理论表现，也就是科学社会主义的任务。

　　科学社会主义的主要内容可以概括为以下几点。

　　（1）阐明生产社会性和生产资料资本主义私人占有形式之间的矛盾的发展，必然导致社会主义取代资本主义，以生产资料的公有制取代生产资料的私有制，科学地论述了资本主义必然灭亡、社会主义必然胜利的客观规律。

　　（2）无产阶级和资产阶级的斗争是现代社会变革的巨大杠杆，无产阶级是作为资产阶级的掘墓人出现的。

　　（3）无产阶级专政是消灭一切阶级和进入无阶级社会的过渡。因此，在无产阶级专政条件下，要对整个社会进行改造，发展生产力，进行社会主义建设，逐步实现由社会主义社会向共产主义社会过渡的伟大目标。此外，科学社会主义科学地阐明了无产阶级政党在无产阶级革命和建设中的作用。科学社会主义具有鲜明的实践性，与无产阶级革命运动联系最直接、最密切，是马克思主义理论体系的核心。